Tempos do Social e da Política

CONSELHO EDITORIAL

Ana Paula Torres Megiani

Eunice Ostrensky

Haroldo Ceravolo Sereza

Joana Monteleone

Maria Luiza Ferreira de Oliveira

Ruy Braga

Tempos do Social e da Política

Márcia Pereira Cunha
Isabel Pauline Hildegard Georges
Nilton Ken Ota
Organizadores

Copyright © 2018 Márcia Pereira Cunha, Isabel Pauline Hildegard Georges e Nilton Ken Ota

Grafia atualizada segundo o Acordo Ortográfico da Língua Portuguesa de 1990, que entrou em vigor no Brasil em 2009.

Edição: Haroldo Ceravolo Sereza
Editora assistente: Danielly de Jesus Teles
Projeto gráfico e diagramação: Danielly de Jesus Teles
Assistente acadêmica: Bruna Marques
Revisão: Alexandra Colontini
Arte de capa e contracapa: Fernanda Kikuchi

CIP-BRASIL. CATALOGAÇÃO NA PUBLICAÇÃO
SINDICATO NACIONAL DOS EDITORES DE LIVROS, RJ

T279

Tempos do social e da política / organização Márcia Pereira Cunha, Isabel Pauline Hildegard Georges, Nilton Ken Ota. - 1. ed. - São Paulo : Alameda, 2018.
306 p. ; 21 cm.

Inclui bibliografia
ISBN: 978-85-7939-572-7

1. Política social - Brasil. 2. Participação política. 3. Participação social. I. Cunha, Márcia Pereira. II. Georges, Isabel Pauline Hildegard. III. Ota, Nilton Ken.

18-52840   CDD: 306.20981
             CDU: 316.334.3(81)"20"

Editora filiada à Liga Brasileira de Editoras (LIBRE) e
à Alinça Internacional dos Editores Independentes (AIEI).

ALAMEDA CASA EDITORIAL
Rua 13 de Maio, 353 – Bela Vista
CEP 01327-000 – São Paulo, SP
Tel. (11) 3012-2403
www.alamedaeditorial.com.br

Sumário

7   **Apresentação da coleção**
Isabel Pauline Hildegard Georges e Cibele Saliba Rizek

9   **Prefácio**
Cibele Saliba Rizek

13   **Introdução**
Márcia Pereira Cunha, Isabel Pauline Hildegard Georges
e Nilton Ken Ota

25   **As reticências da virtude democrática: engajamento e controle na política de direitos de crianças e adolescentes**
Nilton Ken Ota

73   **A construção política dos "quilombos" do Vale do Ribeira**
Fábio José Bechara Sanchez

105   **Da rua aos grandes projetos de desenvolvimento: os fios de um debate sobre formação social brasileira e as formas da política dos "de baixo"**
Joana da Silva Barros

133	*Protagonismo* da juventude na educação e na política Regina Magalhães de Souza
159	A racionalidade econômica no debate sobre o social Márcia Pereira Cunha
193	Governo da pobreza e técnicas de subjetivação Tatiana de Amorim Maranhão
219	Políticas Sociais: tempos e territórios em disputa Cibele Saliba Rizek e Isabel Pauline Hildegard Georges
261	As políticas sociais na atualidade: perspectivas draconianas Amélia Cohn
275	Percepções sobre a pobreza e condicionalidades do Programa Bolsa Família Carlos Alberto Bello
301	Sobre os autores

Apresentação coleção SAGEMM "Social activities, gender, markets and mobilites from below (Latin America)"

Isabel Pauline Hildegard Georges e Cibele Saliba Rizek

A coleção organizada a partir da rede de pesquisa SAGEMM – *Social activities, gender, markets and mobilities from below (Latin America)* é dedicada à publicação de obras de pesquisadores que estabeleceram interlocuções a partir do Laboratório Misto Internacional, fomentado desde 2016 pelo Institut de Recherche pour le Développement – IRD, sediado na França e co-coordenado por Isabel P.H. Georges (IRD) e Cibele S. Rizek (USP).

As temáticas desta coleção se debruçam sobre um conjunto de processos de transformação no âmbito do trabalho, família e políticas sociais e de assistência, bem como suas ancoragens urbanas. Suas dimensões de análise abarcam questões de gênero, estruturas familiares, processos de concepção, implementação e operacionalização de políticas sociais, problematizando a dinâmica dessas interconexões com relação aos desafios impostos pela mundialização. Toma-se como objetos de pesquisa e análise tanto as políticas voltadas ao mercado de trabalho, à família e às questões de gênero, como as políticas urbanas, também em transformação desde os anos 1990, nos cruzamentos entre o horizonte de direitos e as formas de governo e de controle. A análise dessas políticas sociais e daquelas voltadas para o mercado de trabalho tem ainda como desdobramento o desafio de compreender como os atores que as implementam bem como seus beneficiários acabam por experimentá-las. A articulação entre objetos e programas de pesquisa que compõem a rede se assenta: na constatação de uma relação paradoxal entre a tendência mundial de desregulação por um lado, e os modos de ativação, por outro; nas dinâmicas da formalização/informalização no âmbito da América Latina, da experimentação de políticas sociais – inclusive as do trabalho – e de sua circulação, configurando a região como um laboratório de experimentações. Trata-se de investigar como políticas sociais e urbanas, bem como políticas de (des)regulação do mercado de trabalho são adaptadas a configurações nacionais específicas, por meio de um processo de pesquisa multi-escalar e multi-situado que pretende iluminar processos sociais e históricos por sua justaposição e, quando possível, sua comparação.

Prefácio

Cibele Saliba Rizek

Fiquei feliz com o convite que os organizadores desse livro me fizeram: escrever algumas páginas que apresentassem esse conjunto de reflexões ancoradas em pesquisa e reflexão sociológica sobre as políticas sociais ou as políticas do social, seus caminhos e descaminhos no Brasil contemporâneo. Essa satisfação resulta da qualidade da reflexão que foi evidenciada nesses textos e contribuições, pela qualidade e compromisso crítico dos pesquisadores e seus textos que aqui se encontram reunidos.

Relendo os capítulos desta coletânea pude aprender um conjunto de transformações, modulações, deslizamentos por que vem passando o país, sobretudo no que se refere ao quadro de desigualdades sociais e seu tratamento (ou mesmo sua reafirmação) por programas e políticas sociais que parecem querer demonstrar que as relações e formas de sociabilidade não podem ser tomadas como dado, já que são tramas e processos em constituição e destituição, processos em que se mesclam necessariamente construções, mediações, modos de operação, percepções e formas simbólicas moduladas de um lado pelas dimensões políticas (o que se evidencia com clareza a partir dos processos em curso no Brasil pós-maio de 2016) e, de outro, por dispositivos de subjetivação atravessados por pressupostos, modulações, agenciamentos que possibilitam as práticas dos atores envolvidos. Essas transformações, modulações e deslizamentos podem ter sido mais silenciosos e difíceis de qualificar por inteiro no momento em que surgiram ou, ao contrário, mais visíveis, mais claramente evidenciados. Mas seu sentido se esclarece sobretudo quando são postos lado a lado, quando esse conjunto díspar de dispositivos se coaduna e se articula em um outro ordenamento a que se pode identificar exatamente por sua articulação. Essa articulação, esses nexos se explicitam e se constelam em um tempo não necessariamente uniforme. São tempos plurais de constituição de um social, são tempos necessariamente perpassados pelo fazer e desfazer de nexos políticos.

Ao longo dos capítulos do livro, o leitor pode assim acompanhar algumas das linhas mestras que atravessam essas contribuições perscrutando duas dimensões que dizem respeito a esses tempos do social e da política, esses tempos que dão nome a essa coletânea de temas a respeito do Brasil contemporâneo: a dimensão de uma permanência insidiosa da pobreza e da desigualdade brasileiras, mescladas aqui e ali por uma reflexão sobre resistências e potencialidades; outra dimensão que busca – talvez na maior parte dos textos – detectar pontos de inflexão no modo pelo qual a pobreza e a desigualdade, figuradas do ponto de vista das políticas de educação, saúde, moradia, população de rua (em especial os meninos da rua) entre outras, que vêm sendo moduladas por concepções e práticas subjacentes ou explícitas em programas e políticas sociais, através de processos e momentos que aparecem com sentidos diversos entre si, que se conformam como ordenamentos conjunturais distintos como a chamada "era FHC", os governos do Partido dos Trabalhadores, o Brasil pós-maio de 2016. Merece ainda destaque, quanto ao impacto mais recente do golpe e de seus desdobramentos desde então, o balanço dos primeiros resultados, dos pontos de inflexão relativos à desintegração de programas e políticas sociais no Brasil, tal como aponta Amélia Cohn, cuja reflexão elabora importante diagnóstico dos processos de regressão em curso no período.

A leitura do livro permitiu detectar nesse conjunto de abordagens de objetos empíricos diferentes entre si, ancorados em conjunturas que correspondem a ordenamentos políticos distintos, algumas perguntas que atravessam as diferentes contribuições aqui reunidas: quando e como os processos evidenciados nas políticas sociais do século XXI se constituíram? Quando e como a face social desse Brasil pós-maio de 2016 teria se evidenciado, podendo ser entrevista ou vislumbrada ao longo das décadas anteriores, isto é, no Brasil dos anos 1990 e no Brasil do período 2003-2016? Quais processos conferiram plausibilidade para um conjunto de práticas sociais e políticas que ganharam corpo ao longo das últimas décadas, como linhas de continuidade (ver os textos de Nilton Ota, Márcia Cunha, Regina Magalhães, Tatiana Maranhão) como dimensões de um conjunto de disputas discursivas ou de sentido (como o texto de Fábio Sanchez e Carlos Bello) ou ainda em combinações inusitadas de formas de sociabilidade ancoradas nas dimensões historicamente constituídas como atraso (como nos textos de Joana Barros, Fábio Sanchez e, de certo modo, pela combinação de políticas sociais com as práticas tradicionalmente ligadas ao solo patrimonialista, na contribuição de Cibele Rizek e Isabel Georges) com os processos e proposições de políticas e programas sociais e/ou neodesenvolvimentistas vinculadas ao lulismo?

Por fim cabe ainda lembrar que a leitura desse livro permite que se encontrem alguns dos fios que se entretecem a partir das agências multilaterais chegando às políticas sociais implementadas localmente, fios que se mostram como trilhas e travessias (para usar a metáfora de Nilton Ota) que se consolidaram e se naturalizaram como práticas e formas de ação social num mundo de indeterminações: indeterminação de sujeitos, indeterminação de práticas cujo sentido cobriu com densa neblina as linhas fronteiriças entre ação virtuosa, ação social e prática política, entre atores que conformam "a sociedade" e o Estado, entre programas sociais e a formação de "protagonismos", processos de subjetivação entrelaçados à construção de um conjunto de percepções que se explicitam na manutenção e na modulação dos nexos que envolvem a pobreza, sua culpabilização, sua naturalização e até mesmo os programas de mitigação da miséria e das desigualdades. Nesse sentido, talvez a leitura desse conjunto de textos ajude a desvendar tramas e tempos que constituíram – de formas e em ritmos desiguais mas permanentemente em articulação – o quadro sombrio de frágeis conquistas, desmanches e destituições que vivemos.

Introdução

Márcia P. Cunha, Isabel P. H. Georges e Nilton Ken Ota

Os textos aqui reunidos resultam da realização do seminário *Observar os Tempos do Social e da Política*,[1] entre o segundo semestre de 2016 e o primeiro de 2017. A menção ao período não é mera formalidade, uma vez que o propósito desta série de discussões foi em grande medida provocado pelas questões que surgem diante da impressionante deterioração da política institucional cujos marcos foram o *impeachment* da presidenta Dilma Rousseff, em agosto de 2016, e a prisão do ex-presidente Lula, em abril de 2018. Assim, se o premente retrocesso esteve na ideia original do seminário, é certo que a aceleração das investidas contra regras constitucionais e direitos sociais que se apresentaram sem cessar a partir de então "afetou"[2] pesquisadoras e pesquisadores, incidindo sobre suas pro-

---

1. O seminário foi idealizado conjuntamente pelo Laboratório Misto Internacional (LMI SAGEMM/IRD), pela Rede Interdisciplinar de Pesquisadores (FFLCH/USP) e pelo Centro de Estudos dos Direitos da Cidadania (Cenedic/USP) e realizado na Faculdade de Filosofia Letras e Ciências Humanas da Universidade de São Paulo.
2. Sobre essa noção, ver (Fravet-Saada, 1990).

duções, sobre os conteúdos e perspectivas mobilizados nos debates e sobre a própria redação dos textos.

A proposta de pensar coletivamente a respeito da presença e dos efeitos da passagem do tempo sobre instituições, práticas, discursos e ações tinha, entre seus objetivos, o de contribuir com a decifração da crise em que já nos víamos submersos. A redemocratização de meados dos 1980, os anos de concomitante estabilidade econômica e desmanche neoliberal ao longo dos 1990 e as contradições do período lulista nos anos 2000 deram o palco para a construção institucional, política e de experiências individuais e coletivas que, nos parecia importante explorar, compunham o tempo presente. Não há dúvidas de que a crescente gravidade dos acontecimentos podia fazer o olhar crítico sobre temas e problemas que não os da conjuntura atual parecer um recuo em relação ao que se impunha como realmente importante. A perspectiva assumida foi outra: pareceu relevante, ao lado dos esforços de análise e interpretação das rupturas, insistir na continuidade das discussões que buscavam, no processo da redemocratização e no passado mais recente, elementos que ajudariam a compreender, inclusive, os desmandos de hoje, sob a aparente normalidade democrática. Questões sob investigação por todo um campo de pesquisadores, envolvendo desde as formas de mobilização de militantes ou da assim chamada "sociedade civil" até modalidades de financiamento e privatizações de políticas sociais, continuavam sendo pontos críticos a explorar e entender. O interesse mais amplo era colocar em debate as relações entre o Estado e seus sujeitos, o "viver juntos", "viver em comunidade", através da leitura das temporalidades e das territorialidades. Em termos de prática reflexiva e de pesquisa, interrogar: como apreender e quais consequências extrair da observação das diversas camadas temporais e escalas territoriais que se combinam e sobrepõem na configuração dos cenários com que nos defrontamos concretamente?

As possibilidades de abordagem da relação entre sociologia e história remetiam a tradições tão diversas quanto a investigação dos processos e configurações em Elias (1999), questões teórico-epistemológicas a respeito da generalização e singularidades, como em Bendix (1996) e diversas vertentes do institucionalismo histórico (Mahoney e Rueschemeyer, 2003), além dos estudos de orientação foucaultiana (Castel, 1995 [1998]; Donzelot, 1984 [1994]; Ewald, 1986) e da preconização sistemática de um cruzamento entre etnografia e historiografia (Arborio et al., 2008). Não era intenção, entretanto, delimitar os limites da discussão pela vinculação estrita a uma ou outra linhagem teórica. Ao contrário, partiu-se de duas orientações, privilegiando abordagens que envolvessem as práticas e experiências dos atores do "social"[3] e fazê-lo a partir de universos empíricos de pesquisa. Desta maneira, foram vislumbradas, em linhas gerais, três entradas de aproximação com o campo: a primeira, que poderia ser designada em termos de uma genealogia do "social", abrigava a investigação de políticas organizadas setorial e intersetorialmente; a segunda lançava luz sobre os atores deste "social" (profissionais e militantes) e a terceira sobre discursos e instrumentos por eles mobilizados nas relações e disputas.

Assim, na chave a cujo norte nos referimos como uma sociologia da emergência do "social", colocava-se uma genealogia dos equipamentos públicos e coletivos, das instituições, leis e tecnologias

---

3 Aqui compreendido na concepção da sociologia clássica francesa, sintetizada por Robert Castel: "O hiato entre a organização política e o sistema econômico permite assinalar, pela primeira vez com clareza, o lugar do 'social': desdobrar-se nesse entre-dois, restaurar ou estabelecer laços que não obedecem nem a uma lógica estritamente econômica nem a uma jurisdição estritamente política. O 'social' consiste em sistema de regulações não mercantis, instituídas para preencher esse espaço. Em tal contexto, a questão social torna-se a questão do lugar que as franjas mais dessocializadas dos trabalhadores podem ocupar na sociedade industrial. A resposta para ela será o conjunto dos dispositivos montados para promover sua integração" (Castel, 1998, p. 31).

de normalização dos indivíduos e populações expostos aos mecanismos de segregação e desfiliação societárias, eles mesmos frutos de processos de média e longa duração. Estruturados em complexos heterogêneos, tais processos designam cristalizações de saberes e estratégias, colocam em jogo a contemporaneidade de diferentes regimes normativos. No presente, a coexistência dos tempos do "social" ganha, de um lado, fisionomia conflitiva, ao passo que incita, de outro, novas zonas de integração prático-discursiva. Seus efeitos globais também implicam ações e condutas não raro imprevistas. Contudo, cada objeto do "social", cada ator[4], artefato e fração tática de sua eficácia é passível de datação e cronologia, a despeito de suas contradições e inconsistências internas. Procurou-se priorizar as dimensões de convergência e afinidades normativas, fossem as materializadas nos dispositivos, fossem as vinculadas diretamente às trajetórias dos profissionais e militantes, que atravessam o "social", gerando relações muitas vezes vividas como pessoais e que, a depender do contexto e circunstâncias, podem ganhar permanência e encarnar funções políticas de mediação ampliada.

De gerações diferentes, os atores – já introduzindo a segunda frente da proposta – portam experiências históricas diversas, cuja memória coletiva se traduz frequentemente pelo acervo particular de registros e documentos, com forte carga existencial. O engajamento político matizado pela perspectiva geracional expõe, assim, a dimensão processual de sua constituição, em que eventos biográficos se articulam no interior de trajetórias coletivas, dando forma a diferentes "carreiras militantes" (Sawicki et al., 2011; Fillieule, 2005; Cucchetti et Stites Mor, 2017) e a uma crescente integração do "zelo" no trabalho (Dejours, 2010) com o engajamento na políti-

---

4   Uma possibilidade de interpretação nesse sentido pode ser encontrada na ideia de "*actant*" (Latour, 1993; 2006).

ca, o "trabalho militante" (Nicourd, 2009). Os profissionais do "social" são igualmente operadores de sedimentações estratégicas de média e longa duração que, por sua vez, incidem e se transformam na ação, isto é, no encontro conflitivo dos valores e disposições destes mesmos atores sociais. Daí a eclosão duradoura, ainda que fracionada, da mobilização subjetiva no trabalho social e nas demais modalidades de atuação profissional, muitas das quais dependentes do impulso dado pelos valores da militância de outrora. Por isso também o espaço aberto para a criação e experimentação de mecanismos de aprendizagem e mesclagem das táticas e estratégias das mais distintas épocas e conjunturas. Revela-se aí muito mais do que um simples reposicionamento ou cooptação de antigas práticas ou discursos. Trata-se, antes de tudo, da formação de extensa rede de objetos, sujeitos e técnicas, que se faz acompanhar pelo nascimento de racionalidades regionais em permanente disputa. Em outras palavras, é a própria história das concepções e concretizações do "fazer político" que se descortina.

Finalmente, a terceira entrada vislumbrada referia-se à esfera cognitiva das práticas. A evolução das categorias descritivas e teóricas que compõem o quadro referencial dos atores desse campo indica ritmos de desenvolvimento que nem sempre correspondem ao das mudanças dos fenômenos indexados. Uma outra história da questão social torna-se legível através da história dos instrumentos de medição e classificação (Desrosières, 2000). Nessa direção, valeria destacar a noção de "quase-conceito" (Machado, 2002), proposta no âmbito da forte persistência da "informalidade" nos debates e na produção técnica sobre o mercado de trabalho brasileiro nas últimas décadas, categoria sob cuja significação diferentes posições e realidades geográficas foram sintetizadas. Retomando esta noção, poderíamos aplicá-la à ideia de "vulnerabilidade social", um exemplo-farol de uma cristalização de origens e significados múltiplos sob uma mesma categoria, ou seja, a criação paradoxal do consenso na própria situação de dissenso e de desigualdade estrutural, o que sugere a conformação de um outro modo de gestão do conflito. Os capítulos deste livro dialogam com cada uma dessas entradas, alguns com maior privilégio de uma ou outra, mas todas abordadas e construindo perspectivas originais de problematização e análise. A perspectiva dos atores é especialmente destacada nos textos de Nilton Ota, Fábio Sanchez e Joana Barros. Em *As reticências da virtude democrática: engajamento e controle na política de direitos de crianças e adolescentes,* Nilton Ota explora a diversidade de camadas históricas em um cenário empiricamente delimitado, a saber, o de uma organização não-governamental dedicada ao desenvolvimento de crianças e adolescentes em situação de rua, em meados dos anos de 1990. Nas práticas cotidianas dos profissionais, na produção discursiva da instituição, em sua localização e relação com o contexto político de então, as referências do passado movimentalista misturam-se a investimentos em novas linguagens e representações políticas, configurando, assim, o surgimento de uma tecnologia de engajamento e mobilização sociais. O capítulo *A construção política dos "quilombos" do Vale do Ribeira*, de Fábio Sanchez, descreve a construção política da identidade "remanescente de quilombos", por moradores de bairros negros da região do Vale do Ribeira, no estado de São Paulo. Neste território específico, cruzam-se sujeitos diversos, portadores de interesses que mobilizam agendas que estão muito além de serem circunscritas ao âmbito local, tocando conflitos ambientais e fundiários remetidos a políticas e promessas de desenvolvimento e modernização. Na evolução da interação entre os moradores da região e novos sujeitos que ali chegam, Sanchez analisa as alianças e conflitos que se sucedem e concorrem para a construção pública, política, coletiva daquela identidade. Recusando definições essencialistas, o texto trata desta construção, do reconhecimento e da apropriação de uma forma de autonomeação, produto de lutas e organização. Em *Da rua aos grandes projetos de desenvolvimento - os fios de um debate sobre formação social brasileira e as formas da política dos "de baixo"*, Joana Barros adensa, a partir de sua trajetória de pesquisa, a questão sobre a constituição dos sujeitos políticos e suas experiências de presença e fala sobre e no mundo. Nos trabalhos junto à população em situação de rua na cidade de São Paulo, às experiências de Orçamento Participativo em Belém e aos movimentos sociais no Rio de Janeiro, Salvador e Recife a problematização das formas correntes de nomeação negativa desses grupos – por mecanismos de gestão ou pela universidade – e atenção para as formas de autonomeação abrem espaço para a apreensão e compreensão da força criadora de suas práticas críticas de demanda e resistência.

O que foi designado como o plano cognitivo das construções políticas está presente nos trabalhos de Regina Magalhães, Márcia Cunha e Tatiana Maranhão. Os três textos têm em comum os anos de 1990 como período de conformação de formas discursivas que, de um lado, refletem e incidem sobre a realidade social e, de outro, podem dar pistas para o entendimento das configurações políticas dos dias de hoje. No capítulo *Protagonismo da juventude na educação e na política*, Regina Magalhães localiza as propostas de reforma do Ensino médio, colocada em marcha pelo governo Michel Temer, na trilha de um processo aberto pelas políticas do Governo Fernando Henrique Cardoso, que criaram a figura do jovem protagonista e, consequentemente, uma nova abordagem educativa. Partindo dos ideais e representações da juventude desde os anos de 1960 e 70, a autora explora a produção discursiva de organizações internacionais e nacionais que, nas décadas seguintes, tornam-se operadoras fundamentais da disseminação da concepção de juventude e de educação centradas nas capacidades e habilidades individuais, cuja positividade depende de seu potencial de contribuição para o desenvolvimento econômico e social. O movimento de *A racionalidade econômica no debate sobre o social*, de Márcia Cunha, é semelhante, mas dedicado ao outro conjunto de questões: como o título sugere, o da proeminência de argumentos econômicos em áreas não-econômicas de intervenção pública. Após acompanhar as diferentes formas de nomeação de problemas sociais ao longo das últimas décadas – subdesenvolvimento, injustiças sociais, pobreza, o texto detém-se sobre as condições que favoreceram a mobilização de termos e instrumentos econômicos no debate público de meados dos anos 1990, sugerindo ser esta uma pista importante para a compreensão dos rumos assumidos pelas políticas públicas do pós-2000 até hoje. Com base em relatórios produzidos principalmente pelo Banco Mundial e órgãos das Nações Unidas, Tatiana Maranhão apresenta, no capítulo *Governo da pobreza e técnicas de subjetivação*, seu diagnóstico sobre a produção de uma convergência entre os discursos dessas organizações e a concomitante transformação do debate sobre a pobreza: do desenvolvimento dos países ao desenvolvimento das pessoas. A partir dele, toma o campo de produção do que se pode chamar de sociologia dos instrumentos de forma a propô-lo como arsenal teórico adequado para análise dos desdobramentos políticos daquele contexto.

 Finalmente, abrangendo políticas setoriais mais amplas, os capítulos de Cibele Rizek e Isabel Georges, Amélia Cohn e Carlos Alberto Bello. Suas análises voltam-se ao período mais recente da política brasileira, cuja gravitação tem seu centro nos mandatos presidenciais do Partido dos Trabalhadores. O ponto de partida de Cibele Rizek e Isabel Georges, no capítulo *Políticas sociais – tempos e territórios em disputa*, é o reconhecimento da complexidade de relações, propósitos e alianças na base da execução das políticas sociais destes anos. Tomando os programas "Minha Casa, Minha Vida" (versões "construtoras" e "entidades") e "Bolsa Família", analisam a interação entre a grande variedade de atores institucionais e, atravessando verticalmente este cenário, entre os níveis regionalizados e os centralizados das políticas. A compreensão do que vem mais recentemente se exibindo como retrocesso na ainda frágil garantia de direitos sociais, sugerem as autoras, deve considerar o terreno potencialmente movediço sobre o qual tais políticas se conformaram. No capítulo *As políticas sociais na atualidade: perspectivas draconianas*, Amélia Cohn também trabalha sobre o atual cenário de crise político-institucional, priorizando, como contraponto, as políticas sociais desenvolvidas nos governos petistas. Remetendo os atos do presente a uma tradição de exclusão e violência que impediu a construção de uma sociedade verdadeiramente democrática e justa, lança questões sobre os trágicos desdobramentos dos retrocessos em curso. O texto de Carlos Alberto Bello, *Percepções sobre pobreza e condicionalidades do Programa Bolsa Família*, dialoga com essa perspectiva, mapeando estudos e diagnósticos sobre a avaliação e percepção da população a respeito do programa federal de transferência de renda. Sua leitura pontua a existência de preconceitos e desinformação que, por sua vez, são formadores de indisposição e resistência ao "Bolsa Família" e suas regras.

Entre a dimensão da experiência militante e a institucionalização de suas práticas, o "social" se coloca como campo de objetivação e vetor expressivo de temporalidades variadas, a partir do qual torna-se possível apreender tanto a contemporaneidade do passado, quanto a realidade em movimento de um presente sob forte ascendência de outros regimes históricos. Sob o funcionamento rotineiro de um equipamento público, a longa duração de uma relação normativa com a população, a estabilidade da interdependência dos grupos locais reforçada e legitimada pelas "entidades da comunidade", muitas delas originárias dos movimentos populares do final da década de 1970 e da conversão democrática das antigas formas tutelares da assistência privada ou religiosa. No "social" assim compreendido, as clivagens de classe são sistematicamente sobrepostas e combinadas às outras, donde a "questão social" atualizar em nova chave os problemas das desigualdades de gênero, raça e idade. Novas identidades e imaginários comunitários passam a ocupar a cena das lutas e, consequentemente, a animar a transformação dos discursos e práticas. A produtividade do "social" impõe, portanto, a adoção e desenvolvimento de recursos heurísticos específicos para sua análise, uma atitude experimental rigorosa e uma disposição interdisciplinar crítica.

Referências Bibliográficas

ARBORIO et al. *Observer le travail.* Paris: La Découverte, 2008.

BENDIX, R. *Construção nacional e cidadania.* São Paulo: Edusp, 1996.

CASTEL, R. *Les metamorfoses de la question sociale.* Paris: Fayard, 1995; Trad. *As metamorfoses da questão social.* Petrópolis: Editora Vozes, 1998.

CUCCHETTI, H., STITES MOR, J. (Orgs.), "Reconversions militantes et élites politiques en Amérique latine". *Revue internationale des études du développement,* n°230.

DEJOURS, C. *Travail vivant,* vol. I et II. Paris: Payot, 2010.

DESROSIÈRES, A. *La politique des grands nombres.* Paris: La Découverte, 2000.

DONZELOT, J. *L'invention du social,* [1° ed. Paris: Fayard, 1984). Paris: Éditions du Seuil, 1994.

ELIAS, N. *O processo civilizador.* Vol. I e II, Rio de Janeiro: Jorge Zahar editor,1999.

EWALD, F. *L'État Providence*. Paris: Grasset,1986.

FAVRET-SAADA, Jeanne. 1990. "Être Affecté". In: Gradhiva: Revue d'Histoire et d'Archives de l'Anthropologie, 8. p. 3-9 (Trad. "Ser afetado", Cadernos de campo, n° 13, p. 155-161, 2005)

FILLIEULE, O. Temps biographiques, temps social et variabilité des rétributions. In: FILLIEULE, O. (dir.). *Le désengagement militant*. Paris: Belin, 2005.

LATOUR, B. *Changer la société. Refaire de la sociologie*. Paris: La Découverte, 2006.

LATOUR, B. *Aramis ou l'amour des techniques*. Paris: Ed. La Découverte, 1993.

MACHADO, L. A. Da informalidade à empregabilidade. In: *Caderno CRH*, n°37, p.81-109, jul/dez 2002.

MAHONEY, J. & RUESCHEMEYER, D. *Comparative Historical Analysis in the Social Sciences*. New York: Cambridge University Press, 2003.

NICOURD, S. (dir.). *Le travail militant*. Rennes: Presse Universitaires de Rennes, 2009.

SAWICKI, F. & SIMEANT, J. Inventário da sociologia do engajamento militante. Nota crítica sobre algumas tendências recentes dos trabalhos franceses. *Sociologias*, Porto Alegre, ano 13, n° 28, set/dez 2011, p. 200 – 250.

As reticências da virtude democrática: engajamento e controle na política de direitos de crianças e adolescentes[1]

Nilton Ken Ota

Introdução

Objetos de tutela no passado, sujeitos de direitos no presente, crianças e adolescentes passam a figurar o fundamento da lei no Estado democrático. *Cláusula pétrea* da Constituição Federal de 1988, a inimputabilidade penal para os indivíduos menores de 18 anos explicita esse fundamento, marca a emergência da enunciação democrática, da posição discursiva por meio da qual o poder transita e não pode ser outro senão aquele justificado publicamente. No centro dessa emergência, o princípio de que crianças e adolescentes designam uma "condição peculiar de pessoa em desenvolvimento"[2]

---

[1] Este texto apresenta uma versão resumida e significativamente alterada do primeiro capítulo da minha dissertação de mestrado (2005), concluída em dezembro de 2004 e defendida em abril do ano seguinte, agora complementado por uma necessária atualização dos debates no campo socioassistencial da infância e juventude e pela análise de uma iniciativa política pioneira, instituída em meados da década de 1990, o Projeto Travessia. O recrudescimento das modalidades de controle e a confirmação das tendências identificadas anos atrás justificam a publicação dos resultados dessa pesquisa.

[2] Art. 6º do ECA: "Na interpretação desta lei levar-se-ão em conta os fins so-

põe em manifesto a base histórica em que se apoia a própria descoberta da infância,[3] incitando um permanente trabalho de significação social, se deixa acompanhar pela diversidade de usos e saberes.[4] Indício dessa produtividade, a idade da inimputabilidade penal é em larga escala compreendida com o recurso da referência ao estado de discernimento do indivíduo. Daí por que, apesar do critério para a determinação da inimputabilidade penal ter sido estritamente político e a despeito de encontrar guarida na Constituição Federal, o princípio da "condição peculiar" movimente um constante retorno aos preceitos normativos da instituição democrática.

Ainda que o Estatuto compartilhe com a legislação que o antecedeu, o Código de Menores de 1979, o pressuposto histórico que atrela a especificidade de crianças e adolescentes a uma conjugação entre tempo cronológico e desenvolvimento pessoal, sua especificidade é evidenciada no campo das consequências jurídicas e dos corolários doutrinários. O Estatuto pontua o princípio da "condição peculiar" em diversos artigos; fundamental repeti-lo, redobrá-lo, reenviar seu indício ao texto da lei. É desse modo que será possível ler no direito "à profissionalização e à proteção no trabalho", a

---

ciais a que ela se dirige, as exigências do bem comum, os direitos e deveres individuais e coletivos, e a condição peculiar da criança e do adolescente como pessoas em desenvolvimento".

3 Segundo a canônica interpretação de Phillipe Ariès, no período feudal não haveria como localizar um "sentimento de infância", que somente veio a ganhar emergência no momento em que a criança foi transformada em objeto de cuidado e proteção (Ariés, 1978). O mesmo Ariès teria observado a concomitante descoberta do "senso da história" a partir do reconhecimento da criança como um "outro" merecedor de atenção especial (Lefort, 1999).

4 Na história da legislação brasileira sobre a infância, a primeira menção à necessidade do juiz recorrer a pareceres técnicos de outras áreas do conhecimento data de 1935: "Sempre que entender necessário à instrução do julgamento sobre o destino do menor, consultar em conselho os técnicos que hajam examinado e o diretor do estabelecimento a que tenha estado recolhido". Lei 65/35, artigo 5º, *apud* Silva, 1998, p. 62.

observação de que, além da "capacitação profissional adequada ao mercado de trabalho", ele deve o "respeito à condição peculiar de pessoa em desenvolvimento" do adolescente (art. 69). Ou ainda, no direito a "informação, cultura, lazer, esportes, diversões, espetáculos e produtos e serviços", a exigência de que seus conteúdos "respeitem sua condição peculiar de pessoa em desenvolvimento" (art. 71). E na mais evocada das repetições do princípio, disposta pelo artigo 121, a internação, que "constitui medida privativa da liberdade, sujeita aos princípios de brevidade, excepcionalidade", deve também ser orientada pelo "respeito à condição peculiar de pessoa em desenvolvimento".

Pouco antes de serem apreendidos como sujeitos de direitos e de receberem a atribuição de uma "condição peculiar", crianças e adolescentes foram tomados enquanto sujeitos políticos. A linha de frente da oposição ao regime militar foi significativamente ocupada pela militância em defesa da ação direta do segmento infanto-juvenil. Muito diferente da pluralidade democrática pós-88, seu traço mais característico foi o da polarização. A lógica dos discursos oposicionistas refletia também uma lógica de mobilização popular, suficientemente forte a ponto de consolidar um campo de reconhecimento político em meio a conjunturas regionais e atores sociais diferentes.[5] Pela negação da legitimidade do Governo e de suas instituições políticas, a polarização do discurso oposicionista localizava publicamente os sentidos em disputa, consubstancia-

---

5 "Popular" e "povo" indicam expressões, segundo Doimo, que só passaram a ter credibilidade política no final dos anos 1970. Antes disto, serviam para nomear uma população destituída de consciência política, objeto da tutela assistencialista do Estado. Intelectuais que se colocavam em franca oposição ao governo militar compreendiam como politicamente significativos apenas alguns segmentos sociais, a se destacar, o operariado industrial, os trabalhadores do campo e setores da universidade. Até a década de 1970, "a idéia de 'povo' só atrapalhava, pois, além de imprecisa, remetia à tradição populista de alianças de classe e ao acobertamento das suas diferenças" (Doimo, 1995, p. 124).

dos, no debate sobre a infância e adolescência, sob as formas da metáfora: os "meninos de rua". Tomados como portadores de uma especularidade social, os "meninos de rua" foram, para o discurso oposicionista, objeto central de sua força, um valioso repertório tático. Não demorariam muito para serem figurados, eles próprios, como protagonistas políticos. Mas por que uma ideia de responsabilidade infanto-juvenil pôde ser proposta na ausência de direitos de cidadania, na "rua", para projetar-se, com a democracia, em direção ao lugar axiomático da inimputabilidade penal de crianças e adolescentes em razão de sua "condição peculiar de pessoa em desenvolvimento"? Como isto foi possível?

Da metáfora aos direitos

Quando Dom Luciano Mendes de Almeida[6] batizou de "educação social de rua" o trabalho desenvolvido por um grupo de jovens da Pastoral do Menor com crianças e adolescentes que pernoitavam no centro da cidade de São Paulo, provavelmente não possuía a exata dimensão da significação histórica que portava seu gesto. Era o ano de 1982, período de forte efervescência política, acentuada pela inusitada confluência de atores sociais até então pouco habituados ao apelo das reivindicações coletivas por direitos. O próprio Dom Luciano foi protagonista de inúmeras situações em que sua opinião não foi apenas contrária, mas de vigorosa refutação ao regime militar. Tempo de convergência institucional da Igreja Católica em favor da mudança histórica, ainda hoje presente na memória daqueles que retiveram as lembranças de sua surpreendente inventividade política. Bem verdade que muitos experimentaram, desde fervorosos militantes oposicionistas até os mais eminentes

---

6   Então coordenador da Pastoral do Menor e bispo da Arquidiocese de São Paulo.

acadêmicos,[7] as dificuldades de compreender essa inventividade, dado o inusitado do conjunto de manifestações sociais que se somava aos propiciados pela Igreja. A "rua", lugar culturalmente associado a propriedades políticas transitórias, aos vícios e à desordem social, transformava-se em ponto de partida para o difícil trânsito em direção à abertura democrática. Nesse contexto, a "educação social de rua" foi batizada e assim trilhou seu destino; uma prática educativa para uma população ainda sem nome ou, ao menos, sem os contornos discursivos mais ajustados ao ideal postulado.

Fenômeno social bem conhecido, crianças e adolescentes nas ruas não constituíam novidade e tampouco poderiam ser objetos de descoberta. No entanto, na passagem dos anos de 1970 para os de 1980, inúmeras foram as tentativas, com os mais diversos propósitos e sentidos, de designá-los e circunscrevê-los socialmente. De pequenos profetas a grandes marginalizados, nesses indivíduos uma exaustiva produção discursiva encontrou terreno profícuo de desenvolvimento. Não sem razão foram os "meninos de rua"[8] e

---

7 Nos estudos desenvolvidos na mesma época em que as manifestações reivindicatórias por direitos ganhavam força, a intensa presença da Igreja Católica nos movimentos e organizações populares era vista com muita desconfiança. Para ter uma boa ilustração dessa desconfiança, ver Camargo, 1980. "Em um processo de democratização do país, a sociedade civil deverá refazer, de maneira independente das instituições religiosas, os organismos próprios de classes e segmentos profissionais. Provavelmente esta ação da Igreja, como os estímulos ao movimento sindical, a preocupação com o custo de vida, as lutas pelas melhorias urbanas, que foi em sua própria terminologia cunhada de "supletiva", terá esgotado seus objetivos e superado sua oportunidade histórica" (Camargo, op.cit., p. 62).

8 A expressão "meninos de rua", ainda que muito frequente, tende a ser substituída por "crianças e adolescentes em situação de rua", sobretudo pelos militantes e profissionais da área de defesa de direitos. No presente texto, adotarei "meninos de rua" justamente porque mais difundida e de importante significado histórico. Quanto aos "menores infratores", utilizarei termos de uso mais recente ("adolescentes em conflito com a lei" ou "adolescentes autores de ato infracional"). Pequenas variações terminológicas que refletem importantes aspectos para a compreensão dos problemas que serão colocados ao longo do texto.

os "menores infratores" a darem mote e argumento para inúmeras iniciativas políticas. Com a mesma intensidade, nos anos de 1980, deles foi extraída uma infinidade de pesquisas, muitas delas financiadas ou promovidas por organizações de defesa dos direitos humanos e de forte oposição ao Governo (Rizzini e Rizzini, 1996). Nos "menores infratores", a crítica ao Estado por meio da crítica ao sistema de confinamento repressivo referendado pela *Doutrina da Situação Irregular*, ideário jurídico da então legislação em vigor, o Código de Menores (1979); nos "meninos de rua", as possibilidades históricas presentes na significação política atribuída ao contexto simbólico da "rua". Importava "educar na rua" porque sob o teto institucional do Estado "educar" significava conduzir o curso dos acontecimentos à vulgata de repressão e violência. A concretização figurativa desse ideal não possuía autoria. Resultado de um princípio político de enunciação e de realização prática, não tardou a anunciar e consolidar o seu lugar.

Com diferentes níveis de concordância ideológica e de envolvimento institucional, as principais iniciativas políticas do período participariam ou não seriam indiferentes ao discurso de negação do Estado e da legitimidade do Governo militar. Mesmo no interior de instâncias do Poder Público isto pôde ser insinuado, é verdade que de modo residual e muito mais como uma reação às críticas de que eram objeto. O Projeto Alternativas de Atendimento a Meninos de Rua constitui bom exemplo disto. Desenvolvido pela Secretaria de Assistência Social do Governo Federal, pela Fundação Nacional do Bem-Estar do Menor e com o apoio do Fundo das Nações Unidas para a Infância, objetivava promover experiências locais, com a ideia de que os "enfoques mais efetivos são os menos dispendiosos e fornecem serviços de qualidade dentro da comunidade a um preço muito menor do que os custos decorrentes da institucionalização" (MPAS/Unicef, 1983a, p. 6). Evidentemente, não se tratava de um ataque à legitimidade do poder estatal, mas de uma ação cujo sentido era nitidamente o de promover uma gradual aproximação junto a segmentos da sociedade civil, já que, segundo sua concepção, "o Governo sozinho não pode apresentar a solução; seu papel principal é de dar assistência às iniciativas das comunidades para solucionar seus próprios problemas" (MPAS/Unicef, *op.cit.*, p. 6). A despeito do reconhecimento de uma vaga ideia de ativismo civil, a aproximação proposta era incapaz de ocultar sua ambigüidade. Ao mesmo tempo em que propunha a gestão eficiente dos recursos e a melhoria técnica da assistência prestada, constava como uma das principais diretrizes do Projeto Alternativas estimular a participação das "comunidades", na medida em que o "problema do 'menino de rua' tem causas econômicas e sociais que não serão resolvidas a curto prazo" (*Ibidem*, p. 6). Metamorfose significativa. Entre 1983, data da primeira publicação do Projeto, e 1972, ano de mais uma edição do tradicional evento promovido pelo Tribunal de Justiça de São Paulo, a XI Semana de Estudos do Problema de Menores,[9] o sentido da participação comunitária já não era o mes-

---

9 Proposta pelo Tribunal de Justiça de São Paulo e com o apoio da Procuradoria Geral de Justiça, do Juizado de Menores, do Serviço Social e do Departamento de Pesquisas de Economia e Humanismo, a Semana de Estudos do Problema dos Menores, criada em 1948, segundo Silva (1998), caracteriza a fase assistencial do tratamento dispensado pelo Estado à população infanto-juvenil, baseado na responsabilidade legal do Poder público pela tutela de crianças órfãs e abandonadas. Para Rizzini (1997), a Semana era também espaço de produção do grupo de juristas de São Paulo, partidário de um posicionamento mais liberal em relação aos tomados pela Associação de Juízes de Menores. Na virada dos anos de 1960 para os de 1970, quando eram acentuados os debates sobre a reforma do Código de Menores, as teses do grupo de São Paulo identificavam a necessária restrição da função da magistratura e compreendiam que o fenômeno da criminalidade juvenil era fortemente influenciado por fatores socioeconômicos. A experiência da Semana de Estudos encontrou marco paradigmático, em 1973, com a criação da Fundação Paulista de Promoção Social do Menor (Pró-Menor), o núcleo do que seria, em pouco tempo, a Fundação para o Bem-Estar do Menor (FEBEM).

mo. A "capacidade de equacionar recursos a problemas, bem como de criar, entrosar e integrar seus equipamentos sociais em função de programas" (Tribunal de Justiça de São Paulo, 1972, p. 124), forma pela qual a "participação da comunidade" foi definida pelos anais da XI Semana, em pouco mais de uma década converteu-se no desafio, colocado a determinados setores governamentais, de descobrir "enfoques alternativos visando a assistir as crianças e levando-as a construir uma vida produtiva dentro de seu próprio ambiente, fortalecendo seus laços com a família e a comunidade, em vez de enfraquecê-los, a fim de permitir que elas recebam auxílio básico de que necessitam para criar suas próprias soluções e desfrutar um melhor futuro para si, para sua família, e para sua comunidade" (MPAS/Unicef, 1983a, p. 4).

Entre a XI Semana de Estudos e o Projeto Alternativas, diferenças discursivas indicavam grandes consequências no nível prático. Na XI Semana, o intento era de articular os programas e equipamentos estatais com as tradicionais instituições e iniciativas filantrópicas. Não sem motivo, o "grupo de trabalho" responsável por essa temática na Semana era composto majoritariamente por representantes do Poder Público.[10] É certo que não foi essa a tônica do Projeto Alternativas. Embora também tenha adotado o conhecimento de "obras sociais" ou, nos termos do léxico adotado pela XI Semana, as "experiências relacionadas ao foco do tema em debate" (Tribunal de Justiça de São Paulo, op. cit., p. 127), o Projeto não possuía qualquer pretensão totalizante, nenhuma preocupação em congregá-las no in-

---

10 O grupo de trabalho era composto por representantes da Secretaria da Promoção Social do Estado de São Paulo, Secretaria de Bem-estar Social da Prefeitura de São Paulo, Juizado de Menores da Comarca da Capital, Escola de Serviço Social da Pontifícia Universidade Católica de São Paulo, Faculdade Paulista de Serviço Social e do Serviço Social do Comércio, Coordenadoria do Desenvolvimento Comunitário e Coordenadoria dos Estabelecimentos Sociais do Estado (Tribunal de Justiça de São Paulo, 1972, p. 123).

terior da estrutura do Estado. Prevalecia nele uma inegável atitude exploratória. Nas considerações finais da publicação que apresentou os primeiros estudos realizados junto a três "obras representativas",[11] nenhuma recomendação ou conclusão mais contundente. Em contrapartida, muitas "observações gerais" ou "questões importantes", já que seu propósito consistia em "iniciar o mais amplo diálogo, bem informado e sistemático que, possivelmente, possa levar a tais recomendações" (MPAS/Unicef, 1983b, p. 1).

Destacar a disposição do Projeto Alternativas para "iniciar o mais amplo diálogo" não parece ser algo de pouco valor. É justamente a partir da contradição aí acionada que se faz possível apreender sua singularidade. Ora com prerrogativas de Estado, ora com motivações de sociedade civil, uma natureza híbrida atravessou suas justificativas e seus argumentos. O Projeto figuraria, pelo avesso de suas intenções, o fim do Governo militar. A participação comunitária que procurou valorizar não deve ser analisada apenas pela via de suas insuficiências. É verdade que nada autorizaria identificar nessa valorização as mesmas motivações que alimentaram o ideário político-moral dos movimentos sociais urbanos da passagem do final da década de 1970. Mas, da mesma forma, não há por que imaginar a exclusão das propostas do Projeto da cena política da qual, dentro dos limites de sua condição governamental, era também um de seus personagens. É fundamental reter esse ponto. O ideário político-moral dos movimentos de oposição ao Governo militar está longe de ser uma decorrência de um processo autocentrado e isento de contradições. Para que a "comunidade" se transformasse no local privilegiado do consenso da militância oposicionista, foi preciso um intenso percurso de mudanças na história. As

---

[11] Foram objetos desse estudo exploratório, o Centro Salesiano do Menor de Belo Horizonte, o Salão de Encontro de Betim e a Associação Adelino de Carvalho sediado em Ipameri, Goiás.

linhas doutrinárias da Igreja Católica, substancialmente reorientadas com o Concílio Vaticano II, teriam que ganhar, na mesma medida de valorização das relações interpessoais do cotidiano, a proximidade dos movimentos civis e de sua crítica à instrumentalidade e ao absolutismo da razão estatal. Também foi imprescindível processar, no interior da tradição marxista, ampla revisão teórica por meio da qual a noção de cultura, antes subordinada ao conceito de ideologia, recebesse um novo *status* no seio da intelectualidade esquerdista, concorrendo para a politização das práticas sociais de abrangência local até então estranhas às tradicionais instituições de representação política. Somados ao abrupto crescimento urbano, esses fenômenos disruptivos criaram entre si uma inesperada afinidade, capaz de reintroduzir a ideia de comunidade na esfera pública, mas, agora, com uma forte conotação progressista, ao contrário do sentido pejorativo que lhe era imputado desde a afirmação do pensamento iluminista (Doimo, 1995, p. 93).

Daí ser inexata a ideia de que o Projeto Alternativas não teria reconhecido as "causas estruturais" da condição social dos meninos de rua (Tommasi, 1997). Uma simples consulta aos seus documentos revela não somente o reconhecimento das "causas estruturais" como também as premissas discursivas posteriormente trabalhadas pela representação do "menino de rua" como sujeito político. Na introdução de uma das primeiras publicações do Projeto, é possível observar isto com clareza. De forma lapidar, nesse breve texto uma empatia com o leitor anuncia o seu início para, linhas à frente, definir o núcleo explicativo da existência do "menino". "Menino" apenas. Ainda não é hora de adjetivá-lo. Enquanto sua "sobrevivência" for mediada pelo trabalho, a "rua" não será seu predicado. E esse estado de coisas permanecerá até a entrada de uma estatística insofismável, a renda per capita, a pobreza sob números: as "causas estruturais". A partir de sua evidência, um "símbolo" pode ser anunciado. À exceção do Estado, produto e responsabilidade de todos, eis que no texto surge o "menino de rua":

> Geralmente ele é franzino, vestido de roupas rotas, podendo surgir ao nosso encontro na porta de casa, nas calçadas, nos estacionamentos, nas portas dos supermercados ou qualquer outro lugar onde possa obter mais um 'trocadinho'. Este menino está tentando ganhar a vida para sobreviver. Por causa disto o encontramos vendendo balas, amendoins, tomando conta de carros, carregando pacotes, limpando jardins, engraxando sapatos, distribuindo jornais, perambulando... A indagação é sobre o presente e o futuro deste menino, se não existem maneiras mais eficazes e efetivas de garantir suas necessidades de sobrevivência. Num país em que 42,6% das famílias recebem somente até meio salário mínimo 'per capita' (1977 – Perfil estatístico de crianças e mães no Brasil – IBGE), inexoravelmente muitos menores se vêem na contingência de trabalhar para contribuir para sua própria sustentação e muitas vezes também, a de sua família. Jogados num mercado de trabalho já saturado e numa sociedade que sofre altas taxas de desemprego e subemprego, estes menores lutam como podem para conseguir alguma renda, de qualquer forma possível. Nesta luta, muitos ficam praticamente o tempo todo na rua, onde, carecendo de qualquer assistência e até trabalho estruturado, são expostos a todo o tipo de exploração e de perigos físicos e morais. Tornam-se, por falta de outras oportunidades, os chamados 'meninos de rua', um símbolo do desligamento do menor da proteção da sua família e da sociedade (MPAS/Unicef, 1983b, p. 9).

"Eu preciso trabalhar", título da publicação da qual foi retirada esta passagem, sugere a direção vacilante do início do Projeto Alternativas. Em pouco tempo, o fenômeno de crianças e adolescentes que tomavam a rua como espaço de moradia e sobrevivência viria a dividir espaço com a temática sobre a qualificação e inserção

no mercado de trabalho.[12] O Projeto promoveria, em 1984, o I Seminário Latino-Americano sobre Alternativas Comunitárias para Meninos de Rua. O resumo dos trabalhos desenvolvidos durante o evento mereceu uma publicação especial, editada pelo Unicef e com comentários do pedagogo Paulo Freire (Freira, 1989). Amplamente divulgada nos países da América Latina, essa publicação é dirigida aos educadores de rua. Seu conteúdo não esconde a transformação das preocupações colocadas a partir das atividades do Projeto. Agora, enfatizava-se cada vez mais a abordagem pedagógica nos termos da matriz discursiva da educação popular, sobretudo aquela de forte inspiração freireana. Anos antes, em 1982, Dom Luciano teria anunciado pela primeira vez o nome dessa possível confluência, a "educação social de rua". De uma ação ainda difusa e vizinha às tradicionais práticas de caridade religiosa até 1985, ano de fundação do Movimento Nacional de Meninos e Meninas de Rua,

---

12 Sem dúvida, os elementos que incitaram a mudança no interior do Projeto Alternativas eram de outra ordem que aqueles experimentados, quatro anos antes, pela primeira pesquisa sobre os "meninos de rua" (Ferreira, 1979). Encomendado pela Comissão de Justiça e Paz da Arquidiocese de São Paulo (CJP/SP) ao Centro de Estudos da Cultura Contemporânea (CEDEC), esse estudo seria um dos primeiros a utilizar o nome "meninos de rua". Contudo, o fez a partir de uma terminologia vacilante, subtraindo-o em favor de outras designações: "crianças e adolescentes marginalizados", "menor marginalizado", "meninos nas ruas", "meninos da rua", "menores de rua". Indefinições terminológicas como esta costumam caracterizar momentos de constituição de um novo objeto de investigação e de intervenção prática. O próprio Projeto Alternativas refletia essa indeterminação. Para fins de avaliação, o Unicef solicitaria, em 1987, um balanço geral do trabalho desenvolvido nos quatros anos de Projeto. O relatório final indicava dois públicos diferentes. A existência ou suposição de vínculos familiares constituía o único critério para distingui-los (Ramos, 1999, p. 41-42). A dificuldade de definir sociologicamente os meninos de rua exige a adoção de convenções e categorizações operacionais. Neste sentido, o Unicef propôs, no Encontro de Bogotá, em 1989, a distinção entre criança "de rua" e criança "na rua" (Alvez-Mazzotti, 1996, p. 118). Sobre outras convenções e categorizações, ver Rosemberg (1994); Lusk e Mason (1993).

a educação de rua ganhou os espaços públicos, primeiro nos segmentos pró-infância de oposição ao Governo e depois nos meios de comunicação de massa. Aceitar com facilidade o argumento de que o Projeto Alternativas possuía apenas o objetivo de ocultar as "causas estruturais" e de propor soluções paliativas significa aceitar, a reboque de seu reducionismo, a dicotomia entre Estado e Sociedade como uma espécie de gabarito explicativo. A partir da inevitável contradição do Projeto, de sua ambígua presunção, de seu visível constrangimento é que foi possível dar novas consequências à potência política de suas impossibilidades.[13] É neste sentido que a relação com o Estado, tanto constitutiva quanto conflituosa, define a propriedade diferencial da história dos movimentos sociais na área da infância e adolescência dos anos de 1980, especialmente aquela radicada no Movimento Nacional dos Meninos e Meninas de Rua (Marques, 1999, p. 58).

Fundado em 1985 por profissionais e militantes da área da infância, muitos deles antigos participantes e colaboradores do Projeto Alternativas, o Movimento Nacional foi uma das manifestações mais eloquentes da aclimatação política da redemocratiza-

---

13 Para os seus militantes, a origem do Movimento Nacional remonta ao momento de ruptura de alguns participantes do Projeto Alternativas com a sua coordenação governamental. O Projeto havia propiciado espaços de encontro e discussão entre profissionais da área da infância e adolescência ou mesmo entre simpatizantes e aderentes à causa da defesa de crianças e adolescentes. Por meio dos "semitágios" (expressão que designava no interior do Projeto a fusão de duas atividades, o seminário e o estágio), de eventos regionais, oficinas, da produção de cartilhas e de material de apoio, diversos grupos locais foram sendo criados pelo país. No total, foram realizados 349 eventos, dos quais participaram oficialmente 12.772 pessoas. Na ocasião do I Seminário do Projeto, em 1984, teria partido a reivindicação por um encontro nacional desses grupos, o que ocorreria um ano depois e que constituiria a fundação do Movimento Nacional (Barbetta, 1993; Marques, 1999, p. 53). Para informações adicionais sobre esse processo de mobilização do Movimento Nacional e sobre o contexto político no qual estava inserido, ver Costa, 1996.

ção, que culminaria com a promulgação da Constituição Federal, em 1988. Mas antes mesmo do Estatuto ser sancionado, a linha de atuação do Movimento, no início concentrada no grupo de meninos de rua, já havia deslizado para a generalidade dos assuntos relativos à infância e adolescência. O qualificativo "de rua" deixou de expressar exclusivamente o universo das crianças e adolescentes que habitavam os logradouros públicos das grandes cidades, passando a designar um novo ator político, "crianças e adolescentes como seres humanos em condição peculiar de desenvolvimento; cidadãos, sujeitos de direitos legítimos, que devem participar das decisões das suas vidas, de suas comunidades e da sociedade em geral" (MNMMR, 1995, p. 4). O termo "menino de rua" sofre, no Movimento Nacional, um constante processo de "re-elaboração simbólica" (Marques, *op. cit.*), um deslizamento no interior de uma mesma representação social. Originalmente refratário ao governo e ao Estado, o Movimento apoia-se em uma delicada equação política. De uma atitude de denúncia das condições socioeconômicas de um grupo específico, passou a defender a ideia de cidadania ativa e de direitos para todas as crianças e adolescentes, tendo sido um dos principais responsáveis pela ampla mobilização social que culminou com o Estatuto da Criança e do Adolescente. Na publicação comemorativa dos dez anos do Movimento, não se tratava mais de evidenciar o conflito com o Estado, mas de recolocá-lo em outros termos, sem o agravante da negação da legitimidade das instituições públicas, na medida em que "o MNMMR faz uma distinção entre Governo e o Estado (sociedade política e sociedade civil organizada). Assim, ele deverá exercer também sua dimensão de Estado e ter estratégias e táticas específicas para lidar com cada Governo" (MNMMR, *op. cit.*, p. 28).

Para que essa conversão pudesse ocorrer, o Estado deveria ser mais permeável às demandas sociais, possibilidade aberta, em tese, pelo reordenamento jurídico e institucional determinado pela Constituição Federal de 1988 e incorporada pelo Estatuto. Entre as novidades mais significativas, o conselho de direitos da criança e do adolescente, órgão de composição paritária entre representantes da sociedade civil e do Poder Público, torna-se o responsável pela formulação e fiscalização das políticas públicas na área. Dispositivos como o conselho de direitos permitem a canalização da atividade política e das demandas sociais para o interior da estrutura do Estado. O Movimento tem se destacado pela intensa atuação nos conselhos. Significativa inflexão, pois "desde a sua fundação até 1988 os esforços do MNMMR estavam mais centrados na sua estruturação e no combate à violência". Sua primeira Assembleia "pouco referência fez à influência no chamado panorama legal brasileiro" (Ibidem, p. 25). Em poucos anos, ele passa a ratificar aquilo que talvez tenha sido a principal inovação dos movimentos sociais da década de oitenta, a saber, a atenção dada ao instrumento jurídico e sua incorporação pela agenda de reivindicações e pelo ideário da militância política (Mendez, 2000), em detrimento das antigas estratégias orientadas pelo simbolismo metafórico de justiça social. Passados dez anos de existência, o Movimento já havia destituído totalmente a centralidade do fenômeno de crianças e adolescentes residentes na rua, diversificando e processando suas demandas pelos canais institucionais existentes.

Embora o Movimento Nacional de Meninos e Meninas de Rua tenha assimilado ao seu ideário a conciliação entre ativismo civil de seus militantes e a participação nas instituições do Poder Público, um traço de polarização persiste entre as diferentes modalidades discursivas que vieram a prorrogar e deslocar sua concepção de crianças e adolescentes como sujeitos políticos. Nos mais variados usos e apropriações, o universo de significação e visibilidade públicas desse conceito continua a ser concretizado tendo como parâmetro a dicotomia "rua" *versus* Estado. Se, entre os militantes do Movimento, ela servia principalmente enquanto amparo discursivo mediante o qual a experiência pôde ser formulada, essa oposição jamais deve ser compreendida na ausência de seu sentido estratégico e do seu contexto histórico. Certamente, o confronto com a instituição estatal fortaleceu o vigor militante, mas, tomado isoladamente, ele não pode explicar o estatuto político desse fenômeno que estava então sendo construído. Este foi o sentido, entretanto, de boa parte das interpretações dos eventos que antecederam a grande eclosão política metaforizada pelos "meninos de rua". A simbiose entre formas teóricas e orientações políticas tem presença generalizada em seus estudos. É a extensão da militância ou uma inesgotável simpatia por ela o elemento que melhor pode caracterizá-los, consequência dos seus esforços em "dar voz" aos pesquisados,[14] nesse momento em que as produções sobre o tema eram, antes de tudo, objetos de uma política sobre um novo sujeito social.

A vanguarda da nova cidadania

A partir do final da década de 1970, a vasta literatura sobre grupos urbanos submetidos à precariedade socioeconômica constituiu um dos mais profícuos campos de pesquisa na temática sobre a infância e juventude, destacadamente no âmbito das ciências sociais. As diferenças conceituais entre os estudos não indicam apenas a escolha de referências teóricas distintas. Entre o universalismo jurídico incorporado à teoria e a irredutibilidade cultural projetada sobre o objeto investigado, muitas convicções morais e posicionamentos políticos encontraram o seu argumento, a sua justificativa e objetividade necessárias. Essa aliança tática, partidária de razões

---

14 Contundentes ilustrações dessa posição podem ser observadas em Leite (1998) e Graciani (1997).

muito diversas do simples interesse pelo conhecimento, serviu como um eficaz instrumento do discurso oposicionista. Exemplo do impacto político das ciências sociais, o efeito segregacionista do relativismo antropológico incorporado pelas formas de intervenção do Estado foi analisado pelo estudo de Alba Zaluar sobre os programas públicos para jovens no Rio de Janeiro, uma das primeiras formulações que ponderavam criticamente o legado oposicionista. Atenta aos pressupostos de sua própria área disciplinar, Zaluar observou as contradições existentes na transformação da crítica à razão absoluta, fundamental para a afirmação da especificidade do saber antropológico, em crítica ao poder absoluto do Estado. Se, por um lado, a "construção de mundos à parte que configurassem as culturas em limites reconhecíveis, identidades claras e sistemas lógicos fechados foi um artifício de afirmação das diferenças" (Zaluar, 1994, p. 17), por outro lado significou a atualização da tese estrutural-funcionalista de uma cultura sistêmica interiorizada pelos atores, por meio da qual a singularidade das ações ganha explicação. Por isto a tensão entre os pressupostos da Antropologia e a dinâmica de funcionamento do Estado. Programas "alternativos", sob o pretexto de respeitar as particularidades do público ao qual são dirigidos, geralmente conduziriam a aspectos segregacionistas e, consequentemente, ganhariam um forte conteúdo estigmatizador: "No caso dos 'menores de rua', tanto a imagem que faz deles criminosos violentos em potencial, quanto a que afirma pertencerem a um 'mundo cultural totalmente diferente' imputam a eles uma diferença radical inexistente, que só aumenta suas dificuldades de participar da sociedade a que pertencem" (Zaluar, *op. cit.* p. 22).

Para pesquisar a história da relação entre a academia e as formas de intervenção pública, principalmente no que tange aos impactos de seu discurso, Gregori (1997) caracteriza três grandes representações produzidas pelas ciências sociais sobre a população infanto-juvenil trabalhadora ou residente nas ruas dos grandes centros urbanos do país. A primeira representação, contextualizada pelas análises da teoria da marginalidade, decorreria da interpretação que situava essa população na condição de 'marginalizados', isto é, que a concebia como resultado do modelo de modernização que implicava, estruturalmente, a produção de um amplo contingente de pessoas sem acesso aos bens propiciados pelo desenvolvimento econômico. Havia também o entendimento de que esse grupo de crianças e adolescentes constituía uma subcultura, com fortes traços de comportamento transgressor. A negação dessa relação de causalidade, que associava imediatamente marginalidade à delinquência, configura uma pequena variação no interior dessa representação: os "sobreviventes". A marginalização não implicaria um modo de vida delinquente. Do estudo realizado por Ferreira (1979), teria partido a formulação dessa representação vicinal. Pioneiro – Gregori chega a atribuir à sua autora a invenção do nome "meninos de rua" – e preocupado, sobretudo, com as dimensões fenomênicas do campo investigado, esse estudo constrói uma série de atributos que caracterizam uma população sujeita às forças estruturais que definem o padrão de dependência socioeconômica do país. Aos meninos de rua não restaria muito mais do que "sobreviver". A despeito da admiração que tem pelo estudo, Gregori indica os efeitos negativos dessa figuração, perceptíveis até mesmo nas ações institucionais das décadas seguintes. Haveria uma justificação dos delitos cometidos pelos meninos de rua. A restrita internalização de valores e da hierarquia, uma das principais características atribuídas por Ferreira a eles, explicaria o comportamento transgressor que por ventura pudessem ter. A tradicional impotência das instituições destinadas à educação de adolescentes infratores seria uma espécie de correspondente especular dessa representação.

O percurso que conduziu os "marginalizados" e "sobreviventes" ao segundo tipo de representação, os "vulneráveis", teria sido atravessado por substantivas modificações jurídicas, animadas pela intensa politização da temática da infância e adolescência nos anos oitenta. A preocupação do campo movimentalista em denunciar as condições do universo vivencial dos "meninos" condicionava uma crítica ao conjunto das instituições públicas destinadas às crianças e aos adolescentes das classes populares. A rua era vista como manifestação em escala reduzida do que seria a sociedade brasileira, perspectiva que encontrou, no Estatuto, seu apogeu e também o início de seu fim. Sobre os estudos nucleados na "vulnerabilidade", Gregori localiza com precisão o traço fundamental de um novo discurso, não somente aquele sobre os "meninos de rua", mas, principalmente, o que emerge da abertura de um outro campo de intervenção prática na área da infância e juventude. Gregori afirma que a própria proposta de uma educação nas ruas "parte do pressuposto de que não se deve, mesmo levando em conta a vulnerabilidade a que estão "os meninos de rua" expostos nelas, retirá-los de lá, desrespeitando o seu direito à voz e a algumas decisões básicas" (Gregori, 1997, p. 43). Por sua vez, com o Estatuto, o postulado da "condição peculiar" permite responsabilizar a família, o Estado e a sociedade, projetando a garantia de proteção prioritária para todas as crianças e adolescentes. E vale acrescentar ainda, é também nesse momento que se constata a disseminação da troca da adjetivação "menino de rua" pela expressão criança ou adolescente "em situação de rua", por meio da qual é veiculada a ideia de que a própria permanência na rua possuiria natureza transitória. É esse novo quadro conceitual que fornece as bases para a segunda representação da tipologia, os "vulneráveis". De "marginalizados" e "sobreviventes" aos "vulneráveis", teria sido possível forjar uma nova disposição epistemológica. No lugar dos grandes conceitos, o fragmento, a experiência. Ao invés das caracterizações sociológicas, o estilo, a "militância do texto" (Gregori, *op. cit*, p. 45). Toma centro a afinidade entre a linguagem e a rua, o adjetivo e o "menino". Gregori identifica a afinidade dessa representação com as vertentes "*pós-modernas*" da Antropologia. O vazio aberto pelo abandono da explicação causal teria sido ocupado pela noção de "vulnerabilidade". Em uma cultura avessa aos direitos de cidadania de crianças e adolescentes, um fluxo incessante de violência destinaria determinados segmentos sociais ao posto de objeto dessa violência. Seriam os meninos de rua os mais "vulneráveis" entre todos.

A conclusão que se segue a essa tipologia é ela também politicamente modulada. Embora possa criticar o ato performático embutido na retórica da vulnerabilidade – e o faz com competência –, a estratégia investigativa que o estudo adota evidencia uma afinidade justamente com aquilo que ele procurou criticar. Ao categorizar tipologicamente as representações sobre os meninos de rua no campo das ciências sociais, Gregori propicia uma ordem de exposição linear, beneficia-se de ganhos substanciais, entre os quais, a eliminação da necessidade de uma exaustiva investigação documental ou de um estudo específico a respeito da produção acadêmica sobre o tema nos últimos trinta anos. Porque privilegia os traços discursivos, opera diferenciações mais expressivas, associando-as a peculiaridades de cada conjuntura histórica, permitindo-lhe acompanhar com mais consistência o deslocamento dos significados e formas representativas sobre os meninos de rua no âmbito das ciências sociais e, por extensão, de suas repercussões sobre os modos de intervenção do Poder Público e de atores sociais politicamente organizados. Mas se essas vantagens metodológicas parecem ter resguardado um distanciamento valorativo, com esse procedimento Gregori é forçada a aceitar uma indiferenciação entre os recursos da tipologia que emprega e o próprio objeto que investiga. Em outras palavras, ela extrai um benefício, não tanto de uma retórica com pretensões de ciência, como disse constatar na vertente "pós--moderna" da Antropologia, mas de um procedimento cuja astúcia, difícil de apreender, converte a malha conceitual no próprio objeto a ser analisado. É nesse ponto de junção tautológica que a autora apresenta a terceira representação sobre os meninos de rua, os "viradores", não por acaso o personagem-conceito de seu estudo. A hipótese da pesquisa é ratificada pela própria manifestação fenomênica do comportamento dos meninos de rua, a "viração". Apreendido pelo trabalho de campo e objetivado pelas descrições etnológicas, esse comportamento é tomado como um conceito em ato. A "viração", neologismo referido à expressão popular "se virar", "de conquistar recursos para a sobrevivência" (*Ibidem*, p. 20), designa também a tentativa de manipular bens simbólicos no processo de interação social com as instituições de atendimento. O menino de rua "se vira", aproveita o quadro ambíguo das representações sociais a seu respeito. Mas a "viração" não caracteriza a possibilidade de uma subordinação. Se Gregori assim aceitasse, teria que "reduzir o menino de rua a ser uma mera invenção das instituições. Como dizer: se a sociedade brasileira fosse indiferente a esse problema, talvez ele não existisse" (*Ibidem*, p. 259).

Por meio de uma inegável solução inventiva, contudo também ela reveladora do ideário político que sustenta sua posição, Gregori atém-se à influência das instituições de assistência social sobre o universo vivencial dos meninos de rua. Haveria um excesso de discursos e práticas institucionais que explicaria o fenômeno da "viração". Espaço cada vez mais marcado por diferentes tipos de ação assistencial, a rua transformou-se em um território potencialmente capaz de oferecer bens, não apenas materiais, mas, principalmente, simbólicos e identitários. A antropóloga atribui a ela grande parcela de responsabilidade pela reprodução do ciclo que mantém essas crianças e adolescentes na rua, uma vez que "são tantas as mudanças de curso que sofrem as políticas de atendimento, tamanha a injunção de fatores que vão desde a competição por recursos, passando pela rivalidade política, até o desconhecimento das novas regras do jogo que toda a configuração legal implica, que o estímulo a circular e a se virar se intensifica, na experiência diária de adotar uma posição que traga benefícios, segundo cada tipo de prática adotada" (*Ibidem*, p. 259). O problema não reside no fenômeno da "viração" em si, mas na simbiose entre trama institucional e lógica agarrada à menoridade jurídica. Haveria uma espécie de barreira simbólica à passagem dos meninos de rua à condição de maioridade, que os inscreve na menoridade assistida, no vocabulário da "viração" e na entrega de sua fala aos usos e disputas que, a despeito dos benefícios, lhes são alheios. Existiria um 'outro' na sua fala dos meninos, constituído por instituições assistenciais, educativas, políticas, discursos e representações sociais, fenômeno revelador de um paradoxo próximo ao "argumento aprisionante" que a própria autora afirma ter observado nos trabalhos de Goffman, a saber, a ideia de que a subjetividade não seria algo a se opor ao estigma, pois é ele que a preenche de conteúdos (*Ibidem*, p. 38).

Coerente com as conclusões desse estudo, Gregori coordenou uma pesquisa sobre as famílias atendidas pela Fundação Projeto Travessia (Gregori, 1999a), organização não-governamental voltada para a educação de crianças e adolescentes em situação de rua na região central da cidade de São Paulo. Entre os objetivos complementares da pesquisa constava a produção de um banco de dados, cuja finalidade era "propor uma metodologia eficaz de coleta e organização de informações que resulte em uma maior capacitação dos profissionais envolvidos e, com isso, (...) estimular o aprimoramento das intervenções dirigidas tanto às crianças e aos adolescentes, quanto às suas famílias" (Gregori, 1999b). O título do guia de implantação do banco de dados é bem sugestivo: "informações sem mitos" (Gregori, 1999c). A crítica implícita neste título ajuda a caracterizar o agenciamento discursivo da intervenção pública na área da infância e adolescência, na qual, não há como negar, Gregori está profundamente incluída. Interna ao cotidiano do trabalho das instituições de assistência e educação sociais, a crítica é dirigida especificamente aos seus profissionais. Mítica seria toda a justificativa ética ou moral para a retenção ou criação de obstáculos à livre circulação da informação, situações em que os educadores "muitas vezes deixam de informar sobre suas combinações com os meninos" (Gregori, *op. cit.*, p. 11). Certamente, a existência desse "sentimento de posse" não indicaria necessariamente a condenação do trabalho, pois "o que importa é estar e, sobretudo, estar sempre disponível para ouvir críticas e sugestões". Deste modo, é assegurado "ao menino o direito de ser sujeito de sua história de vida, registrada em cada instituição que o atende", além de subsidiar "os profissionais no planejamento de seu trabalho e na avaliação constante. E, finalmente, arando o terreno para relações interinstitucionais mais frutíferas" (*Ibidem*, p. 12).

Recomendações e propostas como essas refletem uma nova ambientação política. Insuficientes haviam se transformado todas as modalidades de denúncia que não assumissem o rigor científico do tratamento dos dados – ou, ao menos, a sua suposição -, a aplicação de recursos formais e o controle metódico do material que viesse a possuir alguma significação política. Já eram bem conhecidos e largamente criticados os efeitos da inflação das estimativas sobre a quantidade de meninos de rua no país, tão freqüente nas denúncias realizadas pela militância oposicionista dos anos oitenta. De 600 mil crianças na cidade de São Paulo, em 1985 (Bulgarelli, 1996, p. 11-12), a 15 milhões na América Latina, em 1995 (Pereira, 1996, p. 1), as estimativas variavam conforme as contingências políticas e a dinâmica da captação de recursos junto aos governos e organizações de apoio humanitário do exterior. Entre tantos efeitos deletérios, a inflação dos números criaria obstáculos a intervenções concretas, na medida em que "o problema é tão generalizado que a sua solução só ocorrerá através das transformações gerais e estruturais da sociedade brasileira, algo como uma revolução que acabe com a miséria" (Rosemberg, 1993, p. 79). Em poucos anos, críticas como essa encontrariam acolhimento mesmo entre antigos partidários da estratégia das estimativas hiperbólicas. Indício do declínio dessa estratégia, as contagens de crianças e adolescentes em situação de rua tornaram-se prática corrente nos principais centros urbanos, não raro coordenadas por pesquisadores ou instituições de renome nacional.[15] Os números voltariam às graças das organizações de defesa dos direitos de crianças e adolescentes. Para tanto, foi preciso libertá-los de sua roupagem imaginária, domesticar seus exageros, lutar pela possibilidade de seu controle, encontrar uma linguagem para o seu cálculo e precisão.

É nesse contexto que a mencionada metodologia para o gerenciamento das informações do Projeto Travessia deve ser situada, sendo nele que as conclusões do primeiro estudo de Gregori sobre a trama institucional do atendimento de meninos de rua na capital paulista

---

15 Em 1993, a Secretaria Estadual da Criança, Família e Bem-estar Social promoveria a primeira contagem de meninos de rua no município de São Paulo. Somados os períodos noturno e diurno, foram observados 5.415 crianças e adolescentes, nas diversas situações categorizadas pela contagem ("trabalhando", "entregando folhetos publicitários", "esmolando", "perambulando", "brincando", "dormindo" etc.), números muito inferiores aos divulgados na mídia por militantes e organizações de defesa de direitos humanos. As dificuldades operacionais envolvidas nas contagens talvez expliquem a variedade de metodologias existentes (Rosemberg, 1994). Após analisar os resultados de sete estudos, desenvolvidos entre 1993 e 1999 em sete capitais estaduais e regiões metropolitanas, Soler conclui que não existe ainda nenhum parâmetro metodológico consolidado que permita realizar comparações entre as contagens realizadas regionalmente (Soler, 2000).

(Gregori, 1996) podem ser melhor analisadas. Esse estudo atesta que a desativação do campo oposicionista estruturado durante a vigência do regime militar tem início, em São Paulo, no Governo Orestes Quércia, corresponde à marcante presença do Estado na execução de programas sociais direcionados ao público infanto-juvenil, sobretudo aos meninos de rua. O maciço investimento na área teve como conseqüência a profissionalização do educador de rua ao mesmo tempo em que eram desarticuladas as iniciativas de atendimento e educação promovidas por atores da sociedade civil. O modelo da Secretaria do Menor do Governo Quércia, apesar da sua falta de sustentação política junto a organizações da sociedade civil e às demais lideranças do partido governista (PMDB), antecipou e concretizou diversos preceitos posteriormente determinados pelo Estatuto, sentido inovador que não tardaria a ser desmontado. Já nos últimos momentos do Governo Quércia e com a transição para a gestão Fleury, a avançada proposta da Secretaria perderia seu traçado original. Gregori afirma que a centralização estatal e a sistemática desconsideração das organizações não-governamentais como interlocutores do Poder Público, estas ainda "presas à lógica das mobilizações e das denúncias", determinaram os "efeitos devastadores sobre o atendimento da população de risco" (Gregori, 1996, p. 149). A gestão Mário Covas terminaria por desmontar a herança quercista, retomando o tradicional modelo de assistência social. O estudo tem entre suas conclusões a constatação de que a "falta de correspondência entre a ação política e a intervenção concreta por parte das organizações não-governamentais inviabiliza alternativas de intervenção" (Gregori, *op.cit.*, p. 5). Observa ainda que "os impactos de uma avançada legislação resultam no acirramento de conflitos entre atores sociais já institucionalizados/legitimados e novos atores" (*Ibidem*, p. 5).

Como resposta aos "efeitos devastadores" da "trama institucional" destinada ao atendimento da população infanto-juvenil em situação de risco, Gregori vislumbra possíveis consensos no interior da pluralidade democrática, indícios da possível efetivação dos direitos determinados em lei. Há uma inegável tentativa de consolidar essa ideia. O destaque que concede a algumas organizações sociais, entre as quais, o Projeto Travessia, é o mais claro sinal dessa tentativa e talvez explique o tom pouco acadêmico de alguns de seus comentários. Para diferenciar o Travessia do restante das organizações da "trama institucional", Gregori não economiza elogios e uma sorte de esperança geralmente ausente nas suas pesquisas. Nos termos desse entusiasmo, "o Projeto Travessia constitui, assim, um novo ator social na área, com grande poder de articulação e intervenção, diferenciando-se, como organização não-governamental, pela preocupação em contatar as demais instituições sociais antes de qualquer intervenção – excluindo assim riscos de sobreposição de tarefas – e pela simbiose com grupos empresariais e sindicais, convocando atores de outras esferas para sustentar iniciativas concretas na área" (*Ibidem*, p. 6). Tal como a neutralidade de uma informação tecnicamente administrada, o Projeto Travessia teria a vocação para transitar pela rede de atendimento, articulando, em favor dos direitos e interesses das crianças e adolescentes, as demais organizações sociais. Ele pode ser interpretado como uma espécie de síntese das variações, acumuladas nas últimas décadas, de práticas e discursos sobre os meninos de rua. Não obstante a pluralidade política do Travessia e a despeito de sua vocação para a convivência democrática, não há como isentá-lo das contradições típicas dessa história. Mais correto seria interpretar a existência mesma do Projeto como a manifestação institucional de um novo modo de agenciar a visibilidade pública da temática da infância e adolescência.

Uma travessia política

> Não existem crianças de rua. O que existem são crianças
> e adolescentes fora da família, da escola e da comunidade
> que precisam de oportunidades <sic>.
>
> *Slogan* da Fundação Projeto Travessia

Iniciativa conjunta do Sindicato dos Bancários de São Paulo e do BankBoston, o Projeto Travessia implanta seu programa-piloto com a parceria do Centro Brasileiro de Planejamento (CEBRAP), do Instituto de Estudos Especiais da Pontifícia Universidade Católica de São Paulo (IEE/PUC/SP), da Fundação Sistema Estadual de Análise de Dados (SEADE) e do Projeto Axé, de Salvador. Em junho de 1996, lança suas atividades de educação na rua, delimitando sua atuação ao centro histórico da cidade de São Paulo. Posteriormente, compreendendo a necessidade de desdobramento do trabalho realizado na rua, mais três programas foram criados: o *"Programa de Educação, Arte, Cultura, Esporte e Lazer"*; *"Programa de Educação, Família, Escola, Comunidade e Moradia"* e o *"Programa de Educação e Acesso ao Direito".* Ganhava ato o potencial político celebrado na prosa partilhada entre empresários e sindicalistas, seus fundadores.[16] Decorri-

---

16 Segundo as palavras de Henrique Meirelles, então presidente do Banco de Boston, "o Travessia nasceu sob o signo da audácia". Mais moderado, o presidente do Sindicato dos Bancários, em 1996, Ricardo Berzoini, descreve e avalia a origem do Projeto: "o Travessia surgiu da preocupação do Sindicato em atuar no espaço urbano para tentar resolver os problemas que afligem não só a bancários, mas toda a população que trabalha e circula pelo Centro de São Paulo. Passamos, então, a projetar o que seria um trabalho da comunidade, dos agentes sociais e econômicos da região. A ideia foi procurar outras instituições que estivessem atentas à questão, como o Banco de Boston, que tinha uma preocupação similar à nossa. Nesse trabalho conjunto estamos conseguindo manter um relacionamento ético e respeitoso. Sem abrir mão de nossas divergências estamos conseguindo trabalhar por um mesmo propósito" (Fundação Projeto Travessia, 1996a, p. 8-9). O "mesmo propósito" de Meireles e Berzoini convergiu e se encontrou no Governo Federal, no

dos dois anos, o Projeto Travessia realiza uma avaliação interna, com a participação de todos os seus funcionários, evento que resultou no "*Planejamento Estratégico Participativo*" para o período de 1998 a 2000. A estrutura organizacional do Projeto Travessia, produto desse planejamento, foi desenhada em três áreas de atuação: "*Defesa de Direitos*", "*Promoção de Direitos*" e "*Administração e Finanças*". A missão institucional é então definida: "garantir os direitos de crianças e adolescentes em situação de rua, através da mobilização de esforços do próprio grupo, da família, da comunidade de origem, da escola, da rede de atendimento e da sociedade em geral, visando a melhoria da qualidade de vida e o exercício pleno da cidadania" (Fundação Projeto Travessia, 1998a, p. 5).

Originário de "uma intenção, compartilhada de forma inédita entre parceiros plurais, para alavancar alterações de profundidade no modo de produção de políticas e práticas dirigidas a crianças e jovens em situação de risco pessoal e social, através de um novo agir na sociedade para com ela mesma" (Fundação Projeto Travessia, 1996a, p. 3), o Travessia não poderia deixar de se dignar a ser o portador da inovação institucional na área em que acabava de entrar. Em relação às outras organizações sociais que realizavam o mesmo trabalho de educação e assistência social na região central do município, o Projeto possuía significativas diferenças quanto à origem e ao volume de seus recursos financeiros (Soler, 2000). Nos

---

primeiro mandato de Luiz Inácio Lula da Silva: Meireles como presidente do Banco Central e Berzoini como ministro do Trabalho e Emprego. Esse tom laudatório já havia sido dado pelo líder da bancada do PSDB na Câmara de São Paulo, em 1995, Nelson Guimarães Proença: "Há projetos que deixam claras as vantagens da parceria entre a iniciativa privada e entidades sindicais (e eventuais governos) para dar respostas competentes e racionais na área social. O Projeto Travessia, elaborado pelo sindicato dos bancários e pelo Banco de Boston para retirar crianças e adolescentes das ruas do centro, é uma demonstração de profunda maturidade de ambas as partes" (Folha de São Paulo, *Opinião*, 14 de agosto de 1995).

seus primeiros anos de funcionamento, também ao contrário de todas as outras instituições, ele não mantinha qualquer convênio com órgãos do Estado.[17] Além disso, o Projeto compunha uma ampla ação de revitalização urbana do centro velho da cidade de São Paulo capitaneada por associações empresariais.[18] Foram essas condições distintivas, tanto materiais quanto políticas, que permitiram

17 As receitas do Projeto eram compostas, segundo a previsão orçamentária para o ano de 1999, por contribuições cotizadas e divididas entre o Sindicato dos Bancários de São Paulo (23,5%), Sindicato dos Professores da Rede Oficial de Ensino de São Paulo/APEOESP (5,8%), BankBoston (23,5%), Bradesco (23,5%) e Banco Fibra (5,8%). Os rendimentos em aplicações financeiras (9,8%) e os valores provenientes da captação de recursos (7,8%) completavam a receita do Projeto, prevista em R$ 1.020.000,00 (Fundação Projeto Travessia, 1998b). A despeito das contribuições cotizadas anualmente, o Travessia almejava a autonomia financeira. Para tanto, um fundo estava em vias de constituição, fomentado por superávits anuais (Fundação Projeto Travessia, 2000, p. 83). A estrutura do Projeto Travessia seria substancialmente alterada com a intensificação da municipalização das políticas de assistência social em São Paulo. Participante ativo dos fóruns que precederam e a planejaram, ele assumiu, em julho de 2002, a administração de equipamentos de assistência social da Prefeitura, localizados nas regiões Leste e Sul da cidade. A expansão da população atendida, agora não mais focada nas crianças e adolescentes em situação de rua, acarretou profunda transformação da instituição. Com o convênio que habilitou a transferência administrativa dos equipamentos para o Travessia, a média de 300 crianças e adolescentes atendidos por mês foi elevada para 2000 e o valor repassado pelo convênio com a Prefeitura de São Paulo, no final de 2003, correspondia a três vezes a receita prevista para o ano de 1999. O Travessia seria assim incorporado à estrutura da Secretaria Municipal de Assistência Social, sendo responsável direto, não apenas pela execução dos serviços, mas também pela sua concepção e planejamento. No primeiro semestre de 2004, o convênio com a Secretaria Municipal de Assistência Social foi cancelado. Com a mesma velocidade que havia se autorizado a ser o representante civil da pluralidade democrática nas questões que cercam crianças e adolescentes em situação de rua na cidade de São Paulo, o Travessia experimentaria a instabilidade administrativa decorrente da transferência da execução dos serviços públicos para as organizações sociais (BankBoston Brasil, 2002; Fundação Projeto Travessia, 2004).

18 O principal ator dessa ação foi o *Viva o Centro*, associação de origem empresarial que contava, desde a sua criação, com forte apoio das mesmas instituições que fundaram posteriormente o Travessia, em especial o então Banco de Boston (Frúgoli Jr, 2001).

ao Travessia tomar frente no campo socioassistencial de meados de 1990, época em que se firmava no Brasil uma nova tecnologia de controle, cada vez mais centrada na mobilização dos engajamentos e na apropriação da história recente dos movimentos sociais (Cunha, 2010; Souza, 2008; Paoli, 2002; Arantes, 2004). Os anos inaugurais do Projeto Travessia deram forma e conteúdo a essa tecnologia, gestaram experimentos, descortinando mecanismos prático-discursivos de reversão política e de surpreendente conformação *zelosa do consentimento*.[19] A memória desse acontecimento pode, hoje, suavizar as linhas de sua fisionomia, negligenciar o sentido de suas consequências. Pouco importa. Ainda que haja opaci-

---

19 Não há como falar em "zelo" e "consentimento" sem mencionar os estudos de Christophe Dejours em psicodinâmica do trabalho. Na sua desconcertante análise do fenômeno da "banalização da injustiça social", detectado na hegemonia neoliberal francesa da década de 1990, a questão central consiste em saber "por que uns consentem em padecer sofrimento, enquanto outros consentem em infligir tal sofrimento aos primeiros?" (Dejours, 1998, p. 17). As noções de "zelo" e "consentimento" estão articuladas na resposta dada por Dejours. Contudo, ainda resta uma consideração a fazer, levando-se em conta a particularidade do campo socioassistencial brasileiro pós-88 e, mais especificamente, o contexto do trabalho educativo na rua. No Projeto Travessia, a captura do engajamento dos funcionários revela uma axiologia instrumental bem distinta da "ideologia defensiva do realismo econômico", que, de acordo com Dejours, seria sustentada, em um primeiro momento, pelo "medo" para, em um segundo, converter-se em defesa da "Realpolitik" na empresa, transformar o "trabalho sujo" em "virtude e coragem" (Dejours, *op. cit.*, p. 90-91). O educador do Projeto não sentia medo e tampouco mantinha defesa semelhante; seu consentimento estava muito longe da adesão justificada ao "trabalho sujo". Isto porque nesse campo socioassistencial o trabalho, mesmo que profissionalizado, incorpora muitos traços da militância dos movimentos sociais e dos valores políticos que orientaram a redemocratização do país. Seu "zelo" decorre, antes de tudo, diretamente desse processo histórico, mais até do que das "situações de trabalho". Daí a inadequação em tomar o engajamento dos educadores do Projeto enquanto um "trabalho militante", na linha do que propôs, recentemente, uma certa sociologia francesa fortemente influenciada pela ergonomia crítica. Pelas mesmas razões, não parece pertinente compreender, como quer tal sociologia, esse engajamento somente à luz da organização do trabalho ou a partir de uma "leitura microssociológica" (Nicourd, 2008).

dade ou esquecimento, sua eficácia transpôs seus próprios limites organizacionais, invadindo a política de direitos, em sinergia com outros processos normativos. Na época de pioneirismo triunfante do Projeto, incitava-se um controle voltado ao engajamento político inscrito no trabalho de rua, combatendo, mediante a paráfrase prática e retórica, a antiga presunção metafórica da mística encarnada pelos "meninos de rua".

Uma "inspiração logotípica"

> A ideia do Projeto Travessia era tão boa, tão clara e tão própria, que em questão de segundos surgiu o nome. E se o resultado foi gratificante naquela hora, tem-se tornado ainda mais agora, quando vemos o resultado concreto obtido pelo programa.
>
> Duda Mendonça (Fundação Projeto Travessia, 1996a, p. 11)

Nem tão clara e própria era a ideia do Projeto. Nos seus primeiros meses de funcionamento, apesar da experiência de muitos de seus profissionais, boa parte deles com passagem pela Secretaria do Menor, o Projeto carecia de referenciais metodológicos que, como alardeado pelas instituições que compunham a sua cúpula, fossem indiscutivelmente novos, eficientes e sob a égide do que seria "potencialmente a iniciativa comunitária mais importante do Brasil".[20] Durante esse período inicial, o Travessia ganhou visibilidade, impulsionado pelo peso de seus mantenedores e de seus "parceiros", organizações que constavam entre as mais conhecidas e influentes no meio sindical e empresarial.[21] As necessidades con-

---

20 Henrique Meireles, presidente do BankBoston e do Conselho Curador da Fundação Projeto Travessia (Fundação Projeto Travessia, 1996a, p. 3).

21 Para citar os principais, em 1997: BankBoston, Sindicato dos Bancários e Financiários de São Paulo, Osasco e Região, Banco Fibra, Sindicato dos Me-

cretas da atuação em um campo social sabidamente complexo, de densa e sedimentada história, impunham exigências e obrigações, vivenciadas entre os profissionais e na relação com as demais instituições envolvidas diretamente no trabalho diário. A rapidez com que o Projeto ficou conhecido e a ênfase comunicativa de seu discurso seriam rapidamente assimiladas pelo trabalho de educação de rua. Antes dessa assimilação e como sua condição de possibilidade, o Projeto promove uma intensiva abertura para a *expertise* de consultores, o que lhe permitiu incorporar e disseminar um discurso não apenas sobre a instituição, a inovadora e surpreendente aliança entre sindicatos e empresariado de que era resultado, mas também sobre o trabalho de educação, sua metodologia, também supostamente inovadora, em gestação.

A preparação para a entrada definitiva do Projeto na rede heterogênea de organizações que atendiam o mesmo grupo social no centro velho da cidade de São Paulo foi precedida por consultorias e encontros de qualificação em diversas áreas disciplinares. Alguns eram pontuais e serviam antes para "agregar valor" à imagem do Projeto. Outros, como os inúmeros feitos com a antropóloga Gregori, incorriam em detido acompanhamento das informações levantadas pelas primeiras idas à rua. Orientados a dedicarem distância dos "meninos", os educadores supostamente acederiam a um olhar para a alteridade; seus relatos deveriam, portanto, ser transcritos a partir dessa posição assemelhada ao do etnólogo e que, não à toa, foram desde então chamados de "diários de campo". As atividades orientadas prosseguiram por vinte dias e, ao final desse momento de imersão na rua e na experiência antropológica, a equipe de educadores foi convocada a construir uma "representa-

---

talúrgicos do ABS, Bradesco, Sindicato dos Professores do Ensino Oficial do Estado de São Paulo (APEOESP), Caixa Econômica Federal.

ção gráfica" dessa experiência. O "projeto cartográfico" respondia a essa convocação com a montagem de um "espaço na parede" onde um "cenário" foi confeccionado na forma de uma miniatura, artisticamente estilizada, do centro velho da cidade. Nesse painel em maquete, "personagens" receberam "códigos" e "legendas" – incluídos aí os próprios "meninos" atendidos –, com pontos móveis de fixação, para que sua circulação e apropriação do "território" pudessem ser representadas. Tudo com as mesmas cores do logotipo do Projeto, para "fortalecer a identidade da Fundação":

> INSPIRAÇÃO LOGOTÍPICA
>
> Ao olhar a inscrição do Projeto Travessia, um logotipo criado para marcar e identificar essa instituição, incorporamos à cartografia suas cores, no sentido de fortalecer a identidade da Fundação. O logotipo é uma estrutura em tecido branco e resistente. Recriada em pigmentos primários e secundários. O fundo azul, o círculo amarelo, o disforme verde, o aproximado retângulo vermelho em arestas textuais, compondo a impressão de humanidade manifesta na silhueta criada pelos contrastes de cores e formas. Impressão feminina marcada pelo acalentar, embalando nos braços fortes, alguém pequeno e sem nome. O texto em azul na faixa branca legendando essa imagem, expressa linearidade de palavra-de-ordem.
>
> Essa composição que propõe *travessia para a cidadania* – tomando em consideração sua abrangência – e sintetiza em lógica binária os vazios do texto, comunicando um sentido avesso, que deixa no subtexto uma proposição que se define por *atravessados para a cidadania*.
>
> No entanto, essa inscrição em arranjo de dissonâncias dodecafônicas, nomeia o projeto Travessia e proporciona ampla e diversa interlocução, que se faz possível nos vazios de indefinição, a qual permite versões atravessadas da proposta de travessia, manifestas por interlocutores que não se apercebem da ambiguidade, pois reconhecem na

mensagem do subtexto suas ideias resolutivas para a presença de crianças e adolescentes nas ruas.

A ambiguidade assola a harmonia do Projeto Travessia, instabilizando a sequência e o tempo dos compassos, provocando erros e conflitos do conjunto e reduzindo a qualidade do resultado. *Implicações advindas de incertezas, de não saber que projeto de cidadania foi cunhado nesse logotipo* (Fundação Projeto Travessia, 1996b, p. 2. Destaques no original).

A liberdade imaginativa desse início atravessava o novo vocabulário da equipe de educadores. As palavras seriam os primeiros objetos criticados e moldados de acordo com os valores políticos do Projeto. Apesar da massiva influência da consultora Gregori e de sua crítica à "*militância do texto*", o discurso que começa a surgir entre os educadores investe-se e desdobra-se sobre si mesmo, como uma colagem pós-moderna. Esse era o momento de exceção e dos excessos, da remoção das antigas palavras de ordem e das comoções da denúncia social. Tempo do amor semiótico do discurso em defesa da cidadania. Daí a razão para algumas ausências. Nenhuma menção aos decanos da educação popular e imposição do constrangimento silencioso à memória das práticas movimentalistas, transformadas em meros capítulos apaziguados da história da construção dos direitos de crianças e adolescentes. Isto não tanto em função de uma persistente desconsideração dos aspectos positivos das invenções educativas do campo movimentalista. A negação preocupava-se com as suas representações, a intensidade mística que um dia as suas metáforas carregaram. Não teria sido o sentido enigmático dessa mística que seria preciso, muito mais do que anular, parafrasear por meio de uma inflação simbólica e autorreferente do discurso? Subjacente a esse jogo aparentemente inocente da "cartografia do desejo", não seria possível encontrar a estratégia, ainda vacilante, da fonte propulsora do engajamento típico do associativismo civil pós-88? É certo que, nem mesmo no

Projeto, o engajamento dos profissionais nas causas públicas assumiu por muito tempo essa coloração "cartográfica". Entretanto, a se observar as modalidades discursivas e as estratégias desenvolvidas por esse associativismo, torna-se plausível reconhecer a dimensão enigmática que se pretende instaurar por intermédio de um novo vocabulário. O caráter de fetiche da "cartografia do desejo" é parte importante disso. O discurso sobre o trabalho deve converter-se em cena e personagens, interiorizados em um espaço de "potencializadores" e de "devires". Por isso, aos olhos do cartógrafo-educador, na "vida privada das ruas", crianças e adolescentes "se agrupam e simulam morada e família por sucessivo e recorrente pensamento mágico, o qual se associa o uso de droga (...), experimentando na realidade algo fantasiado como aplacador do sofrimento." A rua impõe-se como espaço subjetivo, lugar de um "sofrer" implicado ao "não sentir", onde, no entanto, a "ficção lúdica" pode tornar-se método educativo e verdadeira experiência entre sujeitos:

> FICÇÃO LÚDICA
> Quase a tocar os objetos, o observador é acariciado ao aperceber-se em contato com formas e expressões singulares, *capturadas nas marcas de afeto inscritas nos corpos da equipe, fruto dos encontros com as crianças e adolescentes.* Envolvido pelo campo repleto de invisíveis catalisadores de subjetividade, o olhar, o qual é provocado a atentar para a cartografia, ao término do conhecer, é assaltado pela condensação dos sentidos, manifestos freqüentemente pela fala. *O sujeito se faz verbo, vertendo o cartógrafo ensimesmado. Ensaia reconhecer territórios e dispara questões seqüenciais dirigidas a si mesmo. Invadido por lucidez, tornada possível por fluído de subjetividade, rende-se a partida inevitável* (Fundação Projeto Travessia, *op.cit.*, p.7. Destaques no original).

O correspondente imagético dessa "ficção lúdica" não poderia ser nenhuma situação concreta anotada em diário de campo. Tampouco ele apareceria durante as sessões de supervisão. Isto porque tal "ficção" responde a uma função de desreferencialização social específica e, ao mesmo tempo, de substituição retórica da mística popular (Vargas Netto, 2007) pelo vazio da reificação do discurso. Se no começo da implementação do Travessia essa função foi satisfeita de maneira histriônica e patética, não se deve, no entanto, surpreender-se com o fato de que deste modo tenha se explicitado a dimensão mística parafraseada pelo fetiche de "inspiração logotípica". Em suas cores e formas abstratas, que remetem à necessária participação semiótica, o logotipo oculta significações e convoca o dissenso, mas para domesticá-lo pelos labirintos da fraseologia. Ao contrário das metáforas da política "popular", a significação escamoteada pela "inspiração logotípica" é a evidente manifestação – cômica e inebriante – da desreferencialização social contida na ideia – esta sim fantasiosa – de que a aliança entre sindicatos e empresários superaria, no Projeto, as barreiras de classe em favor da cidadania do grupo infanto-juvenil em situação de rua. O reconhecimento das "incertezas" dessa aliança e de seu "projeto de cidadania" não faz mais do que colocar em perspectiva a "ficção lúdica" dos direitos e, assim, inscrever o consentimento moral dos profissionais no esteio das técnicas disciplinantes do engajamento político que passam a marcar o então novo associativismo civil.

O controle participativo do engajamento

Obviamente, a operação linguajeira dessa "inspiração" que toma as coisas pelos signos não explica a indiscutível mobilização que se viu florescer entre os profissionais do Projeto, notadamente entre aqueles que trabalhavam diretamente com as crianças e adolescentes nas ruas. Contudo, as modalidades de controle desse engajamento não foram dadas de antemão. Nenhuma tática havia sido importada e posteriormente transportada para o âmbito prático do trabalho; nenhum conhecimento soube sistematizar uma gestão segura das paixões políticas que transitavam pelo Projeto. Não que inexistissem tentativas e intenções. Houve e muitas, de escopo direcionado à base da hierarquia institucional, os educadores de rua: qualificações e encontros com experts, distribuição e leitura de textos, colóquios glosados em "monitoramento e avaliação de programas a favor da infância e adolescência", em "formação de redes de atenção", "políticas públicas", "trabalho socioeducativo", sistematização de ações educativas ajustadas aos "Parâmetros Curriculares Nacionais", de propostas pedagógicas centradas na "resiliência" psicossocial etc. Apesar da abrangência e da variedade dos temas levassem muitas vezes à dispersão e à incongruência conceitual,[22] elas ganhavam convergência em torno de técnicas administrativas, a partir das quais deveriam ser pensadas e concretizadas: "projeto", "planejamento" e "relatório avaliativo". Forma eficaz da produtividade do registro homogêneo, essa tríade gerencial passava a disciplinar os textos redigidos, despojando-os de autoria, cada vez mais restrita aos diários de campo. Todo o trabalho deveria ser submetido ao crivo dessa forma. Para que uma atividade educativa pudesse ser reconhecida e valorizada, ela antes deveria ser exposta por um "projeto". Seus meios tornavam-se factíveis sob a condição de serem dispostos em um "planejamento", instrumento responsável

---

22 Sem qualquer constrangimento teórico, a vocação para a pluralidade democrática do Projeto Travessia também se manifesta pela convivência entre diferentes disciplinas. Segundo seus princípios, a criança e o adolescente tanto são "sujeitos de Direitos: conforme o Estatuto da Criança e do Adolescente" quanto sujeitos de "cognição" "capaz de desenvolver e consolidar aprendizados, conforme construção teórica de Jean Piaget", e também sujeitos de "desejo", "aquele que, por incompletude, busca e investe seu afeto em objetos, conforme construção teórica da psicanálise" (Fundação Projeto Travessia, 2000, p. 11).

pela racionalidade da empreitada educativa. Transpostos esses dois momentos, mediante o "relatório avaliativo" o trabalho de rua seria por fim incorporado pelo conjunto dos profissionais da instituição. Cada um dos momentos da tríade gerencial era acompanhado por acaloradas discussões entre os educadores. Em muitas ocasiões, seus textos sobre o trabalho eram debatidos e analisados, estimulados pela injunção à "participação"[23] nos assuntos específicos da educação de rua e nos destinos da instituição, sem que isso, no entanto, implicasse qualquer influência nas tomadas de decisão. Não se tratava tão-somente do controle gestionário pela aplicação de técnicas administrativas, dos primeiros sinais da hegemonia da cultura do *management* no campo socioassistencial.[24] Com o tempo, elaborações individuais ganhavam consistência e somavam-se a um processo coletivo de construção de um saber sobre o trabalho na rua, incluindo sua relação com a dinâmica política do Travessia. Em tudo essa construção se contrastava à presença constante dos consultores. A lógica ordenadora das metodologias da *expertise*

---

23 A significação velada do chamado à participação incitado pelo "discurso do protagonismo juvenil" foi analisada por Souza e, em parte, também concerne às modalidades de controle gestadas e praticadas no Projeto Travessia. Há, contudo, uma diferença importante a ser sublinhada. A injunção à participação encontrava, no Projeto, não apenas um "discurso tautológico" e tampouco se limitava a associar-se à "atividade" e ao "fazer coisas". Aqui, a tautologia deparava-se, por assim dizer, com a cordilheira do trabalho social (muito diverso do "trabalho voluntário", referência do estudo de Souza) que, no âmbito da educação de rua, convocava, mesmo que distorcidamente, o passado movimentalista e sua mística popular. Daí por que a equiparação entre "atuação, participação e cidadania (e, com esta, a noção de direitos)" disposta em um "círculo vicioso e tautológico do discurso" não tenha constituído uma realidade prática no Travessia, visto que isso implicaria a necessária captura do engajamento político dos educadores (SOUZA, *op. cit.*, p. 86). Neste sentido, a tecnologia de controle gestada pelo Projeto imporia um limite para a subjetivação do "discurso do protagonismo juvenil".

24 No seminal texto de Paoli (2007), essa hegemonia sinalizaria os "tempos sombrios" de um "mundo indistinto", no qual conviveriam violência, política e gestão.

constituía claro foco de conflito com os educadores. No Projeto, essa luta era intermitente e sem vencedores. Consultores desenvolviam sua *expertise* e viam seus nomes associados ao Travessia, sem disputas que ameaçassem de fato a continuidade da prestação do serviço. Por sua vez, educadores se organizavam e discutiam os conteúdos propostos, antecipando suas possíveis consequências e analisando sua intencionalidade subjacente, garantindo, assim, um espaço crítico e de distância em relação às interferências das assessorias. Essa tensão contrariava a estratégia institucional, presente desde o início do Projeto, de posicionamento diferenciado no campo socioassistencial. Maciços esforços de "parcerias"[25] foram feitos junto a centros de estudos, envolvendo a contratação de consultores, geralmente docentes de universidades de renome nacional. Um setor específico de "formação, estudos e pesquisas" foi adicionado ao organograma da instituição, em 1998, com o objetivo de oferecer qualificação "permanente" para "aprimorar a competência técnica dos profissionais", de "forma inovadora e comprometida com a luta pela ampliação e melhoria das políticas públicas" (Fundação Projeto Travessia, 1998a, p. 20). A instituição era assim promovida e divulgada como espaço inovador de produção de conhecimento, e não apenas na condição de mais uma organização de assistência social. A partir da força política e econômica de seus mantenedores, o Travessia procurou capitalizar sua atuação junto ao campo da cultura, especialmente com vistas ao prestígio do mundo acadêmico, o que explica a importância dos consultores.

    O significado dessa estratégia pode ser melhor compreendido se o conflito entre consultores e educadores for redimensionado,

---

25 Na definição do Projeto Travessia, "entende-se parceria como a relação entre diferentes que se somam na ação, explorando a diversidade de aportes técnicos e financeiros de cada um. Essa prática potencializa a capacidade de trabalho e reduz o tempo de execução" (Fundação Projeto Travessia, 1996a, p. 49).

considerando a confluência histórica entre normatividades políticas distintas, cuja eclosão se deu com o Estatuto e que desde então tem estruturado o associativismo civil, notadamente no novo campo socioassistencial. Embora residual e despojado de seu enraizamento histórico original, o imaginário movimentalista, condensado na antiga figura do educador popular, ainda resguardava, no Projeto, um lugar seguro para o profissional que trabalhava diretamente com as crianças e adolescentes na rua. Os fatores capazes de constranger a *expertise* modernizante dos consultores retiravam daí a sua força.[26] Mas esse reconhecimento vicário envolvia uma contrapartida: ele também era responsável pela rígida circunscrição do saber sobre o trabalho junto aos componentes intransmissíveis da pessoa do educador. Não por acaso que, com grande frequência, a rua tenha se transformado em uma espécie de extensão de sua subjetividade. É certo afirmar que o engajamento retirava dessa intensificação subjetiva, apoiada nos resquícios da mística do educador popular, uma de suas mais profícuas fontes. Os diários de campo são reveladores da predominância dessa configuração histórico-afetiva. A despeito das diferenças de estilo e ênfase descritiva, eles não cumpriram, na maioria dos casos, a função pretendida de registro da experiência da alteridade; oscilavam entre polaridades. De um lado, a exacerbação subjetiva de um engajamento militante, redivivo, no trabalho profissional aberto permanentemente à

---

26 No Projeto, a ausência de uma circunscrição formal e sistematizada do que seria a especificidade da educação de rua também criava condições para que se observasse em tudo e se atribuísse a todos o potencial e a disposição educativas. Essa imprecisão e abrangência possuíam um conteúdo claramente diversionista. A despeito do valor progressista que se desejava transmitir, tratava-se de enfraquecer a legitimidade moral e política dada aos educadores de rua pela relação direta que mantinham com os "meninos": "Considera-se que todos os profissionais do Projeto Travessia são educadores, mesmo os que não desenvolvem atividades diretas com as crianças e adolescentes, uma vez afirmado o caráter educativo da instituição" (Fundação Projeto Travessia, 1998a, p. 20).

participação. Do outro, a invisibilidade do sofrimento de crianças e adolescentes, ora camuflado pela suposição *a priori* da "viração", ora pela "inspiração logotípica" da fraseologia a que se convertiam os discursos que prospectavam uma singularidade técnica e política para o Travessia.

Dessa configuração histórico-afetiva, o Projeto soube retirar um aprendizado sobre o controle que se vale do engajamento de seus profissionais. Nova paráfrase. Agora, a pluralidade democrática que teria fundado o Travessia seria igualmente transposta para a regulação das relações de trabalho, no interior da própria instituição. Como era de se supor, o corpo dirigente do Projeto convocava o horizonte de uma "gestão participativa", mas as deliberações mantiveram-se rigorosamente sob a exclusiva atribuição dos gerentes dos programas e do coordenador geral. Em contrapartida, não raro "cartas abertas" ao conjunto dos funcionários eram afixadas pelos educadores nos quadros de aviso espalhados pela sede. Os motivos eram distintos (plano de carreira, critérios para contratação de funcionários, mudanças na composição dos programas educativos, alteração da rotina de trabalho etc.), mas a motivação era sempre a mesma, reivindicar a real participação nos processos decisórios, como prometido e acordado ao final do "Planejamento Estratégico Participativo". A participação dos funcionários era tanto incitada quanto anulada, em um círculo de vícios e virtudes. As modalidades de controle do engajamento se consolidaram pelo processo de trabalho e pela crescente inserção do Travessia em uma área de heterogeneidade crescente e em mutação, sobretudo com a entrada de novos atores políticos, como as fundações empresariais e as organizações de defesa de direitos já instituídas sob o paradigma do Estatuto.

Em outras palavras, como plataforma experimental de uma tecnologia de reversão política do engajamento, o Projeto Travessia foi resultado do cruzamento desses dois processos, no bojo do qual as diferentes paixões foram extraídas e estimuladas até o limite de sua exaustão. Sob a guarda da presunção universalizante da gramática dos direitos, o consentimento moral do educador com a própria produção dessa tecnologia se apoiava nas promessas de "gestão participativa" e de publicização das concepções desenvolvidas sobre o trabalho, um tipo de regime de controle jamais visto na história recente do país e presente também em diversas outras esferas do associativismo civil, donde a emergência triunfante, nos anos de 1990, do sindicalismo solidário e da responsabilidade social das empresas, pilares ideológicos do Projeto. Novos tempos do associativismo civil, cuja fisionomia ainda está longe de ser desenhada, a despeito da profissão de fé de certos otimismos teóricos dirigidos às virtudes da pluralização da representação de interesses e de um suposto aprendizado institucional de nossa democracia. Identificados com os valores de uma ordem social idealizada, que encontra lastro no Estatuto da Criança e do Adolescente, e com a indignação movida por um anacronismo radical, os engajamentos que foram acolhidos, incitados e capturados pelo Projeto Travessia nos seus primeiros anos de funcionamento ganharam, no processo de recomposição do campo da esquerda, uma clara expressão paradigmática.

Referências bibliográficas

ALVEZ-MAZZOTTI, Alda Judith. "Meninos de rua e meninos na rua: estrutura e dinâmica familiar". In: FAUSTO, Ayrton e CERVINI, Ruben (orgs.). *O trabalho e a rua – Crianças e adolescentes no Brasil urbano dos anos 80*. São Paulo: Cortez Editora, 1996, p. 117-127.

ARANTES, Paulo Eduardo. "Esquerda e Direita no espelho das ONGs". In: _____. *Zero à esquerda*. São Paulo: Conrad Editora do Brasil, 2004, p. 165-190.

ARIÉS, Philippe. *História social da criança e da família*. Rio de Janeiro: Zahar Editores, 1978.

BANKBOSTON BRASIL. *Relatório Anual Financeiro/ Social*. São Paulo, 2002.

BARBETTA, Alfredo. *A saga dos menores e dos educadores na conquista da condição de cidadão. O Movimento Nacional de Meninos/as de rua na década de 80*. Dissertação (mestrado) - Faculdade de Serviço Social – PUC-SP, São Paulo, 1993.

BULGARELLI, Reinaldo. *Para onde foram os meninos de rua?*, texto apresentado no Colóquio sobre Experiências Municipais de Atenção à Criança e ao adolescente, Brasília: UNICEF, 1996.

CAMARGO, Candido P. F. de *et alli* (1980). "Comunidades eclesiais de base". In: BRANT, Vinícius Caldeira e SINGER, Paul (orgs.). *São Paulo: o povo em movimento*. Petrópolis Vozes/CEBRAP, p. 59-81.

COSTA. Antônio Carlos Gomes da. *Meninos e Meninas de Rua: Vida, Paixão e Morte – Trajetória, Situação Atual e Perspectivas de uma Categoria de Compreensão e Ação Social na Luta pelos Direitos da Criança e do Adolescente na América Latina* Belo Horizonte: CELATS, 1996.

CUNHA, Márcia Pereira. *Os andaimes do novo voluntariado*. São Paulo: Cortez, 2010.

DEJOURS, Christophe. *A banalização da injustiça social*. Rio de Janeiro: Editora FGV, 1998.

DOIMO, Ana Maria. *A vez e a Voz do Popular: Movimentos Sociais e Participação Política no Brasil pós 70*. Rio de Janeiro: ANPOCS/Relume-Dumará, 1995.

FERREIRA, Rosa Maria Fischer. *Meninos da Rua: Valores e expectativas de menores marginalizados em São Paulo*. São Paulo: Cedec/ Comissão de Justiça e Paz de São Paulo, 1979.

FREIRE, Paulo. *Educadores de rua, uma abordagem crítica: alternativas de atendimento aos meninos de rua*. Colômbia: UNICEF, 1989.

FRÚGOLI JR., Heitor. "A questão da centralidade em São Paulo: o papel das associações de caráter empresarial". *Revista Sociologia Política*. Curitiba, n.16, jun. 2001, p. 51-66.

FUNDAÇÃO PROJETO TRAVESSIA. *Relatório Anual de atividades desenvolvidas em 1996 e plano de trabalho 1997*. São Paulo, 1996a.

_____. *Cartografia Desejante. Representação gráfica da dinâmica das ruas do centro velho*. São Paulo, 1996b.

_____. *Relatório Anual de atividades desenvolvidas em 1997 e plano de trabalho 1998*. São Paulo, 1997.

_____. *Plano para o biênio 1998/2000*. São Paulo: *mimeo*, 1998a.

_____. *Metas para 1999*. São Paulo: *mimeo*, 1998b.

_____. *Da rua para a cidadania*. São Paulo: Publisher Brasil, 2000.

_____. (2004). *Demonstração de Resultado*, In: Folha de São Paulo, Especial – p.3, 24/09/2004.

GRACIANI, Maria Stela. *Pedagogia Social de Rua*. São Paulo: Cortez, 1997.

GREGORI, Maria Filomena. *Os meninos de rua e as instituições: um estudo sobre os atores e as políticas sociais*. Relatório final de pesquisa. São Paulo: CEBRAP, 1996.

_____. *Meninos nas Ruas: a experiência da 'viração'*. Tese (doutorado em Antropologia) – FFLCH-USP, São Paulo, 1997.

_____. *Diagnóstico das famílias de crianças e adolescentes em situação de rua*. São Paulo: CEBRAP/UNESCO/Travessia/Instituto Terapia Familiar/Fundação BankBoston, 1999a.

_____. *Projeto de sistematização de Banco de Dados das Famílias atendidas pelo Projeto Travessia*, mimeo, 1999b.

_____. *Informações sem mitos: guia para instituições organizarem as informações sobre o atendimento a crianças, adolescentes e famílias*. São Paulo: CEBRAP/UNESCO/Travessia/Instituto Terapia Familiar/Fundação BankBoston, 1999c.

LEFORT, Claude. "Formação e autoridade: a educação humanista". In: _____. *Os desafios da escrita política*. São Paulo: Discurso Editorial, 1999, p. 207-223.

LEITE, Ligia Costa. *A Razão dos Invencíveis*, Rio de Janeiro: Editora UFRJ, 1998.

LUSK, Mark W. e MASON, Derek T. "Meninos e meninas 'de rua' no Rio de Janeiro – Um estudo sobre sua tipologia". In: RIZZINI, Irene (org.). *A Criança no Brasil Hoje – Desafio para o Terceiro Milênio*, Rio de Janeiro: Editora Universitária Santa Úrsula, 1993, p. 153-171.

MARQUES, Carolina. *A Cidadania como metáfora: o projeto de formação e organização de meninos e meninas do movimento nacional de meninos e meninas de rua*. Dissertação (mestrado em Sociologia) – FFLCH-USP, São Paulo, 1999.

MENDEZ, Emilio Garcia. "Adolescentes y responsabilidad penal: los aportes de Brasil y Costa Rica al debate em América Latina". In: OVIEDO, M.G. e SOTOMAYOR, C.T.(coord.). *De La arbitrariedad a la Justicia: Adolescentes y Responsabilidad Penal en Costa Rica*. Costa Rica: UNICEF, 2000.

MPAS/ UNICEF - Ministério da Previdência e Assistência Social/ Fundo Das Nações Unidas Para a Infância. *Projeto Alternativas de Atendimento aos Meninos de Rua – O que é o projeto*, Brasília, 1983a.

_____. *Eu preciso trabalhar, subsídio para o encontro geração de renda por menores*, Rio de Janeiro, 1983b.

MNMMR - Movimento Nacional de Meninos e Meninas de Rua. *1985 - 1995, 10 Anos de Movimento Nacional de Meninos e Meninas de Rua – Construindo a cidadania e a justiça com o sonho e a alegria dos meninos e meninas do Brasil*, Brasília, 1995.

NICOURD, Sandrine. "Introduction. Pourquoi s'intéresser au travail militant? ". In: NICOURD, Sandrine. (dir.). *Le travail militant*. Rennes: Presses universitaires de Rennes, 2008, p. 13-23.

OTA, Nilton Ken. *A forma generalizada: a política dos direitos de crianças e adolescentes*. Dissertação (mestrado em Sociologia) – FFLCH-USP, São Paulo, 2005.

PAOLI, Maria Célia. "Empresas e responsabilidade social: os enredamentos da cidadania no Brasil", In: SANTOS, Boaventura de Sousa (org.). *Democratizar a democracia: os caminhos da democracia participativa*. Rio de Janeiro: Civilização Brasileira, 2002.

_____. "O mundo indistinto: sobre gestão, violência e política". In: OLIVEIRA, Francisco de e RIZEK, Cibele Saliba. (orgs.). *A era da indeterminação*. São Paulo: Boitempo Editorial, 2007, p. 221-256.

PEREIRA, Tânia da Silva. *Direito da Criança e do Adolescente: uma Proposta Interdisciplinar*. Rio de Janeiro: Renovar, 1996.

RAMOS, Lílian Maria P.C. *Educação de Rua: o que é, o que faz, o que pretende*. Rio de Janeiro: Amais Livraria e Editora Ltda, 1999.

RIZZINI, Irene. *O século perdido: raízes históricas das políticas públicas para a infância no Brasil*. Rio de Janeiro: Editora Universitária Santa Úrsula, 1997.

RIZZINI, Irene e RIZZINI, Irma. "'Menores' institucionalizados e meninos de rua: os grandes temas de pesquisas na década de

80". In: CERVINI, Rubens e FAUSTO, Ayrton (orgs.). *O trabalho e a rua: crianças e adolescentes no Brasil urbano dos anos 80*. Lugar: editora, 1996, p. 69-90.

ROSEMBERG, Fúlvia. "O Discurso sobre a Criança de Rua na Década de 80". In: *Cadernos de Pesquisa – Fundação Carlos Chagas*, São Paulo, n.87, nov. 1993, p. 71-81.

_____. *Contagem de crianças e adolescentes em situação de rua na cidade de São Paulo*. São Paulo: Secretaria da Criança, Família e Bem-Estar Social, 1994.

SILVA, Francisca. *Liberdade Assistida, uma proposta sócio-educativa?* Dissertação (mestrado em Serviço Social) – PUC-SP, São Paulo, 1998.

SILVA, Roberto. *Os filhos do governo – A formação da identidade criminosa em crianças órfãs e abandonadas*. São Paulo: Editora Ática, 1998.

SOLER, Salvador. *Crianças e Adolescentes em situação de rua: uma leitura de metodologias e procedimentos de monitoramento e avaliação utilizados no Brasil*. Relatório de pesquisa. Recife: Banco Mundial, CD-ROM, 2000.

SOUZA, Regina Magalhães. *O discurso do protagonismo juvenil*. São Paulo: Editora Paulus, 2008.

TOMMASI, Livia de. *Em busca da identidade: o movimento de defesa dos direitos da criança e do adolescente no Brasil e a questão da participação*. Tese, Universidade de Paris I, Paris, 1997.

TRIBUNAL DE JUSTIÇA DE SÃO PAULO. *Anais da XI Semana de Estudos do Problema de Menores*. São Paulo, 1972.

VARGAS NETTO, Sebastião Leal Ferreira. *A mística da resistência: culturas, histórias e imaginários rebeldes nos movimentos sociais latino-americanos*. Tese (doutorado em História social) – FFLH-USP, São Paulo, 2007.

ZALUAR, Alba. *Cidadãos não vão ao Paraíso*. São Paulo: Editora da UNICAMP/ Escuta, 1994.

A construção política dos "Quilombos" do Vale do Ribeira[1]

Fábio José Bechara Sanchez

"Bem-vindo ao quilombo". É nesses termos que os moradores de um "bairro rural"[2] do Vale do Ribeira costumam receber aqueles que chegam. Fruto de um processo não muito antigo, que se deu entre os anos oitenta e os anos noventa do século XX, estes bairros espalhados pelo Vale do Ribeira (e outros pelo Brasil) vêm sendo caracterizados e se caracterizando (em um movimento tenso) como um grupo de "Quilombolas".

---

1 Este texto foi construído tendo por base minha dissertação de mestrado intitulada "Identidade e Conflito: A construção política dos 'remanescentes de quilombo' do Vale do Ribeira" defendida em 2005 junto ao Departamento de Sociologia da Universidade de São Paulo (USP).

2 Antônio Candido, em Os Parceiros do Rio Bonito (1964), define o "bairro rural" como um grupo de vizinhança rural que forma uma unidade principalmente em termos religiosos, econômicos e de ajuda mútua. Afirma o autor: "Vemos, assim, que o trabalho e a religião se associam para configurar o âmbito e o funcionamento do grupo de vizinhança, cujas moradias, não raro muito afastadas umas das outras, constituem unidade, na medida em que participam no sistema destas atividades" (Cândido, 1964, p.71). Ver também Queiroz (1973).

Existem hoje diversos "bairros rurais" que são denominados e se autodenominam "remanescentes de quilombo", ou simplesmente "quilombo", nessa região entre Eldorado Paulista e Iporanga, no Vale do Ribeira, estado de São Paulo.³ Contudo, para meu espanto, depois de ler, ouvir falar e de várias vezes ouvir da boca de diversos moradores da região as palavras "quilombo", "quilombolas", "remanescentes de quilombo", esses mesmos moradores começaram a problematizar tal identidade. Depois de meses frequentando o bairro, ocorreu que um dia, pernoitando na casa de uma das famílias, contaram-me, na conversa ao pé do fogão, que o bairro "nunca havia sido um 'quilombo' mesmo" e que a terra que ocupavam era posse antiga de sua família. Confidenciaram-me que passaram a identificar-se como "remanescentes de quilombo" quando perceberam que tal identidade poderia lhes trazer benefícios no contexto dos conflitos que estavam vivendo, assim como na conquista de direitos de que, até então, estavam apartados.

Discutiremos no decorrer deste artigo a própria disputa e tensão sobre o que é "um quilombo de verdade" que mobiliza o discurso jurídico e acadêmico. Mas antes é importante destacar que o relato da tensão presente na nomeação "quilombola" com que aqueles moradores naquele momento me brindavam, foi depois observado em outros bairros rurais hoje reconhecidos como "remanescentes de quilombo" no Vale do Ribeira. Essa tensão podia ser sentida na fala do sujeito, que às vezes afirmava e outras vezes negava essa identidade, ou entre diferentes grupos no interior de um mesmo bairro, conforme a inserção político-religiosa deles.

A expressão não é tampouco utilizada como uma identidade generalizada para todos e em todos os bairros. Existem conflitos

---

3 Segundo o Instituto de Terras do Estado de São Paulo, em 2018 eram 33 comunidades já reconhecidas no Estado de São Paulo e outras 26 em processo de reconhecimento. Fonte: www.itesp.sp.gov.br. Consultado em março de 2018.

internos quanto à identificação como "remanescentes de quilombo". Os que de fato se vêem e se autodenominam como tal são principalmente aqueles que tomam parte nos movimentos sociais, que se relacionam com elementos progressistas da Igreja Católica, que militam em partidos políticos e que, portanto, fazem parte de um grupo militante mais presente nos debates públicos e que se relacionam com as diversas entidades e sujeitos que atuam na região. Para esses, a afirmação de que "somos um quilombo" tem um sentido real, cria uma identidade com a questão negra, resgata seu histórico de espoliação, abre espaço para a reivindicação de direitos e dá sentido às suas práticas tanto no interior dos bairros quanto nas suas falas públicas.

Por outro lado, existe um grande grupo, ligado principalmente às igrejas neopentecostais, que repudia essa identidade. Seus membros não se consideram "remanescentes de quilombo", não querem ser assim reconhecidos e não fazem parte, em sua maioria, das associações de "remanescentes de quilombo". Há ainda os que negam veladamente a identidade de "remanescentes de quilombo" e que o fazem não por motivos religiosos, mas sim de modo jocoso, ao se divertir com essa denominação. Um exemplo dessas brincadeiras ocorre quando eles se referem aos funcionários do ITESP – Instituto de Terras do Estado de São Paulo (a autarquia estadual responsável por assegurar os direitos à titulação das terras das "comunidades remanescentes de quilombo") – como "quilombolas". Para eles os "quilombolas" são os outros, são aqueles que trouxeram o termo para a população e a identificam como tal. Por fim, há um grande número de indiferentes: não se incomodam com a expressão, mas também não se identificam com ela.

Percebemos também que a expressão "remanescente de quilombo" não é usada pelos habitantes desses bairros rurais em qualquer situação; pelo contrário, ela aparece de forma mais acentuada em momentos específicos, sobretudo, quando formulam discursos em torno de questões e conflitos com as quais têm de conviver – como a questão fundiária, a questão ambiental, a possibilidade de construção de barragens na região, ou as diferentes formas de espoliação de que são vítimas.

Se deixarmos um pouco de lado as falas dos habitantes dessas comunidades e adentrarmos os trabalhos acadêmicos desenvolvidos sobre os moradores da região, observaremos a mesma tensão.

Renato da Silva Queiroz (1983), em estudo realizado entre o final dos anos 70 e início dos anos 80 no bairro de Ivaporanduva – um dos primeiros bairros rurais da região a obter o reconhecimento de "remanescente de quilombo" pelos órgãos oficiais – não utiliza nenhuma vez o termo "remanescente de quilombo", ou tampouco "quilombo". Pelo contrário, o autor salienta no seu trabalho que, apesar de ter sido motivado a ir para a região devido a informes de ser a localidade um núcleo que preservaria uma forte tradição africana, vivenciou ao lá chegar uma rápida desilusão. Afirma que não consegue encontrar uma identidade africana, nem quilombola (que nem sequer menciona), mas pelas suas pesquisas encontra uma outra possibilidade de nomeação/classificação: a de que eram "caipiras paulistas".[4]

---

4 "As primeiras informações sobre Ivaporanduva referiam-se a um povoado distante e isolado, habitado por pretos que conservavam ainda muitas tradições de origem africana, principalmente na arquitetura das casas. Motivado pela ideia de estudar um grupo dessa natureza deixei a região de Cananéia e segui até Eldorado, município no qual deveria estar situado o povoado. E estava. Mas não tão distante nem tão isolado como queriam os arquitetos, e como desejava também o próprio pesquisador [...] Os pretos eram pretos, mas eram também mestiços e brancos. Um número maior de pretos, é verdade, mas a pesquisa iniciada logo a seguir, ainda em 1977, demonstrou não haver vestígios aparentes de traços de cultura africana, pelo menos não no nível de análise deste trabalho, a não ser aqueles que, juntamente com os de origem indígena e portuguesa (e, por isso mesmo, de difícil identificação), integram o que se convencionou chamar de 'cultura caipira', síntese das con-

Já Lourdes Carril (1995), por sua vez, um pouco mais de uma década depois, em pesquisa realizada entre três dessas "comunidades negras" do Vale do Ribeira, incluindo Ivaporanduva, não tem receio de afirmar a identidade étnica e negra dessas comunidades, como também sua origem quilombola. Tal termo, juntamente com "terras de negros", aparece fartamente em seu trabalho.

Renata Paoliello (1998), alguns poucos anos depois de Lourdes Carril, mostra, por seu lado, uma certa reticência com o uso homogêneo da nomeação de "quilombos" para estes grupos. Ao perguntar-se se essas comunidades são ou não são de fato "remanescentes de quilombos", desloca a explicação dessa questão para uma diversidade na origem e nas formas de ocupação das diferentes comunidades:

> Contudo, há uma diferenciação entre estes bairros, que a princípio pode ser referida à própria origem da posse. Neste sentido, a dúvida que se exprime é quanto à origem quilombola ou não de cada um deles. Dúvida esta que com freqüência se manifesta internamente, e pode ser relacionada a esta diferenciação empírica. *Há uma origem certamente quilombola, mas nem todos estes bairros tiveram esta origem*, desde que, no curso do tempo, estas populações foram se espraiando e se mesclando às populações caboclas, e constituindo-se novos bairros por meio de abertura, compra ou herança (Paioello, 1998, p. 353. Grifo nosso)

Esses trabalhos parecem buscar uma identidade para esses grupos do Vale do Ribeira, mas muitas vezes não é a identidade "quilombola" que emerge. Se, para Lourdes Carril, buscando uma explicação territorial, eles definitivamente são "remanescentes de quilombo" e vivem no que ela chama de "terras de negros", para

---

tribuições mencionadas. *Os negros eram, assim, caipiras.*" (Queiroz,1983, p. 24. Grifo nosso)

Renato Queiroz, buscando delimitar as características culturais, eles podem ser identificados como sitiantes tradicionais, ou melhor, "caipiras paulistas". Renata Paoliello, por sua vez, tenta buscar uma mediação entre as duas identidades, indo para uma explicação *arqueológica* de origens diversas para caracterizar esses grupos.

Alguma coisa deve ter acontecido na década que separa os trabalhos de Renato Queiroz, no início dos anos 1980, dos de Lourdes Carril e Renata Paoliello, de meados nos anos 1990, para que, diante de um mesmo sujeito, enquanto um autor omita totalmente qualquer referência ao termo "remanescente de quilombo", ou "quilombo", outra utilize centralmente essa categoria e a terceira, ainda, a torne problema de pesquisa.

E, de fato, algo aconteceu: houve o fortalecimento do movimento negro em âmbito nacional e a reivindicação, construção e institucionalização de direitos, o que culminou com o reconhecimento jurídico e político dos "remanescentes de quilombo" na Constituição Federal de 1988. Houve ainda a articulação desses grupos do Vale do Ribeira em movimentos sociais, sua constituição em sujeitos políticos e aparição pública nos debates em torno da região. Houve também a criação de uma série de políticas públicas para os "remanescentes de quilombo", tanto em âmbito nacional quanto estadual.

Nossa hipótese para explicar esta tensão observada tanto nas formas de auto-nomeação dos moradores dos bairros como nos estudos acadêmicos sobre eles é que os "remanescentes de quilombo" estão "se fazendo" (Thompson, 1987) isto é, estão sendo "descobertos" e "se descobrindo", a partir da *experiência*, tomando parte de um processo político que está em curso. Nesse processo, os sujeitos políticos estão aparecendo, as políticas públicas estão surgindo, e a conceituação jurídica, acadêmica e política para essa realidade está sendo construída. É este processo de "fazer-se quilombola" que levou os bairros rurais do Vale do Ribeira a aparecerem e terem voz nos espaços em que os conflitos em que estão envolvidos são discutidos e negociados. Se até então estavam apartados de incidências nestes espaços, foi como "remanescentes de quilombo", e não como "caipiras" ou "sitiantes tradicionais" ou "camponeses", que esses bairros rurais negros do Vale do Ribeira entraram na cena política e, a partir daí, passaram a reivindicar direitos.

Foi apenas a partir dos anos de 1990, quando entraram com o pedido de reconhecimento como "remanescentes de quilombos" junto ao Ministério Público Federal e encontraram, assim, a proteção e os direitos garantidos constitucionalmente para tais grupos, que essa população apareceu como "remanescentes de quilombo", seja nos debates públicos, nos meios de comunicação, nos documentos oficiais ou mesmo nas falas entre aqueles que com eles trabalham.

Articulação de sujeitos e interesses: o surgimento da expressão "remanescente de quilombo"

A identidade de "remanescentes de quilombo" no Vale do Ribeira não é, portanto, uma identidade "natural" e "intrínseca" (não podendo ser encontrada a sua explicação nem nas características "sociológicas" e/ou "arqueológicas" destes grupos, como buscaram fazer os trabalhos acadêmicos citados acima), nem está cristalizada no interior dos bairros "quilombolas". Pelo contrário, é uma expressão recente, histórica e politicamente construída incorporada há pouco tempo no vocabulário da população.

Sem dúvida é interessante realizar uma *genealogia*[5] da expressão "remanescente de quilombo" no Vale do Ribeira. Originada

---

5 "A história, genealogicamente dirigida, não tem por fim reencontrar raízes de nossa identidade, mas ao contrário, se obstinar em dissipá-la; ela não pretende demarcar o território único de onde nós viemos, essa primeira pátria à qual os metafísicos prometem que nós retornaremos; ela pretende fazer aparecer todas as descontinuidades que nos atravessam" (Foucault,1990, p. 35).

fora destes grupos, foi apropriada por eles, de maneira estratégica, em contexto de conflitos e lutas (particularmente no decorrer dos anos de 1980 e 1990). Refere-se, portanto, não a uma identidade primeira que poderia estar acobertada, mas a uma identidade construída em embates, diálogos e relacionamentos com sujeitos que surgiram na região nas últimas décadas. Daí que para sua apreensão, não faça sentido procurar suas "raízes" e origens no interior dos próprios "remanescentes de quilombo", buscando categorias próprias de uma "essência", de um *ethos*, do que vem a ser uma "categoria *sociológica*" de "remanescentes de quilombo"; mas perseguir conflitos e relacionamentos em que essa identidade apareceu e foi sendo construída.

A expressão "remanescente de quilombo", no Vale do Ribeira, tem origem em duas referências diferentes, mas pertencentes ao mesmo campo político: os segmentos progressistas da Igreja Católica (a CPT e sobretudo as freiras da Congregação Jesus Bom Pastor, também chamadas "Pastorinhas") e o movimento negro.[6] Mais do que isso, no Vale do Ribeira a expressão "remanescentes de quilombo", enquanto identidade política, surge da complexa articulação desses bairros rurais com outros sujeitos políticos presentes na região a partir dos anos 1980, época de grande efervescência política que, se para alguns economistas foi a "década perdida", para os movimentos sociais e seus analistas foi da invenção democrática pelo fortalecimento dos chamados novos movimentos sociais (Sader, 1988).

Desde a década de 50 do século XX, o Vale do Ribeira passou por uma série de transformações em função daquilo que alguns au-

---

6 Mencionamos o movimento negro e grupos progressistas da Igreja Católica como pertencentes a um mesmo campo político, pelo fato de ambos fazerem parte de um mesmo processo político de fins dos anos 1970 em diante responsável pela construção democrática dos anos 80 e pela politização de novos temas e espaços, ou seja, ambos constituíram o que foi chamado de "novos personagens que entraram em cena" (Sader, 1988).

tores chamaram de "integração dos sitiantes tradicionais com a sociedade urbana industrial" (Queiroz, 1983; Zan, 1986), incluindo, entre os "sitiantes tradicionais" da região, os depois chamados "remanescentes de quilombo". Desde então, as transformações aprofundaram os conflitos fundiários (os vários projetos de desenvolvimento levaram a ocupação por grileiros e sitiantes das áreas ocupadas por esta população), o conflito ambiental (o Vale do Ribeira é a região do estado de São Paulo com o maior número de áreas de proteção ambiental e parques, muitos deles criados "em cima" de terras destes bairros, levando ao chamado "cerco verde" e a criminalização destas comunidades por viverem e produzirem ali) e os conflitos decorrentes da construção de barragens ao longo do Ribeira de Iguape (que ameaça inundar suas terras) –, intensificando o grau de espoliação dos "remanescentes de quilombo". São, ao nosso ver, essas transformações e os conflitos delas decorrentes a causa da organização dos "remanescentes de quilombo" e sua aparição pública.

De fato, o mesmo processo de "integração" dos sitiantes tradicionais com a sociedade urbano-industrial que levou ao aprofundamento dos problemas e conflitos, levou também à ampliação das relações desses grupos e a interlocução com novos sujeitos (como, por exemplo, o movimento negro e integrantes da Teologia da Libertação) decorrendo daí a construção de uma fala pública. E é precisamente no processo de construção dessa fala pública que surge e vai se construindo a identidade de "remanescentes de quilombo".

Mencionamos há pouco, a interação com segmentos progressistas da Igreja Católica e com o movimento negro. Os primeiros tiveram uma atuação mais sistemática e organizada na região, os segundos – os integrantes do movimento negro – apesar de não possuírem uma ação organizada, em suas visitas aos bairros rurais negros do Vale do Ribeira introduziram a temática negra e quilombola. Foram seminaristas, jornalistas, pesquisadores que passaram a tematizar a questão negra na região. Um dos moradores me afirmou, genericamente, que antropólogos e também advogados "inventaram essa história de 'remanescente de quilombo'".[7]

A Igreja Católica teve também importante papel na organização dessas populações e na ampliação da esfera de participação política e aparição pública. Esses grupos, historicamente, pelo menos até algumas décadas atrás (antes da chegada de igrejas neopentecostais), sofreram uma grande influência católica e quando chegaram à região padres, seminaristas e freiras ligados à Teologia da Libertação, os vínculos se desenvolveram nessa vertente.

Havia, neste sentido, uma intensa relação com a Comissão Pastoral da Terra (CPT). A CPT, em conjunto com a arquidiocese de Registro, estava desenvolvendo trabalho na região, principalmente no município de Sete Barras, vizinho de Eldorado, ambos municípios com graves problemas fundiários. Na década de 1980, a arquidiocese de Registro organizou as Romarias da Terra. Uma delas, realizada no distrito de Itapeúna que pertence a Eldorado e fica próximo dos bairros em estudo, trouxe a questão negra, conforme nos relata Martinez (1995):

> A segunda Romaria realizou-se no Bairro de Itapeúna, localizado no município de Eldorado, em final de novembro de 1988. Seu tema central – Deus nos deu a terra – surgiu como conseqüência da proposta idealizada para a campanha da fraternidade – Ouvi o clamor deste povo. A diocese de Registro decidiu marcar a manifestação para o dia 20 de novembro, data comemorativa da Consciência Negra, devido ao centenário da Abolição. A opção pelo município de Eldorado justificava-se pelo número relativamente alto de comunidades negras, sendo algumas delas "remanescentes de quilombo". (Martinez, 1995, p. 158).

---

7 Entrevista com Paulo Camargo (nome fictício).

Como se pode perceber, nesse momento já havia por parte de lideranças da Igreja Católica a percepção do significado político das populações negras "remanescentes de quilombo" e da questão da terra para além da efervescência da comemoração dos 100 anos de abolição.

Contudo, nos bairros rurais entre Eldorado e Iporanga, ainda não existia essa vinculação. Eles ainda estavam se debatendo com questões fundiárias e, paralelamente, organizando-se com o trabalho das freiras da Congregação Jesus Bom Pastor. Este quadro muda quando, fruto desta organização, surge a discussão sobre a construção das barragens ao longo do Rio Ribeira de Iguape, no final dos anos 80 do século XX, proposta pela Companhia Brasileira de Alumínio (CBA), integrante do Grupo Votorantim.

A questão da construção das barragens liga-se intimamente ao surgimento da nomeação dos "remanescentes de quilombo". Apesar de serem dois temas diferentes, não entendemos um sem o outro e ambos sem a ação da Igreja Católica. A luta contra as barragens no Vale do Ribeira surge da percepção de que, com a construção delas, o uso das terras e a permanência nelas estavam ameaçados, tendo em vista que não eram terras tituladas, mas consideradas devolutas, sem garantia de qualquer direito, pois o território não era reconhecido como propriedade dos "remanescentes de quilombo". A questão dos "remanescentes de quilombo" ganha, então, novo impulso e tem-se a convergência da militância do movimento negro – que traz a temática para a região – e a configuração política dada ao movimento a partir do trabalho dos grupos católicos – que trazem à tona a questão das barragens e seu enfrentamento como forma de garantir a permanência no território. Neste ponto, a temática e a nomeação "remanescentes de quilombo" alcançam novo patamar.

Tendo visto como surgiu na região do Vale do Ribeira a denominação "remanescentes de quilombo", convém avançar, analisando como essa expressão adquire sentido, como é construída como "símbolo de uma identidade étnica" (Gomes, 1996, p. 197), entrando assim para o universo jurídico e possibilitando a construção de direitos para esses grupos, de modo a ser, consequentemente, estrategicamente incorporada por eles.

Do instituinte ao instituído: a construção político-jurídica dos "remanescentes de quilombo"

Se a expressão e a autonomeação como "remanescentes de quilombo" no Vale do Ribeira é um fenômeno recente, dos últimos anos do século XX, os quilombos e "as comunidades quilombolas" de há muito fazem parte do imaginário político nacional, principalmente através do ativismo negro e também de grupos de "esquerda". Símbolo de resistência, de luta contra a escravidão e/ou a opressão, os quilombos sempre foram lembrados como terra da liberdade, terra dos direitos, terra sem opressão, dominação e exploração. O mais célebre e conhecido dos quilombos, o de Palmares, é um sinônimo dessa luta, e seu principal líder, Zumbi, tornou-se símbolo e herói da resistência negra no Brasil.

Desde os anos 20 do século XX, segundo Flávio Gomes (1996), os quilombos aparecem nas falas do associativismo negro, de militantes de esquerda e também como objeto de estudos acadêmicos.[8] Foi nesta tradição já existente em torno dos "quilombos" e atraído pelo seu "poder simbólico" no contexto da luta contra a ditadura e a favor da abertura política que a reorganização do movimento ne-

---

8 "Quando e como a 'militância negra' se apropria do quilombo como representação política de luta contra a discriminação racial e valorização da 'cultura negra'? Por certo, não foi somente no final da década de 70 com a emergência do MNU. Podemos recuperar esta apropriação já na 'imprensa' paulista da década de 20" (Gomes, 1996, p. 205).

gro no Brasil, no final dos anos 1970 e nos 1980, buscou o símbolo para suas lutas:

> De qualquer maneira, é no final dos anos 70 que se dá a 'encruzilhada' mais explícita na construção e reelaboração da idéia de quilombo. Naquele contexto, tanto para intelectuais como para militantes (muitas vezes eram os mesmos), o quilombo podia representar várias coisas. Era resistência contra a escravidão, contra a violência, mas era também a resistência cultural e a resistência contra a ditadura (...). É claro que intelectuais de esquerda viam com bons olhos essa 'recuperação' de Palmares. De completamente esquecido pela historiografia mais conservadora, passava ele a ser o maior símbolo da luta (quiçá primeira) contra a opressão no Brasil, desde o período colonial (Gomes, 1996, p. 205).

Além da convergência com o momento político, a ideia de quilombo coadunava-se com as características e objetivos do movimento negro que acentuava a construção de uma identidade afro-descendente e negra baseada na resistência e na afirmação de sua diferença étnica.

> (...) certa efervescência intelectual ligada à construção de toda uma ideologia de auto-afirmação racial nucleada na idéia de quilombo – expressão de sociedade igualitária e símbolo de identidade étnica para ideólogos e ativistas negros (Pereira, 1983, p. 13).

A aparição pública da questão – "remanescentes de quilombo" – com o significado que passa a ter para o movimento negro e para a sociedade brasileira em geral, dá-se com o processo de redemocratização e o fortalecimento do movimento negro nessa década. A partir desse fortalecimento, o movimento negro coloca a questão dos "remanescentes de quilombo" em pauta nos debates públicos que se fazem na época, de modo amplo, em torno do racismo e do passado escravocrata de nossa sociedade e passa a reivindicar os direitos dessas populações.

Este movimento teve como um dos pontos de inflexão o processo constituinte de 1987-1988. O movimento negro, assim como diversos outros movimentos sociais naquele momento, teve no processo constituinte um acontecimento importante na busca de reconhecimento e "institucionalização" de direitos. De fato, a partir da Constituição Federal de 1988, os "remanescentes de quilombo" tornam-se objeto do discurso jurídico, uma vez que o artigo 68 dos Atos das Disposições Constitucionais Transitórias da Constituição Brasileira reconhece o direito à posse, por essas populações, das terras por elas ocupadas, cabendo ao Estado conceder-lhes os respectivos títulos.

Analisando documentos preparatórios da Constituição de 1988, pode-se observar que esses artigos surgiram de formulações do movimento negro.[9] Nos *Diários da Assembléia Nacional Constituinte*, no capítulo que trata das emendas populares, uma emenda popular (emenda pe00104-7), de 20 de agosto de 1987, proposta por três entidades (Centro de Estudos Afro-Brasileiros – CEAB; Associação Cultural ZUMBI e Associação José do Patrocínio), prevê, entre outras políticas de combate ao racismo, a inclusão do seguinte artigo nas Disposições Transitórias:

> Art. Fica declarada a propriedade definitiva das terras ocupadas pelas comunidades negras remanescentes de quilombo, devendo o Estado emitir-lhes os títulos respec-

---

[9] "Emendas Populares".in: *Diários da Assembléia Nacional Constituinte* Centro Gráfico do Senado Federal. Janeiro de 1988. Parte dos documentos podem também ser encontrados no website do Senado Federal, no endereço www.senado.gov.br.

tivos. Ficam tombadas essas terras bem como os documentos referentes à história dos quilombos no Brasil

Antes dessa emenda popular, em 20 de junho de 1987, a Deputada Benedita da Silva (PT/RJ), nas sugestões dos constituintes à Constituição Federal de 1988, propôs "dispositivos sobre a moradia, título de propriedade de terra às comunidades negras remanescentes dos quilombos, o bem imóvel improdutivo e distribuição de terras para fins de reforma agrária".[10] Como deputada com diálogo junto ao movimento negro, a proposta certamente se liga a uma formulação desse movimento.

Depois de passar por diferentes redações, o texto final foi aprovado em sessão plenária de 22 de junho de 1988, reconhecendo juridicamente a figura dos "remanescentes de quilombo" e institucionalizando esse conceito.

Quando os "remanescentes de quilombo" se tornam uma categoria jurídica, um novo problema surge no âmbito institucional: como aplicar esse conceito jurídico, isto é, como determinar que um determinado grupo seja reconhecido como sujeito dos direitos decorrentes desse conceito e um outro grupo não? Num dos mais importantes pareceres sobre os "remanescentes de quilombo" do Vale do Ribeira, realizado por antropólogos do Ministério Público Federal e que se tornou base para o processo de reconhecimento de parte daqueles grupos, seus autores afirmam, logo no início do documento:

> O reconhecimento de que a expressão 'comunidades remanescentes de quilombos' tenha sido cunhada como categoria jurídica geradora de direitos não suprime automaticamente as dificuldades decorrentes do próprio processo de sua

---

10 Documento encontrado no website do Senado Federal, no endereço www.senado.gov.br. Acesso em 22/03/2005.

aplicação. Dentre as dificuldades, primeiramente, temos a própria caracterização da comunidade com base em estereótipos correntes ou leituras inadequadas, que podem vir a considerá-las ou, porque não dizer, engessá-las dentro de condições ou pré-requisitos que pouco podem ou nada tem a ver com a realidade (Oliveira Jr., Stucchi *et alii*, 2000, p. 49).

Assim, os antropólogos definem parte do objetivo de seu trabalho: caracterizar essa população sem cair em estereótipos do que é ser um "remanescente de quilombo", evitando o senso comum e buscando a "realidade", como afirma o último trecho do parágrafo citado.

Voltamos ao tema do que é um "quilombo de verdade" ou "um quilombo mesmo". Caberia aos antropólogos definir e delimitar "o quilombo de verdade". Introduz-se então, na comunidade científica, um debate em torno de como conceituar os "remanescentes de quilombo", pois cabe aos "cientistas" emitir pareceres e laudos sobre a caracterização para o reconhecimento de uma determinada população como "remanescente de quilombo".

A formulação do conceito foi fruto de diversos debates e encontros no interior da Associação Brasileira de Antropologia, para encontrar uma caracterização que fosse aberta e que desse conta da diversidade de experiências e de população que pleiteava o reconhecimento. Para isso, os antropólogos voltam-se para o interior do próprio mundo acadêmico, realizando a crítica das conceituações de "quilombo" anteriormente propostas pelo senso comum e pelo próprio universo acadêmico.

O conceito de "quilombo", aproximando-nos de uma conceituação corrente no senso comum, remete a comunidades de negros fugidos que se organizavam à margem da sociedade escravista, em resistência a ela. Foi essa também a percepção do discurso científico até pelo menos o final dos anos 70 e início dos anos 80 do século

XX. Diversos autores (Artur Ramos, Édson Carneiro, Clóvis Moura e Roger Bastide, entre outros) afirmavam ser os quilombos fenômenos que existiram no tempo do escravismo e representavam formas de negação desse sistema ao se constituir em lugares de fuga, refúgio e isolamento de populações negras. Desta maneira, comum às análises estaria a interpretação dos quilombos sob o "prisma da marginalização" (Gomes, 1996) em relação ao sistema escravista, ou seja, o quilombo como uma parte não integrada ao escravismo.

No decorrer da década de 1990 a conceituação passa a mudar. Flávio Gomes (1996) e Alfredo Wagner (1999), por exemplo, são dois autores que fazem a crítica à definição de quilombos que se dá pelo isolamento e marginalização e mesmo pela fuga e rebeldia por parte dos escravos.

Essa mudança nas conceituações referentes aos quilombos foi provocada pelo reconhecimento dos direitos dos "remanescentes de quilombo" na Constituição Federal de 1988. A necessidade de caracterizá-los, para que pudessem (e possam) se enquadrar nas definições jurídicas levou à redefinição do ponto de vista teórico que foi feita por meio de levantamentos das diferentes situações vividas por negros, principalmente não-cativos, no período da escravidão no Brasil, e através de reconceituações do termo "quilombo".

Sinal claro desse processo foi a formação de um grupo de trabalho pela Associação Brasileira de Antropologia, a partir dos anos 90 do século XX, para realizar encontros e discutir o conceito de "quilombo".[11] Isso se fez a partir de uma solicitação da

---

11 "III Encontro Nacional sobre Sítios Históricos e Monumentos Negros" (Goiânia, 1992); "Reunião do Grupo de Trabalho sobre Comunidades Negras Rurais", da Associação Brasileira de Antropologia (Rio de Janeiro, outubro de 1994), e Reunião técnica para "Reconhecimento de Terras Quilombolas Incidentes em Domínios Particulares e Áreas de Proteção Ambiental" (São Paulo, abril de 1997).

Fundação Cultural Palmares (órgão público vinculado ao Ministério da Cultura), com financiamento da Fundação Ford (Catarino, s/d, p. 1).

Assim, os conceitos formulados pela ABA ampliam-se de modo a contemplar diferentes "modalidades" de grupos que pleiteavam o reconhecimento legal como "remanescentes de quilombo". Essa expressão, bastante ampliada e livre de "resíduos ou resquícios arqueológicos de ocupação temporal ou de comprovação biológica", refere-se, então, a "toda comunidade negra rural que agrupe descendentes de escravos, vivendo da cultura de subsistência e onde as manifestações culturais tenham forte vínculo com o passado" (Oliveira e O'Dwyer, 1994).

Na verdade, a questão de como realizar o processo de reconhecimento dos "remanescentes de quilombo" tornou-se um tema conflituoso entre diferentes sujeitos envolvidos. Enquanto "operadores do direito" (juízes e procuradores) e alguns pesquisadores argumentavam a necessidade de pareceres científicos que pudessem legitimar o reconhecimento de uma população, o movimento negro e militantes da causa quilombola argumentavam que o processo devia ser baseado no autorreconhecimento. Esses conflitos estiveram presentes em diferentes momentos nos grupos de trabalho estabelecidos pelo Governo do Estado de São Paulo para iniciar aos processos de reconhecimento, como também nas diferentes legislações federais que regulamentaram o artigo 68 dos Atos das Disposições Constitucionais Transitórias.

O Decreto 3.912, de 10 de setembro de 2001, determina que para uma população pleitear junto à Fundação Cultural Palmares o reconhecimento de "remanescente de quilombo", primeiro passo desse processo seria a realização de um estudo técnico-científico para, de fato, caracterizar e validar a veracidade do pleito. Torna-se claro, assim, que cabe à ciência e a seus agentes (particularmente os antropólogos) emitir os laudos e dar o veredicto ao pleito de um grupo para ser reconhecido "remanescente de quilombo".

Esse quadro veio a mudar com o Decreto Nº 4.887, emitido pelo Governo Federal em 20 de novembro de 2003, que substitui o anterior e que prevê que o reconhecimento dessas comunidades será feito a partir do critério do autorreconhecimento:

> "Para fins deste Decreto, a caracterização dos remanescentes das comunidades dos quilombos será feito mediante autodefinição da própria comunidade". Decreto Nº 4.887 de 20 de novembro de 2003, Art.2º, §1º.

A partir desse Decreto, o relatório técnico não é uma etapa do processo, sendo solicitado apenas quando houver contestação do pleito da população requerente por parte de terceiros. Apesar de, na prática, pouca coisa mudar, pois na grande maioria dos casos há contestação e os relatórios e laudos técnicos continuam a ser usados em moldes bastante semelhantes, o fato é que, por trás dessa discussão, escondem-se concepções diferenciadas quanto à conceituação dos "remanescentes de quilombo" e, principalmente, quanto a quem deve realizar essa conceituação.

Do instituído ao instituinte: a construção da identidade e as políticas públicas para os "remanescentes de quilombo"

Ao se enquadrarem no conceito de "remanescentes de quilombo" e sendo assim reconhecidas pelo universo jurídico e científico – o que lhes assegura, pelo menos, o direito às terras – as comunidades "quilombolas" do Vale do Ribeira viram-se de posse de uma importante identidade política que lhes propiciou a inserção nos embates e debates públicos por que passavam. Como afirmamos acima, foi como "remanescentes de quilombo" que os moradores dos bairros rurais de Eldorado e Iporanga apareceram publicamente e como tal passaram a interagir nos debates e conflitos que envolvem o Vale do Ribeira. Antes disso, nas raras ocasiões em que apareciam publicamente, era como sujeitos envolvidos em conflitos fundiários, como ameaça à preservação ambiental ou como população "atrasada" que deveria ser "arrancada" desta situação e integrada no mundo moderno. Nos últimos vinte anos, estes bairros, até então "invisíveis", passaram a ter visibilidade pública a partir de sua identidade política como "remanescentes de quilombo".

Este processo de construção da identidade de "remanescentes de quilombo" – ou de subjetivação política, como chamaria Jacques Rancière (1996) – tem múltiplos condicionantes: por um lado é fruto da própria construção política dos "remanescentes de quilombo" em âmbito nacional, como vimos acima, por outro é fruto da situação particular da região em que vivem estes "remanescentes de quilombo", o Vale do Ribeira.

Foi por questões e conflitos colocados pelas particularidades do Vale do Ribeira que a identidade de "remanescentes de quilombo" adquiriu sentido e foi construída pelos habitantes dos bairros rurais de Eldorado e Iporanga.

O Vale do Ribeira é um território onde debates e conflitos dos mais contemporâneos – como a discussão ambiental e seus múltiplos fatores e a questão dos diferentes projetos de desenvolvimento – passaram a acontecer. Se até a década de 50 o Vale do Ribeira era um "apêndice" esquecido e "atrasado" do Estado de São Paulo, nas décadas subsequentes, foi se armando na região um campo em que se colocavam em debate políticas desenvolvimentistas, preservação ambiental, construção de barragens e movimentos sociais. Debates conflituosos que atingiram diretamente os "remanescentes de quilombo" e foram por eles respondidas com organização e participação no debate público justamente a partir da construção desta identidade, desta (nova) nomeação.

A região do Vale do Ribeira passou a ter maior atenção do Estado, da Academia, do universo jurídico e de militantes, após a segunda metade do século XX. A crescente atenção recebida pela região acompanha e espelha a evolução da agenda de políticas que ultrapassam e ao mesmo tempo se realizam no âmbito local: do investimento em infraestrutura resultante das políticas desenvolvimentistas de atração do capital privado, passando por suspeita de foco de guerrilha e subversão, no regime militar (dada a baixa densidade demográfica e conflitos fundiários aí existentes), chegando finalmente a tornar-se objeto de preocupação ambiental (por ser região do estado com maior número de áreas florestais preservadas) e palco de movimentos sociais (ambientalistas, MAB e "remanescentes de quilombo") e a partir deles, a possibilidade da construção democrática com a ampliação dos espaços públicos.

Este campo de conflitos que é o Vale do Ribeira se estrutura assim a partir de quatro questões que organizam os sujeitos e seus discursos (políticos, acadêmicos e jurídicos). Estas questões que terão importante papel no processo de "construção" da identidade "quilombola" são: a questão fundiária, a questão ambiental, o projeto desenvolvimentista e o projeto de construção de barragens ao longo do Rio Ribeira.

Diante de uma situação fundiária conflituosa e indefinida, os "remanescentes de quilombo" reivindicam seu direito à posse e ao título das terras. Diante das regulações e restrições impostas pela legislação ambiental e os sujeitos vinculados a ela como a Polícia Florestal, os "remanescentes de quilombo" buscam a garantia da permanência física e as condições de produção em seus territórios. Diante dos diferentes projetos de desenvolvimento para a região, reivindicam a participação neste desenvolvimento como sujeitos ativos e beneficiários, não aceitando a condição de objetos de espoliação, como no passado. Diante da proposta de construção de barragens ao longo do Rio Ribeira, assumem postura de oposição, uma vez que ela ameaça a permanência nas terras que ocupam.

A diversidade de questões – fundiária, ambiental, desenvolvimento e barragens – expõe interesses diversos a partir dos quais sujeitos se opõem ou se aglutinam e constroem alianças. Nestas disputas e alianças, para poder falar de um lugar particular é que esta população rural negra se reconhecerá e faz serem reconhecidos como "remanescentes de quilombo", dando a suas falas um sentido próprio e com a força que esta identidade propicia.

Ao buscarem, na identidade política de "remanescentes de quilombo", direitos e argumentos a mobilizar nos conflitos e embates, os moradores dos bairros rurais negros do Vale do Ribeira introduziram na região uma nova regulação jurídica para se contraporem às regulações fundiária, ambiental e a que concedeu a construção da barragem para a Companhia Brasileira de Alumínio (CBA).

De fato, este campo de conflitos que é o Vale do Ribeira se tornou nas últimas décadas um território que longe de estar em *"estado de natureza"*, como suas matas deixam parecer, é todo regulado e mediado pelos homens, pelo arcabouço jurídico. A terra é regulada por legislações que remontam a 1850. A flora e a fauna são reguladas pelo Código Florestal desde 1965. O próprio desenvolvimento é regulado por legislações que permitem ou proíbem projetos, como o conflito jurídico estabelecido pelo uso das águas e pela construção das barragens. Não há sinal, portanto, da harmonia e complementaridade entre as legislações, ou mesmo uma ordem de hierarquia entre elas, como os chamados operadores do direito gostam de afirmar. Elas estão em conflito e em disputa.[12]

---

12 Como demonstra Thompson: "A maior dentre todas as ficções legais é a de que a lei se desenvolve, de caso em caso, pela lógica imparcial, coerente apenas com sua integridade própria, inabalável frente a considerações de conveniência" (1997, p. 338).

Para se colocar nesta arena regulada e juridicamente construída, mas em conflito que é o Vale do Ribeira, os "remanescentes de quilombo" foram buscar na Carta Máxima da República, a Constituição Federal, a legislação para a conquista daquilo que consideram seus direitos. Encontraram na Constituição uma identidade – a de "remanescentes de quilombo" – e direitos e políticas públicas específicas ligadas a esta identidade, levando a Política para a esfera jurídica e do Estado.

Transformados em categoria jurídica, os "remanescentes de quilombo" passaram também a ser beneficiários de políticas públicas específicas para esta população tanto em âmbito estadual como em âmbito federal. As primeiras políticas públicas a que tiveram direito foram pelo ITESP, ente estatal responsável pelo reconhecimento e titulação das terras devolutas ocupadas pelos "remanescentes de quilombo" no Estado de São Paulo, que tem entre seus programas toda uma política de assessoria técnica e desenvolvimento para os "remanescentes de quilombos". Depois dessas políticas pioneiras, os quilombos adquiriram nova visibilidade e acesso a políticas públicas no governo Lula. A primeira destas políticas federais foi o Programa Fome Zero que no início de 2003 estabelece os "remanescentes de quilombo" como um dos seus "públicos prioritários".

Ainda em 2003, é criado um Comitê Gestor formado por 17 Ministérios e 3 Secretarias Especiais da Presidência da República, com a missão de elaborar um plano de "etnodesenvolvimento, destinado aos remanescentes das comunidades dos quilombos". Este Plano foi elaborado e coordenado pela Secretaria Especial para Políticas de Promoção da Igualdade Racial (SEPPIR), ligada à Presidência da República com "*status*" de Ministério.

Ao ser criada, em junho de 2003, a SEPPIR buscava estabelecer e disponibilizar uma série de políticas públicas para os "remanescentes de quilombo". Estabelece como um dos seus programas prioritários o "Programa Brasil Quilombola" que contou com a participação de 21 organismos do governo federal, entre ministérios, secretarias especiais, bancos públicos e empresas estatais, além da SEPPIR.

Ao comentar o "Programa Brasil Quilombola", a Ministra Matilde Ribeiro, então Secretária Especial da SEPPIR, afirma que o programa é a resposta mais importante ao que foi estabelecido pela Constituição em 1988, no Artigo 68 das Disposições Transitórias.

De fato, depois de institucionalizado o termo "remanescentes de quilombo", muitos grupos no Brasil passaram a reivindicar o seu reconhecimento para serem sujeitos dos direitos daí decorrentes, como os "remanescentes de quilombo" do Vale do Ribeira que incorporaram estrategicamente esta identidade, mobilizaram-na nos conflitos e embates em que estavam inseridos e tornaram-se beneficiários de políticas públicas específicas.

***

Percebemos, assim, que a identidade de "remanescentes de quilombo" acionada estrategicamente pelos moradores dos bairros rurais negros do Vale do Ribeira não só surgiu de fora deles, como também se estendeu para além deles ao ser utilizada também por outros sujeitos sociais. Na verdade, a identidade política de "remanescentes de quilombo" serve como uma espécie de argamassa para agrupar sujeitos e interesses diversos no Vale do Ribeira. Essa identidade política possibilitou a criação de afinidades estratégicas em torno da expressão, servindo a interesses dos bairros rurais negros, dos militantes ambientalistas e de órgãos estatais como o ITESP. Interesses diversos, mas convergentes em torno dessa identidade.

Através dessa identidade, comunidades negras do Vale do Ribeira adquiriram visibilidade pública. Esse processo se deveu à articulação desses grupos com diferentes sujeitos sociais que, juntos, construíram essa identidade e a colocaram em ação nos debates públicos sobre o Vale do Ribeira. Essa identidade é estrategicamente acionada como argumento tanto nos conflitos em que essas comunidades estão inseridas hoje (contra a construção de barragens, a favor de suas práticas de relação com a natureza) como nas reivindicações dessas populações, como o direito à terra.

Esses direitos são gerados a partir de uma localização social particular dada por uma identidade determinada, no caso a de "remanescentes de quilombo". No enfrentamento de uma realidade opressora, uma identidade diferenciada garante, a essas comunidades, direitos de que, até então, estavam apartadas.

Contudo, além de vitórias nos embates e conflitos em que estavam inseridos, por serem reconhecidos como "remanescentes de quilombo", estes bairros passaram a ser beneficiários tanto de financiamentos nacionais e estrangeiros para projetos de "desenvolvimento" como se tornaram "objeto" de políticas públicas específicas para estas populações.

Considerações finais

Os moradores dos bairros negros do Vale do Ribeira vêm há muito enfrentando conflitos das mais diversas ordens: fundiários, ambientais e ameaças como a de construção de barragens. Encontraram-se, neste processo, com sujeitos distintos. De um lado, os principais agentes causadores desses conflitos que lhes impunham violência e espoliação, mas, de outro, grupos que lhes apresentaram e coparticiparam da construção de uma nova identidade, a de "remanescentes de quilombos" (agentes pastorais, militantes ambientalistas, antropólogos, pesquisadores, poder público). Neste desenrolar e, por fim, com o reconhecimento de direitos pela Constituição Federal de 1988, esses moradores incorporaram e passaram a se reconhecer como "remanescentes de quilombos".

Este autorreconhecimento se deu principalmente nas falas públicas, ou seja, no decorrer dos conflitos e embates em que estão envolvidos. Para dentro dos bairros, existem ambiguidades e tensões neste reconhecimento. A causa disto é que o termo "remanescentes de quilombo" foi incorporado, num primeiro momento, estrategicamente. Contudo, ao afirmar isso, pode-se dar a impressão de que a autoidentificação por parte dos "remanescentes de quilombo" tem o caráter de uma farsa. Nada mais longe disso. Essa identificação foi, decerto, construída num primeiro momento por razões estratégicas. Ela é fruto de um processo histórico que vem se desenvolvendo já há algumas décadas e que continua a se desenvolver hoje, e que trouxe para as populações "remanescentes de quilombo" do Vale do Ribeira conflitos e sujeitos novos e também, como procuramos demonstrar, essa nova nomeação.

Percebemos que a denominação – "remanescente de quilombo" – é mais do que se poderia chamar de uma identidade política. Entendemos por identidade política, a identidade que uma determinada população tem para os agentes externos com que tem debates e embates no espaço público, não sendo uma identidade que possa ser delimitada e compreendida *sociológica* ou *arqueologicamente*.

Com isto queremos dizer que nem podemos tentar definir a identidade dos "remanescentes de quilombo" do Vale do Ribeira buscando suas características sociais particulares e distintivas, nem se pode, por outro lado, ser encontrado um *ethos* quilombola através de uma busca, que estamos chamando de arqueológica, das origens de determinada população: se ela é ou não descendente de escravos fugidos ou mesmo autônomos em relação ao sistema escravagista, como o atual conceito de quilombo amplia. Nenhum dos dois casos nos permitiria definir, no Vale do Ribeira, os "remanescentes de quilombo".

Assim, a questão deste trabalho é que essa construção de uma identidade de "remanescente de quilombo" é realizada a partir dos conflitos, e aliás, ela mesma é conflituosa. De um conflito de caráter nacional, aquele colocado pelo Movimento Negro, foi instituída, num processo de luta, toda uma legislação que gerava direitos para os "remanescentes de quilombo". Vê-se, assim, que a partir desse processo de institucionalização é que se abre a brecha para a incorporação e construção de uma identidade política por parte dos "remanescentes de quilombo" do Vale do Ribeira.

A Constituição Federal de 1988 foi um momento importante de institucionalização de direitos no Brasil. Mas esses direitos não foram apenas instituídos, eles foram também instituintes. Eles adquiriram um caráter criador, por paradoxal que isso possa parecer. O fato é que a nossa lei maior foi responsável pela criação de identidades, ou, usando as palavras de Thompson:

> Embora isso abarque uma grande parcela evidente de verdade, as regras e categorias jurídicas penetram em todos os níveis da sociedade, efetuam definições verticais e horizontais dos direitos e do status dos homens e contribuem para a autodefinição ou senso de identidade dos homens (Thompson, 1987, p. 358).

A partir da consolidação dos direitos dos "remanescentes de quilombo" na Constituição de 1988, novos conceitos e discursos surgiram, novas conceituações e formas de entendimento. Foi o que ocorreu, como vimos, com a visão sobre os quilombos no Brasil. Pode-se dizer que novos reconhecimentos e identidades foram criados e, talvez, que a própria experiência da população negra foi assim recriada.

O fato é que, a partir de discursos jurídicos, criaram-se discursos políticos e estes, muitas vezes, tornaram-se novas práticas ao serem incorporados por alguns membros dos "remanescentes de quilombos" como valores a serem seguidos para legitimação de suas ações, tanto para o interior dos grupos como para fora deles, no espaço público.

Assim, para se colocar nesta arena regulada e juridicamente construída, mas em conflito, que é o Vale do Ribeira, os "remanescentes de quilombo" foram buscar na Carta Máxima da República, a Constituição Federal, a legislação para a conquista daquilo que consideram seus direitos. Encontraram uma identidade – a de "remanescentes de quilombo" – e direitos e políticas públicas específicas ligadas a esta identidade. A pergunta que fica em aberto é se podem assim construir a política ou se esta foi encapsulada pela esfera jurídica e do Estado?

Referências bibliográficas

BASTIDE, Roger. *As Américas negras: as civilizações africanas no novo mundo*. São Paulo: DIFEL/EDUSP, 1974.

BRANDÃO, Carlos Rodrigues et ali. *Olhares Cruzados: visões e versões sobre a Vida, o Trabalho e o Meio Ambiente no Vale do Ribeira*. Relatório de pesquisa, *mimeo*, 1998.

BRASIL. Constituição República Federativa do Brasil. Brasília: Centro Gráfico do Senado, 1988.

CANDIDO, Antônio. *Os Parceiros do Rio Bonito: estudo sobre o caipira paulista e as transformações dos seus meios de vida*. São Paulo: Ed. Duas Cidades, 1964.

CARNEIRO, Edson. *O Quilombo de Palmares*. Rio de Janeiro: Civilização Brasileira, 1966.

CARRIL, Lurdes. *Terras de Negros no Vale do Ribeira: territorialidade e resistência*. Dissertação (mestrado em História) – FFLCH-USP, São Paulo, 1995.

FOUCAULT, Michel. *Microfísica do Poder*. Rio de Janeiro: Edições Graal, 1990.

GOMES, Flávio dos Santos. "Ainda Sobre os Quilombos: repensando a construção de símbolos de identidade étnica no Brasil". In: REIS, Elisa; ALMEIDA, Maria Hermínia Tavares de; FRY, Peter (orgs.). *Política e Cultura: visões do passado e perspectivas contemporâneas*. São Paulo: Hucitec/ANPOCS, 1996.

ITESP. *Negros do Ribeira: reconhecimento étnico e conquista do território*. Cadernos do ITESP 3. São Paulo: ITESP/Páginas&Letras/ Editora Gráfica, 2000.

MARTINEZ, Maria Cecília. *A Ação Governamental e a Resistência Camponesa no Vale do Ribeira – 1968/1986*. Dissertação (mestrado em História) – FFLCH-USP, São Paulo, 1995.

MOURA, Clóvis. *Rebeliões da Senzala. Quilombos, insurreições e guerrilhas*. Rio de Janeiro: Conquista, 1972.

OLIVEIRA, João Pacheco de; O'DWNER, Eliane Cantarino. "Documento do Grupo de Trabalho sobre Comunidades Negras Rurais". *Encontro da ABA (Associação Brasileira de Antropologia)*. Rio de Janeiro, 17 e 18 de outubro, 1994.

OLIVEIRA Jr., Adolfo Neves de et alii. "Laudo Antropológico: comunidades Negras de Ivaporanduva, São Pedro, Pedro Cubas, Sapatu, Nhungura, André Lopes, Maria Rosa e Pilões – Vale do Rio Ribeira de Iguape – SP". In: ITESP. *Negros do Ribeira: reconhecimento étnico e conquista do território*. Cadernos do ITESP 3. São Paulo. ITESP/Páginas&Letras/ Editora Gráfica, 2000.

PAOLIELLO, Renata Medeiros. *As Tramas da Herança: da reprodução camponesa as atualizações dos sentidos da transmissão da terra*. Tese (doutorado em Antropologia) – FFLCH-USP, São Paulo, 1998.

PEREIRA, João Baptista Borges. "Prefácio". In: QUEIROZ, Renato da Silva. *Os Caipiras Negros do Vale do Ribeira: um estudo de antropologia econômica*. São Paulo: FFLCH/USP, 1983.

QUEIROZ, Maria Isaura Pereira de. *Vale do Ribeira: pesquisas sociológicas*. São Paulo: FFLCH/USP, 1967.

_____. *Bairros Rurais Paulista. Dinâmica das Relações Bairro Rural – Cidade*. São Paulo: Livraria Duas Cidades, 1973.

QUEIROZ, Renato da Silva. *Os Caipiras Negros do Vale do Ribeira: um estudo de antropologia econômica*. São Paulo: FFLCH/USP, 1983.

RAMOS, Arthur. *O Negro na civilização Brasileira*. Rio de Janeiro: Casa do Estudante do Brasil, 1953.

RANCIÈRE, Jacques. *O Desentendimento: Política e Filosofia*. São Paulo: Ed. 34, 1996.

REIS, João José; GOMES, Flávio dos Santos (orgs.). *Liberdade Por um Fio: História dos quilombos no Brasil*. São Paulo: Companhia das Letras, 2000.

SADER, Eder. *Quando Novos Personagens Entraram em Cena*. Rio de Janeiro: Paz e Terra, 1988.

STUCCHI, Deborah *et alli. Laudo Antropológico sobre as comunidades remanescentes de quilombo de Ivaporunduva, São Pedro, André Lopes, Sapatu, Nhunguara, Pilões, Maria Rosa e Pedro Cubas*. São Paulo: Ministério Público Federal, 1998.

THOMPSON, Edward Palmer. "La sociedad inglesa del siglo XVIII? Lucha de clases sin clases?". *Tradición, Revuelta y Consciencia de Clase: Estudios sobre la crisis de la sociedade preindustrial*. Barcelona: Editorial Critica, 1989.

_____. *Costumes em Comum*. São Paulo: Companhia das Letras, 1998.

TURATTI, Maria Cecília. *Agentes Externos e Projetos de Desenvolvimento: Estudo sócio-antropológico das relações políticas e econômicas nas Comunidades Rurais Negras do Vale do Ribeira*, mimeo, 2000.

VAINER, Carlos. *O Conceito de Atingido – uma revisão do debate e diretrizes*, mimeo, 2003.

WAGNER, Alfredo. "Os Quilombos e as Novas Etnias" In: LEITÃO, Sérgio (org.). *Direitos Territoriais das Comunidades Negras Rurais*. Documentos do ISA n. 5, São Paulo, 1999.

ZAN, José Roberto. *Conflito de Terra no Vale do Ribeira: estudo sobre pequenos posseiros em luta pela terra no município de Sete Barras*. Dissertação (mestrado em Sociologia) - FFLCH-USP, São Paulo, 1986.

Da rua aos grandes projetos de desenvolvimento: os fios de um debate sobre formação social brasileira e as formas da política dos "de baixo"[1]

Joana da Silva Barros

> A palavra rememorativa, certamente imprescindível, não tira sua força mais viva da conservação do passado e da perseverança de escritores, historiadores ou filósofos; mas do apelo à felicidade do presente, isto é, em termos filosóficos antigos, da exigência da vida justa dos homens junto a outros homens. Ouvir este apelo do passado significa também estar atento a esse apelo de felicidade e, portanto, de transformação do presente, mesmo quando ele parece estar sufocado e ressoar de maneira quase inaudível.
>
> Jean Marie Gagbenin, *Lembrar escrever esquecer*

---

[1] Este texto é parte das reflexões desenvolvidas no âmbito da pesquisa de pós--doutoramento sediado no IAU-USP, sob supervisão de Cibele Saliba Rizek, a quem devo agradecimentos pelas conversas sempre instigantes sobre muitas das questões aqui levantadas. A pesquisa *Narrativas urbanas do desenvolvimento* contou com bolsa PNPD da CAPES, entre março de 2016 e dezembro de 2017.

> Pois um acontecimento vivido é finito, ou pelo menos encerrado na esfera do vivido, ao passo que o acontecimento lembrado é sem limites, porque é apenas uma chave para tudo o que veio antes e depois.
>
> Walter Benjamin, *A imagem de Proust*

A questão que organiza este texto diz respeito a uma reflexão sobre as continuidades e rupturas na sociabilidade política brasileira, os pontos de tensão e articulação de um campo de conflitos em torno dos sentidos do aparecimento público dos trabalhadores, pobres, "os de baixo" na história brasileira recente. Para tematizar esta questão, este texto busca recuperar os fios disto que venho nomeando como o aparecimento político daqueles que, ao longo da história brasileira, vêm sendo nomeados como o *vazio*, como a *anomia*, como os *pobres*, aqueles que necessitam de um Estado forte dado que são uma "massa amorfa" na chave de leitura como dos conservadores liberais como Oliveira Vianna, mas que, à revelia destas nomeações em negativo, estão por aí neste "mundo misturado" se fazendo como sujeitos políticos e se constituindo num campo de conflitos denso, arrancando sua existência do lugar fantasmagórico a eles delegado.

Olhando em retrospecto[2] esta questão e/ou esta perspectiva estava presente desde pelo menos meu ingresso na pós-graduação, mas há laivos nas pesquisas feitas ainda na graduação, e se desdo-

---

2   Este texto surgiu de um esforço reflexivo sobre minha trajetória acadêmica proposto no âmbito dos seminários *Tempo do Social e da Política*, organizados pela Rede de Pesquisadores, no mesmo momento dos debates no âmbito do *Colóquio de pesquisa Os limites da acumulação e os movimentos de resistência no território*, ocorrido no IAU-USP, em novembro de 2016, e que se desdobrou em uma reflexão e escrita conjunta com Fábio Sanchez do texto apresentado no seminário *Reconfiguração da(s) política(s)? Novos ativismos e formas de mobilização: continuidades e rupturas da política*, organizado pelo LMI-Sagemm, em junho de 2017.

brou em temas de pesquisa e estudo que buscavam por um lado, compreender como são nomeados os "de baixo" e, por outro, como se autonomeiam estes vários e diversos grupos, coletivos e movimentos sociais neste processo de subjetivação política,[3] para usar os termos do Rancière, ao longo do tempo.

Neste texto, busco recompor em três momentos, isto que me parece um movimento assemelhado ao "trabalho de Sísifo"[4] de diversos sujeitos flagrados em minhas pesquisas, para pensar o que dizem alegoricamente da recente história e sociabilidade brasileiras. Este percurso de pesquisa, olhado retrospectivamente, me levou por caminhos que, embora colocassem em tela objetos de pesquisa diversos, permitiram recompor uma questão em suas múltiplas dimensões e, sobretudo, em diálogo.

A rua, a invisibilidade política e a exceção brasileira

Desde o estudo sobre políticas públicas municipais de atendimento aos moradores de rua entre os anos de 2001 a 2004 na

---

3   Conforme Jacques Rancière: "A democracia é, em geral, o modo de subjetivação da política – se por política entende-se coisa diferente da organização dos corpos em comunidade e gestão dos lugares, poderes e funções. Mais precisamente, democracia é o nome de uma interrupção singular dessa ordem da distribuição dos corpos em comunidade que nos propusemos conceituar sob o conceito ampliado de polícia. É o nome daquilo que vem interromper o bom funcionamento dessa ordem por um dispositivo singular de subjetivação. [...] As formas da democracia são as formas de manifestação dessa aparência, dessa subjetivação não identitária e dessa condução do litígio." (Rancière, 1996, p. 102-104).

4   A expressão é de Francisco de Oliveira no texto *Entre a terra e o céu: mensurando a utopia?*, de 1998, no qual o autor afirma que a construção da democracia e da cidadania no Brasil se assemelha a um "trabalho de Sísifo". Os sucessivos esforços dos dominados em alcançarem patamares mínimos de cidadania e democracia equivaleriam a um trabalho de Sísifo, pois seriam destruídos constantemente pelos dominantes através dos violentos códigos de sociabilidade privada e o poder do Estado agindo de modo implacável contra esses esforços.

cidade de São Paulo,[5] que era considerado um objeto pouco sociológico – o que já revela um não-lugar nos estudos por exemplo sobre a formação social brasileira, o que parece interessante pensar é o que a população de rua, aqueles que deixaram de ser os *mendigos* para se tornarem *população em situação de rua*, dizem sobre aqueles que não são a população de rua. Flagrei uma forma de gestão ali que nomeei – inspirada pela elaboração de Francisco de Oliveira em texto seminal *O Estado e a Exceção ou o Estado de Exceção?*, de 2003 – como "políticas de exceção", que de alguma maneira era o embrião daquilo que se consolidou em políticas de combate à pobreza. Assim, desde a rua e dos "moradores de rua" era possível ler algo – as políticas públicas urbanas em formação naquele momento também - que se desdobrava e alcançava a cidade ela mesma, as políticas de regulação do trabalho e dava

---

[5] Na minha dissertação de mestrado observei a política de atendimento à população de rua na cidade de São Paulo entre os anos 2001 e 2004. O trabalho analisa a experiência da vida na rua, a constituição da rede de atendimento, em suas diferentes formas (estatais ou não), aos moradores de rua. A primeira questão tratada diz respeito à constituição da população de rua como uma questão propriamente sociológica, o que abre a possibilidade de debate sobre a maneira como foi lida a pobreza na história e na experiência pública brasileiras, em nosso passado recente. A constituição da rede de atendimento à população de rua e sua importância na estruturação de uma política pública de atendimento, no começo dos anos 1990, bem como as mudanças do perfil e orientação de atendimento, no começo dos anos 2000, são analisadas neste trabalho, procurando entender através destes dois momentos diversos as transformações recentes no cenário político brasileiro. Pretende-se, assim, discutir as figurações dos moradores de rua nestes programas e o que significa a articulação entre políticas públicas de atendimento emergencial e ações da sociedade civil organizada; tanto sob a ótica dos "atendidos" no programa municipal, bem como para o cenário no qual se reconfiguram as políticas públicas brasileiras. Entende-se nesta dissertação que a população de rua coloca em questão a modernização brasileira como uma *exceção permanente*, cobrando um exame atento das próprias categorias sociológicas através das quais pensamos a experiência política no Brasil. Ver Barros (2004).

uma chave de leitura do funcionamento em processo do aparato público de gestão naquele momento.

Desta perspectiva compreendia as políticas públicas de atendimento à população de rua como uma espécie de laboratório para a *não-rua*. Retomando excertos daquela elaboração, afirmava que os programas de atendimento gestavam justamente o contrário do que propaga o discurso oficial do Programa Acolher[6] e da Secretaria de Assistência Social: escondem a miséria, invisibilizando, no sentido forte, quem é vítima destes programas. Esta talvez não seja uma prerrogativa dos programas de atenção à população de rua. Trilham o mesmo caminho os programas compensatórios desenraizados do campo dos direitos e propalados pelos governos atuais, à direita e à esquerda, como políticas sociais "inclusivas". O que quero destacar com esta aproximação é que tanto os programas de atenção à população de rua, quanto os programas sociais de inclusão parecem ter o mesmo mote de funcionamento e organizam um campo de significados no qual não há espaço para a construção de sujeitos públicos e nem da política.

Lá e aqui, estes programas criam bolsões de atendimento, que funcionam como os guetos, com regras próprias de sociabilidade e pertencimento, sem relação com o mundo a sua volta. Dentro destes guetos, garantida a vida, a sobrevivência estrita, a existência perde o sentido de compartilhamento com os outros, o mundo deixa de ser plural e passamos a viver entre a diferença absoluta inscrita no corpo (todos os programas estão voltados e se justificam diante da possibilidade de morte real das pessoas) e a homogeneidade total.

---

6   O Programa Acolher foi lançado em 2001, pela Prefeitura Municipal de São Paulo, tendo por base a Lei de Atenção à População de Rua e a sua regulamentação e previa ações articuladas de fornecimento de serviços públicos a população moradora de rua e usuária de equipamentos municipais.

Entre estas duas experiências, toda e qualquer possibilidade de alteridade e, por consequência, de vida comum se esvai, o mundo perde sua plausibilidade. O que se disputa (ou se pensa disputar) através destes programas de atendimento? A disputa deixa de ser sobre a política pública universal, seja educacional, de saúde, de cultura ou outra, e passa a ser uma disputa pelos critérios de atendimento daqueles que ficaram para fora de uma "integração" social que se deu pelo trabalho (formal ou não). O que se instaura com os programas sociais inclusivos não é mais uma disputa pelos rumos da política econômica e, portanto, dos fundos públicos concernidos nesta disputa; disputam-se os critérios de atendimento das "políticas sociais". Todo e qualquer horizonte de universalidade está definitivamente comprometido. Uma vez que os critérios de "merecimento" das bolsas dos programas sociais não são fruto de uma discussão pública em torno dos critérios de ordenamento social, tornam-se centro ordenador destes programas a instabilidade e a imprevisibilidade. Desta maneira, os programas sociais acabam por impossibilitar a emergência de uma questão pública a partir da experiência de desigualdade que tentam "corrigir", uma vez que até mesmo impedem o surgimento do conflito em torno das regras e critérios que regem os programas. O cenário que se vislumbra é um amontoado de programas sociais conformando guetos cheios de pessoas que não mais interferem nem disputam a ordem das coisas. O que poderia realmente reconfigurar o mundo a partir da instauração do conflito no seu coração já está previamente estabelecido, a política econômica e os fundos públicos.

O ponto de conexão mais evidente da discussão que a rua suscita com a "não rua" são as políticas públicas e programas sociais, e, em diálogo com seu tempo e suas questões, as formas de participação popular reflexo de uma politização da pobreza, arrancando-a deste lugar de natureza na qual sempre esteve.

Na leitura que construí nesse debate sobre a nomeação e que me parece vem me acompanhando (ou eu a ela...) desde lá, percebia o processo de *nomeação* como o estabelecimento de novas relações entre as partes que compõem aquilo que se quer designar; desta perspectiva, nomear é imputar sentidos, é significar e trazer ao mundo público novos sentidos que desestabilizam a cena anterior. É de fundamental importância a operação que Rancière aponta no deslocamento operado pelo marxismo ao referir-se à parte dos oprimidos sob o nome de lumpenproletariado. Lumpenproletariado, diz o autor num texto sobre o legado de Althusser,

> é em primeiro lugar um nome fantasmagórico, um nome de teatro, a encenação teatral de todos os fracassos da palavra erudita, o nome genérico do não-sentido, do desligamento, da não-relação. Esse nome de teatro fixa a *não--relação* e a nega ao lhe dar corpo no sistema das relações sociais (Rancière, 1995, p. 183, grifo no original).

Desta maneira, aqueles que não tinham forma de aparecimento público, "homens que nem a palavra nem o tempo ligam num sujeito da história" (Rancière, 1995, p. 183), foram "exorcizados" do quadro referencial que se montava em torno da vida da nascente classe operária e da superação do capitalismo. Este movimento apontado pelo autor interessa menos por uma crítica ao marxismo, e mais por trazer à tona a discussão sobre os sujeitos históricos no sentido amplo.

Por outro lado, também ilumina e questiona a produção sociológica sobre a modernização brasileira e sobre seus sujeitos. A nomeação de determinada experiência das classes oprimidas no Brasil como pobreza e seu apartamento do mundo da política deve ser problematizada à luz deste questionamento. É esta problematização que nos levará a recompor (e perseguir nesta e em outras pesquisas) os vínculos entre os termos postos no debate: política, violência e pobreza.

Ali na rua encontrei a um caminho de interrogação do "mistério" da modernização brasileira que na rua aparecia como silenciamento, invisibilidade, negação. Enfrentar este silenciamento da sociedade brasileira e da produção sociológica sobre o mundo da rua significou enfrentar a própria relação entre a pobreza invisibilizada na nossa experiência concreta e na produção teórica, procurar os nexos entre esta experiência política de invisibilidade e a produção da modernidade brasileira.

Esta vereda trilhada no "mundo da rua" descortinava uma maneira de enfrentamento, no campo da produção sociológica, da barbárie nascida do coração da civilização. A pouca produção sociológica sobre o tema da rua[7] reflete a imobilidade das figurações dos moradores de rua como um "inverso confuso" (Peschanski, 1993, p. 61), em oposição ao mundo do trabalho, uma vez que foram privados de sua própria arqueologia e de sua própria história pela "manipulação da temporalidade" (Peschanski, *op. cit.*, p. 61). Uma crítica da narrativa brasileira sobre a pobreza e sobre nossa modernização/modernidade deve perguntar se esta figuração pelo avesso, sujeito em negativo, como sombra da civilização, não reflete a "forma simultaneamente discriminador(a) e hierarquizante" da sociedade brasileira. Talvez aí resida a maior questão ou truncamento: o silenciamento desta exceção no centro da modernidade.

Este programa de pesquisa me levou outra vez para as bordas – ou para as margens, no sentido empregado por Veena Das – levando-me a pousar o olhar justamente sobre a tensão entre a cida-

---

7 A produção sobre a população de rua na USP era, no momento da escrita de minha dissertação entre 2001 e 2004, bastante pequena e mais restrita ainda na FFLCH. Nos cinco anos anteriores, no Instituto de Psicologia notava-se um aumento de produção sobre a mendicância e a rua. Também na Faculdade de Saúde Pública, alguns trabalhos podem ser encontrados. A maior parte da produção acadêmica sobre a população de rua concentra-se na Faculdade de Serviço Social da PUC de São Paulo.

de e seus outros. Desta vez, a experiência de participação popular na gestão pública da cidade de Belém do Pará. Saio da rua e caminho atrás da minha obsessão numa cidade fora do eixo Rio-São Paulo, que ademais significa pensar e problematizar as questões de participação popular e gestão pública desde uma cidade que é o outro do Brasil, sempre encenado desde São Paulo e da sua formação social como régua e norma para a invenção nacional.

Participação popular em Belém e as figurações do Brasil

Argumentava na tese[8] que essa experiência de gestão pública belenense apresentou singularidades em relação à história das experiências participativas brasileiras, tanto no que diz respeito à

---

8   Em minha tese de doutorado reconstituí a experiência de participação popular ocorrida em Belém do Pará, durante os anos 1997-2004, através de dois mecanismos de gestão pública, a saber, o Orçamento Participativo (1997-2000), dedicado prioritariamente à discussão do orçamento municipal, e o Congresso da Cidade (2001-2004), uma forma mais abrangente de planejamento participativo que pretendia discutir não só o orçamento, mas também as políticas públicas de Belém. Argumenta-se aqui que essa experiência de gestão pública belenense apresenta singularidades em relação à história recente das experiências participativas brasileiras, tanto no que diz respeito à proposta política que a embasou quanto ao desenho e ao mecanismo político que ela introduziu na cidade. Procura-se demonstrar como, ao trazer para o centro do debate expressões culturais e formas de organização de grupos e povos que durante a constituição de Belém (e quiçá do Brasil) estiveram à margem de seu processo de decisão política, a cidade, a memória e a cultura desses grupos e setores populares – elementos potencializadores e desveladores dos conflitos e disputas políticas que se entretecem na cidade e pelos sentidos desta – tiveram papel fundamental na elaboração política que ali se estabeleceu. Os temas e questões propostos no Congresso da Cidade revelam as tensões vividas nos anos 1990, entre o processo de democratização do Estado brasileiro, caudatário das lutas e movimentos dos anos 1980, e a reconfiguração da economia brasileira que transformou a ação estatal no que concerne às políticas públicas e sociais. A partir da análise do Congresso da Cidade – da experiência política que fomentou e dos grupos, movimentos e sujeitos que ele articulou –, argumenta-se ser possível interrogar as formas de sociabilidade política brasileira e, especialmente, a maneira como a contribuição popular e seu papel político são lidos na formação social brasileira. Ver Barros (2012).

proposta política que a embasou, quanto ao desenho e ao mecanismo político que ela introduziu na cidade.

Procurava demonstrar como – ao trazer para o centro do debate expressões culturais e formas de organização de grupos e povos que durante a constituição de Belém (e quiçá do Brasil) estiveram à margem de seu processo de decisão política – a cidade, a memória e a cultura desses grupos e setores populares – elementos potencializadores e desveladores dos conflitos e disputas políticas que se entretecem na cidade e pelos sentidos desta – tiveram papel fundamental na elaboração política que ali se estabeleceu. Os temas e questões propostos no Congresso da Cidade[9] revelaram as tensões vividas, nos anos 1990, entre o processo de democratização do Estado brasileiro, caudatário das lutas e movimentos dos anos 1980, e a reconfiguração da economia brasileira que transformou a ação estatal no que concerne às políticas públicas e sociais.

O constatado silenciamento na literatura sobre a experiência de Orçamento Participativo e Congresso da Cidade em Belém abria duas vertentes de pesquisa: por um lado, a discussão do instrumento de democratização da gestão das cidades e das políticas públicas. Olhado desde hoje, a crítica aos mecanismos de participação popular pós-governos Lula e Dilma (e governos progressistas na América Latina) agudiza-se e mostra-se como ponto de tensão à medida em que as formas de controle social, para além de pouco terem intervido no cerne das políticas de desenvolvimento, apareceram de maneira bastante circunscrita nas políticas sociais. Mais uma vez, assim como no desde a rua e a população de rua, a

---

9 O Congresso da Cidade foi um mecanismo de participação popular, derivado do Orçamento Participativo, que se constituiu em Belém (PA) durante os anos de 2001 a 2004, como a processo de debate e gestão pública da cidade, envolvendo além dos recursos concernidos no OP também a definição das políticas públicas e programas a serem implementados na cidade.

relação estado-sociedade civil/movimentos sociais estava colocada, seja pelas formas de participação popular nos negócios públicos e seus mecanismos institucionais, seja desde as políticas públicas - contraface dos fundos públicos. Por outra via, a inserção do debate sobre a participação política dos pobres e trabalhadores buscava mais uma vez estabelecer um diálogo com o "pensamento social e político brasileiro".

Se na rua o debate sobre a pobreza é o próprio centro articulador das questões, na análise de um processo de participação popular esta presença silenciada aparece com fortes contornos na própria dinâmica democrática em pauta. A partir da leitura do Congresso da Cidade em Belém, pude me aproximar de uma elaboração sobre aquilo que nomeei como a persistência incômoda do atraso e da pobreza (ou seria a presença incômoda dos atrasados e dos pobres?), que me parecia revelar a forma específica como esta sociedade articulou mecanismos estritamente modernos aos nomeados como atrasados. A formulação de Francisco de Oliveira é a que mais precisamente desvenda essa combinação de atraso e moderno:

> O processo descrito, em vários níveis e formas, constitui o modo de acumulação global próprio da expansão do capitalismo no Brasil pós-anos 1930. A evidente desigualdade de que se reveste que, para usar a expressão famosa de Trotsky, é não somente desigual mas combinada, é produto antes *de uma base capitalística de acumulação razoavelmente pobre para sustentar a expansão industrial e a conversão da economia pós-anos 1930, que da existência de setores 'atrasado' e 'moderno'*. Essa combinação de desigualdades não é original; em qualquer câmbio de sistemas ou de ciclos, ela é, antes, uma presença constante. A originalidade consistiria talvez em dizer que – sem abusar do gosto pelo paradoxo – a expansão do capitalismo no Brasil se dá introduzindo relações novas no arcaico e reproduzindo relações arcaicas no novo, um modo de compatibili-

> zar a acumulação global, em que a introdução das relações novas no arcaico libera força de trabalho que suporta a acumulação industrial-urbana e em que a reprodução de relações arcaicas no novo preserva o potencial de acumulação liberado exclusivamente para fins de expansão do próprio novo (Oliveira, 1972, p. 28, grifos no original).

Atualizada, foi figurada como o esquisito, mas existente e vivo, bicho ornitorrinco:

> O ornitorrinco é uma das sociedades capitalistas mais desigualitárias – mais até que as economias mais pobres da África que, a rigor, não podem ser tomadas como economias capitalistas –, apesar de ter experimentado as taxas de crescimento mais expressivas em período longo; sou tentado a dizer com a elegância francesa, et pour cause. As determinações mais evidentes dessa contradição residem na combinação do estatuto rebaixado da força de trabalho com dependência externa. A primeira sustentou uma forma de acumulação que financiou a expansão, isto é, o subdesenvolvimento, conforme interpretado neste [na] Crítica à razão dualista, mas combinando-se com a segunda produziu um mercado interno apto apenas a consumir cópias dando como resultado uma reiteração não virtuosa (Oliveira, 2003, p. 143).

Em certa medida, essa leitura autoriza uma percepção do país não mais como incompletude. Portanto, o atraso não é uma pedra a ser retirada do caminho, assim com a pobreza não será incorporada ou redimida pelo desenvolvimento e suposto espraiamento dos direitos. Não se trata de um mecanismo truncado. O atraso e aqueles que carregam as suas marcas não são arestas a serem aparadas, assim como os pobres ainda não beneficiados pelas benesses do dito desenvolvimento não são resquícios de um tempo pré-capitalista; são rigorosamente seus produtos, como demonstraram Francisco de Oliveira (1972, 2003) e, por outro caminho, Maria Sylvia Carvalho Franco (1997). Os pobres, figurados como o atraso ou o arcaísmo, são assim invisibilizados. Está tudo em seu lugar. A pobreza documentada e apontada ao longo da história brasileira só pôde sair deste lugar de natureza, deslocada do pertencimento da vida política do país, através do esforço desses "pobres e atrasados" que, figurando-se como trabalhadores, interpuseram-se às formas de dominação e exigiram direitos – de formas diversas, ao longo dos mais de cento e vinte anos da história recente do Brasil; isto para nos ater ao período de instituição do trabalho livre como o centro da dinâmica econômica.

Mais recentemente, o seu aparecimento como questão social nos anos 1980 é fruto das lutas que articularam a reivindicação da liberdade política ante a Ditadura Civil-Militar, instaurada com o Golpe de 1964, com a reivindicação de justiça social, a partir da noção dos direitos sociais e da construção de políticas públicas universais e com forte acento participativo. Essa politização da pobreza e a aposta que esta supunha foram pegas no contrapé por medidas de ajuste econômico que caracterizaram os anos 1990, e o desmanche do ainda nascente corpo regulatório das políticas sociais ancoradas na Constituinte Cidadã de 1988.

Esta conexão – naturalizada – entre atraso e pobreza, tantas e muitas vezes reiteradas nas leituras sobre a formação social brasileira, é o nó do enigma. Uma vez desfeito, expõe a desigualdade política ou a negação da igualdade contingente que lhe constitui. Este só se pode desfazer à medida que o processo de subjetivação política se imponha e desfaça a organização de corpos e falas no espaço social brasileiro.

Essa impossibilidade de igualdade, ou seja, a concretude da desigualdade, é o centro da contestação ao qual se dirige a reparação do dano. A entrada de mulheres e homens não contados na cena política expõe e questiona justamente essa sobreposição entre atraso e pobreza e a conexão imediata entre atraso e o povo. Essa pobreza desencarnada, tornada natureza, justamente permite a figuração do povo como portador deste atraso. Afinal, são estes que se põem em pé e se constituem como sujeitos nos processos de participação política.

Desenvolvimento, cidades e suas narrativas

Concluído o doutorado, e trabalhando em organizações sociais que mesclam ação política e reflexão,[10] a questão da subjetivação política e seus desdobramentos e articulações com o campo de conflitos da gestão pública, políticas e programas sociais e de participação política reaparece.

Desta vez, a articulação com as políticas de desenvolvimento econômico está no centro do debate, ou mais especificamente, um debate sobre as narrativas urbanas que estruturavam os grandes projetos de desenvolvimento, e em certa medida os legitimava social e politicamente frente a amplas camadas da população.[11] Este

---

10 Em 2011, comecei a trabalhar na organização não governamental FASE-Solidariedade e Educação, como assessora nacional e pude acompanhar diversos coletivos, grupos e movimentos sociais em processos de resistência aos impactos de obras de desenvolvimento nos regionais onde a Fase atua.

11 *Narrativas urbanas do desenvolvimento* é o nome do projeto de pesquisa que desenvolvi na pesquisa de pós-doutoramento junto ao IAU-USP. O projeto retoma como questão as transformações territoriais e os impactos sobre a vida nas cidades brasileiras decorrentes dos chamados grandes projetos de desenvolvimento econômico, compreendendo que estas transformações têm nos desafiado a interrogar os vínculos entre cidades, seus sujeitos e as narrativas que emergem neste cenário de profunda transformação dos modos de produção urbana, as formas de regulação, as sociabilidades que se constituem ali e suas formas de legibilidade e expressão. Desta perspectiva, este projeto busca mapear, qualificar e analisar os sentidos do desenvolvimento, que se encerram sob os grandes projetos urbanos, para grupos e setores referidos à dinâmica desenvolvimentista e aos grupos afetados por estes projetos; busca compreender as relações entre a política de desenvolvimento

programa de pesquisa, embora tenha recortado um novo "objeto" empírico de investigação e análise, de alguma maneira retoma aquela perspectiva de análise da experiência política brasileira acima exposta.

As transformações urbanas derivadas da instalação de grandes projetos de desenvolvimento, bem como as novas formas de ação política que surgiram no enfrentamento dos chamados "impactos" destas obras, nas cidades ou não, mas que tiveram lugar privilegiado em manifestações públicas que articulavam-se com outras questões "estritamente" urbanas, revelando articulações insuspeitas entre pautas, agendas e formas de existência pública diversas, todas gravitando em torno da contraposição a estes projetos de desenvolvimento – traziam uma nova perspectiva sobre a articulação urbano-rural na compreensão das cidades brasileiras, e sobretudo, dos sujeitos políticos que ali se constituíam. A questão que está posta desta perspectiva, de forma pungente, diz respeito à própria *nomeação dos processos em curso* e à forma como os sujeitos, grupos, coletivos populares, organizações de trabalhadores, movimentos sociais constroem formas de subjetivação política e constituem critérios de julgamento e de ação política num mundo comum.

Algumas pistas de pesquisa surgiram da ação junto a movimentos sociais nas cidades do Rio de Janeiro, em Recife e em Salvador: a constatação de reconfiguração das dinâmicas urbanas, das transformações espaciais das cidades e intensa reorganização das formas de luta e apropriação das cidades (ou de parte delas). Como processo correlato e subsidiário, a constituição de políticas públicas com forte acento na intervenção estatal, algumas tendo no centro de sua consecução a participação de movimentos sociais e organis-

---

econômico, a política urbana e os programas sociais que dão corpo à política social em vigor.

mos da sociedade civil e a tecnificação dos debates sobre as cidades e sobre a dinâmica urbana.

A reflexão sobre os mecanismos de participação popular e de democratização da vida política brasileira está umbilicalmente ligada ao debate sobre os sujeitos políticos, sua constituição no âmbito da formação social brasileira e sobre as disputas políticas em torno da concepção de país que daí emerge. O debate sobre desenvolvimento lida com este feixe de questões, através do qual busco articular, desde a leitura do passado recente e da experiência de democratização no país, estas dimensões. Esta articulação abre uma perspectiva de compreensão das formas de nomeação dos "de baixo", ou seja, das camadas populares e seus significados para a compreensão da formação social e da sociabilidade política brasileira.

A tensão atraso/moderno perpassa toda a discussão sobre o desenvolvimento e está no coração do debate sobre os sujeitos políticos e suas formas de representação no Brasil. As leituras dualistas, cujo acento está no desenvolvimento e no debate econômico, trazem no seu âmago uma associação entre atraso e pobreza e sobre os portadores desta pobreza e atraso. No fundo, a dualidade na leitura sobre a formação brasileira revela a constatação da incompletude, da ausência, do Brasil como cópia malfeita e rebaixada e da impossibilidade de um destino comum que escape do inevitável subdesenvolvimento, da dependência, das formas heterônomas de organização social. O que se faz presente então, é mais do que o debate econômico, é um debate sobre as classes e os agentes do processo de transformação social, do qual o Ornitorrinco (Oliveira, 2003b) é uma imagem potente.

O contexto de grandes transformações urbanas é de embaralhamento imenso no campo dos movimentos sociais - que alguns autores e analistas e mesmo os militantes do campo popular e democrático, nomearam como fragmentação do campo da esquerda. Ao mesmo tempo, está em ato uma ebulição de organizações e coletivos, novas formas de nomeação do fazer político e de autonomeações.

O esforço analítico aqui empreendido orienta-se pela busca em restituir sentido e articulação a fragmentos da luta política e à constituição de sujeitos políticos no bojo destes processos em tela: os movimentos de sem-teto e moradia, as populações ribeirinhas, pescadores, os coletivos de mulheres, os favelados, os sem-terra... que conformam uma constelação de sentidos em disputa. Trata-se, pois, da discussão sobre subjetivação política, na acepção de Jacques Rancière, num campo de forças e conflitos polarizado pelas políticas de desenvolvimento.

Ponto importante aqui a destacar é articulação em redes nacionais e regionais de movimentos e coletivos sediados em espaços não metropolitanos que acabam por se articular em coletivos políticos, cuja ação dirige-se direta ou indiretamente às questões do desenvolvimento e às questões urbanas advindas daí. Importa dizer que parte destes movimentos - até então apresentados na literatura sobre movimentos sociais, clivados em urbanos, rurais e ambientais - articulados em redes, lutas e processos políticos nos territórios misturam e nublam as fronteiras tanto da nomeação destes processos quanto a própria prática política que transborda as categorias analíticas. Este dado, para além de uma observação de corte analítico e classificatório, aponta para uma reorganização do campo de conflitos, um embaralhamento do campo de ação/organização popular e articulações novas entre as políticas de desenvolvimento econômico e das políticas urbanas, bem como a qualidade destas políticas urbanas no quadro da reconfiguração econômica brasileira com forte incidência e protagonismo urbano e das cidades.

A análise destes impactos sobre as cidades significa também considerar cidades diversas entre si, mas fortemente articuladas por uma maneira de organizar o território e uma disputa em torno deste território. Considerar estas políticas de desenvolvimento e seus impactos embaralha as clivagens utilizadas tanto para a leitura dos territórios (como cidades e campo, rural e urbano, ambiental), mas também embaralha as políticas públicas e programas sociais que intervêm nestes territórios. Então, estas categorias "rural" e "urbano" estão presentes e estruturam as políticas públicas, mas elas vão se rearticulando à medida em que o território em que estas populações então vivendo está em disputa.

Importa destacar – e este é mais um feixe de questões que se mantém no meu percurso investigativo e suponho nas interrogações sobre o país – que o papel que cumprem as políticas urbanas e de regulação fundiária nas cidades mudou em relação ao marco regulatório que tem os anos de 1980 e a Constituição de 1988 como referencial. Para além do desmonte das políticas públicas de corte universal que vimos ocorrer nos anos 1990, tão bem caracterizado por Roberto Schwarz como o "desmanche neoliberal", os anos 2000, especialmente nos governos petistas, parecem apontar para outra articulação e um novo caráter para as políticas urbanas. André Singer destaca esta nova articulação, em artigo no qual analisa aquilo que chama de "ensaio desenvolvimentista", a política de desenvolvimento econômico dos governos Dilma. O autor destaca o papel dos investimentos (grande parte deles no novo modelo de PPP´s) ao longo dos anos de 2011 e 2012 para a realização da Copa do Mundo de 2014, que "garantiram crescimento de 2,3% em 2013 (pela metodologia antiga; 2,7% pela nova). O índice passou longe dos números desejados, *mas permitiu manter o nível de emprego e os ganhos salariais dos trabalhadores no terceiro ano de governo Dilma*" (Singer, 2016, p. 39 – grifos no original) – apontando o caráter fortemente estratégico do ponto de vista da economia e do modelo implementado através de um conjunto de ações e estímulos econômicos que incidiram fortemente nas cidades brasileiras, especialmente aquelas que foram sede da Copa do Mundo.

Em outro momento, André Singer aponta, em consonância com uma literatura recente de teses e dissertações sobre o PMCMV, o papel transmutado da política habitacional, um amálgama *à la o ornitorrinco Brasil*, nas pistas de Chico de Oliveira, entre garantidor de direito social e programa que esteia a política econômica anticíclica implementada no período 2008-2014. Assim entendidos, no bojo do "ensaio desenvolvimentista", são eles mesmos parte dos grandes projetos de desenvolvimento.

Importa chamar atenção para a articulação entre os mecanismos de gestão e regulação urbana, as políticas públicas e o tipo de investimento que se consolidou como modelo operativo destas obras via de regra financiados e articulados no Programa de Aceleração do Crescimento.

A transformação das cidades a partir dos eventos esportivos assenta-se sobre um consenso de que as cidades são mesmo mercadorias, que estes processos de transformação são unidimensionais e que a transformação das cidades em mercadorias é inevitável. A reorganização e rearticulação entre interesses privados e financiamentos públicos tão bem desenhadas nos megaeventos esportivos são a ponta do *iceberg*; desnudam a prática pouco transparente e privatista que dão o tom na construção deste tipo de intervenção.

Nas cidades sedes da Copa, assim como em territórios onde se implantam os grandes projetos de desenvolvimento, ocorreu uma adequação de imensas partes do território para a recepção das obras de implantação destes empreendimentos, sob a égide de parcerias público-privadas, fortemente calcado no financiamento público como elemento central da acumulação de capital. A pedra de toque dessa adequação nos territórios tem sido a suspensão dos mecanismos de regulação social/pública (tanto os códigos urbanos quanto as normativas que regulam o uso dos territórios, como código florestal, código de mineração, normativas sobre reforma agrária e reflorestamento, lei de partilha de petróleo etc.) em nome de um melhor aproveitamento dessas regiões com e para as atividades produtivas, modernizadoras. Tais mudanças foram nomeadas por alguns autores e pelos ativistas que se posicionaram contra os impactos das obras da Copa, por exemplo, como *estado de exceção* nas cidades brasileiras, cuja origem, evidentemente, não são os megaeventos esportivos. No entanto, a tirar pela forma violenta e profunda de transformação causada, é possível dizer que consolida um processo em curso no Brasil desde os anos 1990. Importa sublinhar que não se trata de um rompimento das normas e condutas em vigor, embora haja uma sorte não pequena de contratos fraudulentos e ilegalismos que sustentam estas intervenções. O que está em curso é uma gestão dos ilegalismos, na formulação de Vera Telles, uma profunda privatização da gestão estatal, nos moldes do que Dardot e Laval (2016) nomearam de uma "racionalidade neoliberal".

Por fim, é importante apontar os vínculos entre as transformações em curso e a construção de um discurso e formas de legibilidade do país. O discurso hegemônico sobre o desenvolvimento passa pela afirmação de um e único modo de vida, pautado supostamente por escolhas livres. Algo típico do liberalismo, que projeta um futuro de fartura e acesso ilimitado a informações, bem como a mercadorias e benesses produzidas, mediadas e reguladas pelo mercado (mas aqui há uma diferença entre as concepções de desenvolvimento vinculadas às dimensões de emancipação dos países em relação ao imperialismo e as transformações do desenvolvimentismo contemporâneo... talvez seja necessário matizar).

Esse discurso supõe ainda, através da afirmação de um único modo de vida válido, o descredenciamento de classes, grupos sociais e pessoas que se contrapõem a esse projeto de futuro, de nação e seu projeto de desenvolvimento. Aí está uma das suas faces mais violentas neste processo: a invisibilidade política a que são submetidos diariamente esses sujeitos, através dos meios de comunicação e das imagens que se constroem deles, como entraves ao desenvolvimento e ao projeto nacional dele decorrente.

O nó está em que, seguindo as pistas de Rancière, em *O Desentendimento*, a invisibilidade política acontece justamente pela superexposição dos grupos sociais, que imputa valores e sentidos a sua reivindicação de viver segundo seus próprios termos. Tais valores, no mais das vezes, são externos aos próprios grupos retratados ou os transforma em exotismo a ser preservado a partir de suas identidades. Além deste mecanismo clássico é importante chamar atenção para o fato de que a superexposição das diferenças opera uma elisão dos conflitos políticos que, potencialmente, se configurariam em torno e a propósito das diferentes concepções de desenvolvimento em disputa nesse processo. De maneira perversa, o descredenciamento de sua fala e de seu lugar político utiliza o mecanismo de exposição das suas diferenças transformando-as em "alteridade nua" (Rancière, 1996, p. 120), que não consegue operar o litígio e instituir o conflito. É como se as diferenças expostas à exaustão sublinhassem a constatação: somos diferentes e nossas diferenças somente nos afastam, não há o que debater.

Nesta chave de leitura, podemos ler nos processos de transformação urbana em curso por ocasião dos projetos de desenvolvimento mais do que uma simples adequação urbana. É possível perceber nestas "reformas" a disputa política pelos sentidos do desenvolvimento e do projeto nacional que estão no seu âmbito. No cerne desta disputa, aciona-se uma velha e conhecida dualidade da história do Brasil: arcaico/moderno. Por meio desta dualidade, os impasses de nossa formação reaparecem e são (re)lidos como empecilho à constituição de um projeto nacional; e neste sentido, a modernização e o desenvolvimento econômico e/ou produtivo aparecem como o polo dinâmico e emancipador, capaz de reverter este atraso que nos acorrentava e impedia de realizar nosso futuro promissor. Esta leitura dual e porque não, dicotômica, da sociedade, ao opor estes dois polos, identificou com o atraso grupos sociais e suas formas de vida – especialmente aqueles que lhes ofereceram resistência à instauração de formas modernas de produção.

Em certo sentido, é possível olhar retrospectivamente e assinalar que há uma disjunção entre a temática urbana e rural, ao longo dos anos 1980 e 1990. É curioso perceber que ela acontece justamente no momento de redemocratização do país e após a Constituição de 1988, momento em que são construídos mecanismos de regulação e controle social das políticas públicas. No âmbito das cidades, tal processo não foi diferente: vemos nos anos 1990 o aparecimento de conselhos e fóruns governamentais e não governamentais dedicados a, além de discutir, implementar se não uma política urbana para o país, políticas setoriais a ela referida. A perda de centralidade das questões relativas ao desenvolvimento é uma marca desse período, o que não quer dizer que tenham sumido da pauta e menos ainda da vida real/concreta. O desenvolvimento tornou-se nestas duas décadas quase uma não questão, justificada pelo amplo consenso que se formou em torno de uma forma específica de desenvolvimento.

Alguns fios de leitura em diálogo

No centro do debate proposto está a preocupação com a configuração do que, grosso modo, vem sendo nomeando como novas formas de fazer política, produção e debates muito informados pelo aparecimento de movimentos de forte cunho autonomista, de ação de direta, de rejeição aos formatos partidários e de afirmação de pautas de grupos e ou coletivos identitários. Flagramos nas transformações em curso um debate que se configura sobre os próprios sujeitos destes processos.

Importa dizer que parte substantiva do que vem sendo produzido sobre o tema nas universidades brasileiras está, por um lado, fortemente tensionado e ou influenciado pelo aparecimento de novas formas de concepção e ação distanciadas do que se consolidou como prática dos movimentos sociais, referidos aos anos 1980 de redemocratização do país. E, por outro lado, um conjunto não pouco expressivo de pesquisas (e núcleos de pesquisadores) estão a lidar com um novo formato de produção acadêmica que é fruto do ingresso de uma população de jovens que não tinha acesso a universidade, de origem mais pobre, que ao ingressarem na universidade reivindicam para si um lugar de fala que desloca-se do lugar de "objetos de pesquisa" ou de informantes de pesquisas para tornarem-se eles mesmo produtores de conhecimento. Não por acaso, parte desta produção mais recente conecta-se com processos de transformação que flagramos.

Patrícia Birman[12] chama atenção para o compromisso político e ético da etnografia de ouvir o outro de maneira a provocá-lo a uma reflexão sobre sua própria trajetória, e neste processo de rememoração, neste trabalho da memória, estabelecer sentidos ocultos ou apagados àquilo que vive, restituindo sentido, estabelecendo plausibilidade, conferindo legibilidade aos processos muitas vezes vivenciados como heteronomia.

Assim, a nomeação emerge como categoria e processo fundamentais e nos permite, desde a Universidade, questionar e debater as próprias categorias com as quais nomeamos o que está em pauta em nossas pesquisas. A nomeação destes sujeitos como os pobres,

---

12 A referência aqui é a comunicação oral de Patrícia Birman, *Gestão da pobreza e seus gêneros: políticas públicas, emaranhados, tramas e apropriações no Rio de Janeiro*, no Colóquio de pesquisa Os limites da acumulação e os movimentos de resistência no território, em novembro de 2016, realizado no IAU-USP em São Carlos.

como aqueles que não têm trabalho, aqueles que vagam pelas cidades, ou como o lumpenproletariado em tradição marxista ortodoxa – todas estas nomeações têm força de construção. Entretanto, são uma nomeação em negativo, a construção de uma imagem vazia, um lugar sem lugar. Ao usar termos como *barbárie, incompletude, desmanche, desmonte* para caracterizar os processos de transformação em curso, estamos nomeando parte da experiência social, política e mesmo urbana como uma falta, uma incompletude.

Quem melhor nos aproxima deste campo de questões que busca analisar o asfalto, mas sem deixar de ver as flores que eventualmente surjam em seus interstícios, utilizando uma imagem mais poética roubada de Drummond, é Jacques Rancière, no texto *O ódio à democracia*. Neste texto, cuja primeira edição é de 2005, o autor debruça-se sobre o mesmo tempo histórico de constituição de uma "racionalidade neoliberal" da qual tratam Laval e Dardot, no seu *A nova razão do mundo*, mas analisando a produção da impossibilidade da política como dissenso, como conflito e a desconstrução daquilo que o próprio Rancière aponta como o fundamento da política: a igualdade contingente. Ele avança na compreensão deste "ódio" como a reação ao excesso que é próprio da política, mostrando como a política não é uma substância ou uma essência a se realizar, reafirmando a possibilidade de encenação pública, da subjetivação política, a possibilidade de encenar outro mundo e disputar estes conteúdos e estes sentidos do mundo como a política, como capacidade de deslocar e disputar seus sentidos e neste deslocamento dissensual e conflitivo produzir formas de reverter o dano, as desigualdades constitutivas do mundo social.

De alguma maneira, o que apontam as trajetórias de nossos interlocutores em campo tem outro sentido: buscam em suas narrativas inverter esta lógica, numa tentativa de positivar suas experiências, de arrancá-las deste lugar fantasmagórico. O esforço analítico caminha, pois, não no sentido de encontrar a essência destes movimentos e sujeitos, mas, sim, de compreender aquilo que literatura vem nomeando como formas de aparecimento e de recrudescimento da barbárie, para além do esvaziamento como sua característica marcante e definidora. O processo de autonomeação de uma ocupação de fábrica falida por trabalhadores como autogestão; a ocupação do conjunto Pinheirinho cujos membros reivindicam-se "movimento de moradia"; os trabalhadores informais em Salvador reivindicando-se "movimento sem teto"; ou ainda os trabalhadores sem carteira assinada reivindicando-se trabalhadores – todas estas situações nos mostram que a construção destes sujeitos se faz na contraposição justamente a este lugar ou a esta figura em negativo, a este lugar vazio, que é a construção dos pobres, dos trabalhadores, dos "de baixo", pra usar os termos de Florestan Fernandes, no país. Ou seja, estes "sem parcela" e suas formas de resistência e de produção dos sentidos do urbano contrapõem-se à leitura hegemônica feita em negativo sobre a formação social brasileira.

E por isto importa o processo de nomeação e de narração destas experiências. Nomear é neste sentido resistir e reinventar novos sentidos neste e deste mundo em disputa.

Referências bibliográficas

ABENSOUR, Miguel. *A democracia contra o Estado: Marx e o momento maquiaveliano*. Belo Horizonte: Ed. da UFMG, 1998.

ARENDT, Hannah. *Homens em tempos sombrios*. São Paulo: Companhia das Letras, 1987.

_____. *A Condição Humana*. Rio de Janeiro: Editora Forense, 1999.

_____. *Entre o passado e o futuro*. São Paulo: Perspectiva, 1997.

_____. *As origens do totalitarismo*. São Paulo, Cia das Letras, 1989.

BARROS, Joana da Silva. "Movimentos sociais e subjetivação política: anotações sobre sociabilidade política brasileira recente". *Revista em Pauta*, v. 12, 2014, p. 91-113.

_____. *Participação popular em Belém: a experiência do congresso da cidade e do orçamento participativo e a sociabilidade política brasileira*. Tese (doutorado em Sociologia) – FFLCH-USP, São Paulo, 2012.

_____. *Moradores de rua - trabalho e pobreza: interrogações sobre a exceção e a experiência política brasileira*. Dissertação (mestrado em Sociologia) - FFLH-USP, São Paulo, 2004.

BENJAMIN, Walter. *Magia e técnica, arte e política: ensaios sobre literatura e história da cultura*. São Paulo: Editora Brasiliense. (Obras escolhidas, v. 1). 7º Ed, 1994.

_____. *Documentos de Cultura, Documentos de Barbárie: escritos escolhidos*. (Seleção e apresentação Wille Bolle). São Paulo: Cultix/Editora da Universidade de São Paulo, 1986.

_____. *Origem do drama barroco alemão*. São Paulo: Brasiliense, 1984.

DARDOT, Christian; LAVAL, Pierre. *A nova razão do mundo: ensaio sobre a sociedade neoliberal*. São Paulo: Boitempo, 2016.

DAS, Veena. "Fronteiras, violência e o trabalho do tempo: alguns temas wittgensteinianos". *RBCS - Revista Brasileira de Ciências Sociais*, nº 40, vol. 14, junho/99, p. 31-42.

_____; POOLE, Deborah. "El estado y sus márgenes. Etnografías comparadas". *Cuadernos de Antropología Social*, nº 27, 2008, p. 19-52.

FERNANDES, Florestan. *A Revolução Burguesa no Brasil*. Rio de Janeiro: Editora Guanabara. 3ª ed., 1987.

FRANCO, Maria Sylvia de Carvalho. "As ideias estão em seu lugar". *Cadernos de debate*, n. 1, 1976, p. 61-64.

_____. *Homens livres na ordem escravocrata*. 4ª ed. São Paulo: Ed. da Unesp, 1997.

_____. "Entrevista com Maria Sylvia Carvalho Franco". *Revista Trans/Form/Ação*, v. 4, 1981, p. 5-14.

GAGNEBIN, Jeanne Marie. *Lembrar escrever esquecer*. São Paulo: Ed. 34, 2006.

OLIVEIRA, Francisco de. "O Estado e a Exceção ou o Estado de Exceção?". *Revista Brasileira de Estudos Urbanos e Regionais*, n. 1, v. 5, 2003, p. 9-14.

_____. "Pensar com radicalidade e especificidade". *Lua Nova*, São Paulo, n.54, 2001, p.89-95.

_____. *Crítica à razão dualista*: o ornitorrinco. São Paulo: Boitempo, 2003b.

_____; RIZEK, Cibele Saliba. *A era da indeterminação*. São Paulo: Boitempo, 2007.

OLIVEIRA VIANNA, Francisco José de. *Populações Meridionais do Brasil: populações rurais do Centro-sul*. São Paulo: Itatiaia, v.1, 1987.

PAOLI, Maria Célia. "Os trabalhadores urbanos na fala dos outros". In: LOPES, José Sérgio Leite (coord.). *Cultura e identidade operária*. Rio de Janeiro: Marco Zero; Ed. da UFRJ, 1987.

_____. "Movimentos sociais, movimentos republicanos?" In: SILVA, Fernando et al. (org.). *República, liberalismo, cidadania*. Piracicaba: Ed. Unimep, 2003.

_____. "O mundo do indistinto: sobre gestão, violência e política" In: OLIVEIRA, Francisco de; RIZEK, Cibele Saliba. *A era da indeterminação*. São Paulo: Boitempo, 2007.

_____; SADER, Eder. "Sobre 'classes populares' no pensamento sociológico brasileiro". In: CARDOSO, Ruth (org.). *A aventura antropológica*. Rio de Janeiro: Editora Paz e Terra, 1986.

PESCHANSKI, Catherine. "Os bárbaros em confronto com o tempo" in CASSIN, B.; LORAUX, N. PESCHANSKI, C. *Gregos, bárbaros, estrangeiros*. Rio de Janeiro: Editora 34, 1993.

RANCIÈRE, Jacques. *A Noite dos Proletários*. São Paulo: Companhia das Letras, 1988.

_____. *Políticas da escrita*. Rio de Janeiro: Editora 34, 1995.

_____. *O desentendimento*. São Paulo: Editora 34, 1996.

_____. *La haine de la démocratie*. Paris: La Fabrique, 2005.

RIZEK, Cibele Saliba. "São Paulo: orçamento e participação". In: _____; OLIVEIRA, Francisco. (org.). *A era da indeterminação*. São Paulo: Boitempo, 2007, p. 129-156.

_____. (2002). "Os sentidos da cidade na sociologia brasileira: da civilidade ao seu avesso". Relatório parcial (2001-2002) para projeto temático do Cenedic para Fapesp. São Paulo, *mimeo*.

ROSA, João Guimarães. *Grande Sertão: veredas*. Rio de Janeiro: Nova Fronteira, 1996.

THOMPSON, E. P. (1998). *Costumes em comum*. São Paulo: Cia das Letras, 1998.

Protagonismo da juventude na educação e na política

Regina Magalhães de Souza

Este artigo tece alguns comentários a respeito da recente "reforma" do ensino médio, estabelecida por Lei Federal no início de 2017, tentando situá-la em relação a uma certa política de juventude e de educação em operação desde meados da década de 1980. A dita reforma contém aspectos, não de ruptura, nem de mera continuidade, mas que denotam um recrudescimento de noções e orientações próprias de um discurso identificado anteriormente como o discurso do *protagonismo juvenil* (Souza, 2008).

O artigo divide-se em três partes. A primeira faz uma síntese das características do indivíduo *protagonista* que o discurso pretende instituir e a segunda identifica a educação como a estratégia para tanto. A terceira parte indica como a concepção de educação que fundamenta o "novo ensino médio" implica a criação do jovem *protagonista*.

O *protagonismo* na política

Os movimentos de juventude dos anos de 1960, não só no Brasil, mas em países do mundo todo, caracterizaram-se pela transgressão de valores – e, no limite, a afirmação de novos valores – e pela contestação aos poderes estabelecidos (Cardoso, 2005). O questionamento da ordem social, política e cultural estava na essência dos movimentos. Não se pretendia tomar o poder nem encontrar as soluções para problemas. Em entrevista na época, Daniel Cohn-Bendit, que se tornaria figura mitológica do movimento francês, afirmava: "O movimento estudantil não é um movimento revolucionário, mas de revolta" (Cohn-Bendit apud Netto, 2008). No Brasil, o movimento estudantil, de que participaram jovens universitários das camadas médias da população, também se caracterizou pelo protesto ou "contestação permanente" (Foracchi, 1972, 1982). Quarenta anos depois de 68, o sociólogo Chico de Oliveira afirmava ao jornal *Estadão* que o movimento estudantil teria sido, "acima de tudo, uma rebeldia política" (Gonçalves Filho, 2008).

O impacto social e político dos movimentos juvenis dos anos 1960 foi tão grande que eles seriam considerados pelas gerações posteriores como referência de participação na sociedade, transformando-se no mito de "movimento ideal" de juventude. O mito – deslocado do tempo e da história – criou uma hipotética "geração 68" ou "geração anos 60", figura unitária e sem contradições, e fixou um modelo irrealizável às gerações seguintes, cujo comportamento seria julgado como alienação ou simulacro (Cardoso, 2005). Os movimentos estudantis, especialmente, criaram a expectativa de que a juventude deve, necessariamente, participar da política. Desde então, ser jovem implicaria participar da política.

Mas o fato é que a participação (tanto de jovens quanto de adultos, aliás) nem sempre ocorreu, caso da chamada "Geração AI-5", considerada apática e alienada (Martins, 2004), ou pareceu efêmera, espontaneísta, manipulada pela mídia, caso dos "caras-pintadas", em 1992 (Rodrigues, 1993). E, com o arrefecimento do movimento estudantil, nas décadas de 1980 e 90, proliferaram textos, artigos e documentos (acadêmicos, de ONGs, dos organismos internacionais etc.)

que indagavam sobre outras possibilidades de participação social da juventude: "agora que o movimento estudantil – o mito – não mais se realiza, qual é a forma, ou quais seriam as novas formas, de participação da juventude?". Na nova conjuntura histórica, "qual é o papel social e político da juventude"? Ou ainda, "de que forma a juventude pode se transformar em ator político e social?".

Desde o final da década de 1970, alguns setores da sociedade já haviam iniciado a busca por "novas formas" de política. Alguns pesquisadores (com destaque para Sader, 1995) detectaram novas formas de política, caracterizadas pela autonomia (em relação ao Estado, partidos, sindicatos e imposições ideológicas) e pela reivindicação de direitos, cerne da noção de cidadania que então se criou (Telles, 1999) entre os movimentos sociais urbanos. "Novas formas" de política teriam sido inventadas pelo "novo sindicalismo" e pelos "novos movimentos sociais", que rechaçavam a política tradicionalmente instituída e se transformaram nos "novos sujeitos sociais" ao politizar as práticas cotidianas dos locais de trabalho e de moradia.

Na década de 1980, o mesmo parecia acontecer com os movimentos de juventude. Ou seja, a juventude universitária dos anos 1980 ensejava um tipo de ação semelhante àquela dos "novos sujeitos" dos "novos movimentos sociais": a busca por "novas formas" de política. O ano de 1985 é particularmente emblemático a esse respeito. Naquele ano, a Revista *Desvios* (1985), da Sociologia da USP, publicava o *Dossiê: movimento estudantil hoje*, cujos artigos constatavam o declínio do movimento estudantil e, ao mesmo tempo, a emergência de "novas formas" de política. Ribeiro Neto (1985) identificava que o fato de ser estudante já não implicava ser agente político, enquanto Ferreira (1985) discorria sobre a incapacidade de articulação entre as movimentações que surgiam, mas que se restringiam ao âmbito de cada escola. Já Beltrão (1985) anunciava novas possibilidades de política estudantil no artigo sobre as Casas de Estudante e os movimentos de moradia. A Profa. Maria Célia Paoli (Paoli, 1985), na apresentação do Dossiê, não interpretava o esvaziamento do movimento estudantil como apatia ou negação da política pelos estudantes, mas como recusa da "forma de existência das entidades de representação estudantil" (p. 59); segundo Paoli, os artigos do dossiê permitiriam vislumbrar "um outro horizonte de práticas coletivas" (Paoli, op. cit., p. 60), pautadas por "novas questões para a universidade, para a sociedade e para a política" (Ibidem, p. 60). Numa palavra, a movimentação estudantil de então, afastada das "formas tradicionais" de política (partidos, diretórios acadêmicos, centrais universitárias), estaria criando outras formas de intervenção no espaço público.

Por outro lado, a essa pergunta - que vem sendo repetida há mais de 30 anos – "quais seriam as novas formas de política juvenil?" – o discurso do poder fornece sua resposta. E também do ponto de vista do discurso do poder, o ano de 1985 é emblemático, declarado (em 1979), pela Organização das Nações Unidas (ONU) como o Ano Internacional da Juventude: Participação, Desenvolvimento e Paz. Desde então, esses três objetivos interligados - participação, desenvolvimento e paz - vêm orientando os documentos da comunidade internacional e dos governos latino-americanos na produção das chamadas políticas públicas dirigidas à população juvenil. A pedra angular do edifício das políticas públicas que foi sendo construído é o apelo à participação da juventude, concebida como requisito e instrumento para o desenvolvimento (social, humano, mas também individual) e a paz (leia-se coesão social).

E assim, desde fins da década de 1970, uma infinidade de documentos (relatórios, registros de congressos, reuniões e seminários, artigos, panfletos, livros) foi sendo produzida pelos organismos internacionais (agências das Nações Unidas e Banco Mundial), governos latino-americanos de todos os níveis, organizações do terceiro setor e também por pesquisadores acadêmicos, não apenas incentivando e conclamando a juventude a participar, mas *prescrevendo uma forma de participação*. Desse conjunto mais ou menos articulado de objetos, noções, enunciados e das relações entre eles, conjunto que prescreve, ou impõe, à juventude a "nova forma" de política, emergiu, em meados da década de 1990, o enunciado *protagonismo juvenil*. A tese que defendo é a de que o *discurso do protagonismo juvenil*, produzido no campo das chamadas políticas públicas, dirigidas especialmente aos segmentos pobres da população jovem, veio se contrapor e (tentar) ocupar o lugar daquelas nascentes e autônomas iniciativas de participação, detectadas, por exemplo, pela *Revista Desvios* (Souza, 2008).

Todo um léxico é produzido no campo das políticas públicas, cujas "formulação", "implementação" e "avaliação" devem contar com a participação de seus "beneficiários", os jovens pobres. A forma prescrita de participação, que exige a contrapartida dos jovens beneficiários, é radicalmente diferente tanto dos protestos dos anos 1960 quanto das novas formas dos 1980. Tem como elemento central a noção ressignificada de ator social.

Embora sofra variações de sentido, a noção de ator social é uma das bases da matriz discursiva da qual emerge o enunciado *protagonismo juvenil*. Na Sociologia, essa noção foi muito bem definida por Alain Touraine, que publicou, na década de 1980, *O retorno do ator* (Touraine, 1996). Nos anos 1990, o mesmo autor prestou serviços de consultoria ao governo do Chile por incumbência da Unesco, trabalho que resultou na publicação de um artigo (Touraine, 1998) sobre as políticas públicas de juventude, em que a noção de ator social é absolutamente fundamental. O artigo de Touraine (1998) não é o único texto, dentre tantos, que define a sociedade como um aglomerado de atores sociais individuais, mas talvez seja aquele em que essa definição aparece da maneira mais explícita e exemplar. Segundo Touraine,

> Un actor social es el hombre o la mujer que intenta realizar objetivos personales en un entorno constituido por otros actores, entorno que constituye una colectividad a la que él siente que pertenece y cuya cultura y reglas de funcionamiento institucional hace suyas, aunque sólo sea en parte. O, dicho sea con palabras más sencillas, se necesitan tres ingredientes para producir un actor social: objetivos personales, capacidad de comunicar y conciencia de ciudadanía. (Touraine, 1998, p. 79)

Touraine afirma claramente, portanto, que os objetivos a serem perseguidos pelo ator social são pessoais, ou seja, particulares e não coletivos, e além disso, "realistas" (Touraine, *op. cit*, p. 80). Não há projetos coletivos, mas individuais e exequíveis. O "diálogo" e a "participação política" são componentes da noção da cidadania, mas não implicam "capacidade de ação coletiva" e "elaboração ideológica" (Ibidem, p. 81). A consciência de cidadania é definida no artigo de Touraine como a possibilidade de que os jovens sejam escutados e "*sintam* que influem nas decisões que afetam sua vida coletiva" (Ibidem, p. 81, tradução e grifo nossos).

A sociedade, portanto, desaparece para dar lugar a um "cenário" (palavra tão em voga atualmente) em que o aglomerado de indivíduos/atores sociais, em suposta igualdade de condições, negocia interesses e realiza projetos particulares. Não há classes sociais, nem desigualdade, dominação ou exploração. E, justamente porque a sociedade como instância coletiva desaparece e não mais oferece garantias a seus membros, cabe unicamente ao indivíduo trabalhar para se manter incluído. Ainda citando Touraine:

> La sociedad está en movimiento, es una especie de maratón en el que se va cada vez más aprisa y en el que participan corredores cada vez más numerosos y mejor preparados, pero es también una carrera en la que se deja de lado a muchos que no tienen fuerzas o ánimos para correr, que no

tienen buen calzado o que están mal alimentados. Sociedad cada vez más «dualista», dicen los sociólogos, en la que las antiguas barreras sociales han sido sustituidas por otras nuevas, en la que la oposición principal no es ya la de los de arriba y los de abajo, sino la de los que participan en la carrera y los que han tenido que renunciar. (Ibidem, p. 73-74)

Cabe ao indivíduo contemporâneo, portanto, a busca incessante pelo "acesso" (outra palavra tão em voga) a "serviços" (não direitos). A questão social é definida, portanto, em termos de ameaça de exclusão do mercado de serviços, problema cuja "solução" é a integração. Pergunta Touraine: "¿cómo hacer de la participación social un objetivo en una sociedad en la que tantos jóvenes se encuentran excluidos o marginados?; ¿cómo hablar de integración cuando lo que impera es el dualismo y la exclusión?" (*Ibidem*, p. 76). À sua pergunta, ele mesmo responde:

> En vez de soluciones colectivas e institucionales, hay que buscar los medios que permitan iniciativas *individualizadas* y *psicológicas*. [...] hay que fortalecer en éstos la capacidad de ser actores de su propia vida, capaces de tener proyectos, de elegir, de juzgar de modo positivo o negativo, y capaces también, más sencillamente, de tener relaciones sociales, ya se trate de relaciones de cooperación, de consenso o conflictivas. (*Ibidem*, p. 77, grifo nosso)

As ditas políticas públicas devem buscar, portanto, o fortalecimento do indivíduo (*Ibidem*, p. 79), não da individualidade, muito menos dos grupos, movimentos ou instituições, para que esse indivíduo possa transformar-se em ator social. Cabe observar que se trata de "fortalecimento", "força", no sentido de capacidade de resistência às adversidades, e não poder:

> ¿No es evidente que hay que ayudar a los jóvenes que tropiezan con la indiferencia o la hostilidad de la socie-

> dad que les rodea – o mejor dicho, cuyas márgenes ellos mismos constituyen –, a adquirir una fuerte capacidad de resistencia frente a la desorganización psicológica y social, a fortalecer su personalidad para resistir a presiones y sobre todo a la falta de estímulos y de recompensas? A los jóvenes más desamparados les es muy difícil comportarse como actores sociales, o sea modificar su entorno social para realizar objetivos personales. (*Ibidem*, p. 78)

O mesmo Touraine (1998) explicita que o principal objetivo das políticas de juventude deve ser o de transformar os jovens em atores sociais. A chamada *atuação social*, fulcral no discurso tautológico do *protagonismo juvenil*, fornece os elementos que compõem tanto as "novas formas" de participação quanto a noção de cidadania: a defesa de interesses e a atividade (ou *fazer*).

A defesa de interesses – por definição, particulares e parciais – supõe a fala e negociação. Mas não se trata de fala original, criadora e/ou transgressora, posto que opera num quadro semântico delimitado, versando sobre decisões já previamente estabelecidas. A própria maneira pela qual são diagnosticados os "problemas" já indica as "soluções" possíveis, cabendo aos jovens, instados a participar, apenas acatar proposições que já foram definidas. Tal é a natureza da participação dos jovens nas chamadas "formulação" (não concepção) das políticas públicas e na "adoção" (no sentido de "seguir", "acolher") de decisões: estratégia de construção do consenso. Não há real deliberação ou contraposição ao poder.

Já pela atividade, ou o *fazer* coisas, os jovens são conclamados a participarem da "implementação" das políticas públicas. "Implementar" políticas públicas nada mais é que prestar serviços, contrapartida exigida do jovem beneficiário. Em última instância, é trabalho não-remunerado, exaltado e nomeado por muitos como "trabalho voluntário". Uma vez que *fazer* coisas é processo determinado pelos critérios de meios e fins, a "nova forma" de participação e cidadania assume um caráter instrumental, própria da lógica privada do mercado. A política reduz-se à escolha da atividade-meio mais eficaz para a consecução de objetivos privados previamente fixados. Cabe relembrar a distinção de Hannah Arendt entre o *fazer* e o agir: o *fazer* coisas distingue-se da ação política, que não se regula pelo princípio de meios e fins, mas pela imprevisibilidade; não introduz mudança no rumo dos eventos, mas apenas acrescenta artefatos ao mundo (Arendt, 2002).

Portanto, a "nova forma" de participação prescrita pelo discurso do *protagonismo juvenil*, baseada na atuação social - defesa de interesses e atividade individual -, não é deliberação ou participação no poder, mas participação na execução de tarefas e na formalização de medidas já previstas pelo próprio quadro explicativo oferecido pelo discurso. Tal modelo de participação e de cidadania redunda, não na "reinvenção da política", como se tem dito, mas na sua anulação ou, mais ainda, na sua contrafação (conceito usado por Martins, (2004) ao interpretar o comportamento da chamada "geração AI-5"). Tal modelo consiste em contrafação, uma vez que não é apenas imitação, mas encenação que assume sentido oposto ao das "novas formas" de política vislumbradas nos "novos movimentos sociais" e manifestações estudantis das décadas de 1970 e 80. O discurso do *protagonismo juvenil* impede a política ao prescrever uma forma de participação que, literalmente, trabalha a favor do *status quo*. E, se hoje a expressão *protagonismo juvenil* parece esquecida e superada é, não só, mas também, porque a forma de participação que identifica já se disseminou e se consolidou, a tal ponto que dispensa adjetivações e rótulos.

Beneficiário e participante ativo, objeto de investimento que, ao mesmo tempo, investe em si próprio e contribui com uma contrapartida: essa é a ambivalente e peculiar posição em que é colocado o jovem objeto de políticas públicas, o jovem *protagonista*.

Mas quem é o jovem *protagonista*, frequentemente definido como o "ator principal"? Principal de onde? De quem? Seria o líder do grupo juvenil? A minoria ou vanguarda? Ora, numa sociedade definida como "cenário" em que cabe aos atores sociais perseguirem, individualmente, a sobrevivência, o jovem deve ser *protagonista* da sua própria vida. Autorresponsável que é por si próprio e pelos outros, numa sociedade que não oferece garantias a ninguém, todo jovem *deve* ser *protagonista*.

Aliás, todo jovem, adulto, homem ou mulher, enfim, cada um dos indivíduos deve ser *protagonista*. O discurso pretende a todos integrar, impondo uma única interpretação da realidade, como se esta falasse por si própria, não permitindo, portanto, contraposição. Prescreve um determinado padrão de comportamento a todos, sob a ameaça da exclusão social. Intenta constituir sujeitos que vivam conforme a racionalidade instrumental, de meios e fins, e o modelo do mercado, do *fazer* e do negociar, em todos os âmbitos de sua existência, a educação e a política, entre eles.

O *protagonismo* na educação

E como "formatar" o jovem *protagonista*? Pela educação! A preparação para uma vida social e política regida pelo princípio da atividade do indivíduo/ator deve ocorrer por meio de uma educação que tenha como elemento central também a "participação ativa" do aluno. Por essa razão, o *protagonismo juvenil* apresenta-se como um "método de educação para a cidadania", baseado, especialmente, na "pedagogia dos projetos".

A defesa da "participação ativa" em educação é feita mediante o recurso à polarização entre uma suposta escola "tradicional", cuja ênfase está na pura transmissão de conhecimentos, memorização de conteúdos e verbalismo do professor, em oposição a uma escola que oferece oportunidades para que o aluno possa construir seu próprio conhecimento. O discurso estabelece uma oposição inconciliável entre a teoria – identificada com divagações e conhecimentos inúteis – e a atividade prática, esta sim, capaz de desenvolver o indivíduo e a sociedade. Na medida em que apenas essas duas possibilidades são admitidas – "ensino tradicional", de um lado, *versus* "participação ativa", de outro – o discurso não abre espaço e acaba por inviabilizar outras concepções, entre elas a de educação como processos de formação da pessoa e emancipação humana, seu verdadeiro alvo, aliás.

Desse modo, ao mesmo tempo em que no campo das políticas públicas firmava-se o discurso do *protagonismo*, a partir de meados da década de 1980 e em toda a década seguinte, no campo interligado da educação, consolidava-se a pedagogia do construtivismo, baseada na "participação ativa" do aluno na "construção do seu próprio conhecimento" (Revah, 2004; Carvalho, 2001).

A prioridade da educação tornou-se objeto do discurso e de intervenção de variados setores, em ocasiões e eventos de todo o tipo (seminários, conferências, encontros): agências internacionais, órgãos governamentais, terceiro setor, empresariado, mídia, políticos em campanha. A educação, não como direito da pessoa humana em formação, é considerada como fator de desenvolvimento, não mais definido como estritamente econômico, mas "social" ou "humano".

Documento que se tornou referência na área é o *Relatório para a Unesco da Comissão Internacional sobre Educação para o Século XXI* (Delors et al., 2003), publicado no Brasil em 1996, com apoio do então Ministério da Educação e do Desporto (MEC) e apresentação do Ministro Paulo Renato Souza. No volume, a educação é considerada a "via que conduz a um desenvolvimento humano mais harmonioso, mais autêntico, de modo a fazer recuar a pobreza, a exclusão social, as incompreensões, as opressões, as guerras..." (Delors et al., 2003, p. 11). Da mesma forma, a educação contribuiria "para um mundo melhor, para um desenvolvimento humano sustentável, para a compreensão mútua entre os povos, para a renovação de uma vivência concreta da democracia" (Delors et al., 2003, p. 14).

E para que a educação possa operar como fator de desenvolvimento, ela deve funcionar como desenvolvimento de habilidades que se transformam em competências, ou simplesmente, desenvolvimento de competências. Assim, a educação aparece nos documentos produzidos, desde a década de 1990, pelo menos, como *aprendizagem* subordinada às necessidades econômicas. A Declaração de Quito (1991)[1] propôs, explicitamente, como objetivo da educação a satisfação das "necessidades básicas de aprendizagem" correspondentes às "demandas econômicas, sociais, políticas e culturais" (Rivero, 2000, p. 151).

Os "conteúdos básicos da aprendizagem" (Conferência Mundial, 1990) não se referem às necessidades humanas propriamente, mas às necessidades do mercado de trabalho: é antes o próprio mercado que tem necessidade das potencialidades, da aprendizagem constante, da participação no desenvolvimento, enfim, da força de trabalho humana. O documento dos *Parâmetros Curriculares Nacionais: Ensino Médio* (Brasil, 2000) é explícito a esse respeito, quando afirma que "o desenvolvimento das competências cognitivas e culturais exigidas para o pleno desenvolvimento humano passa a coincidir com o que se espera na esfera da produção", havendo, até mesmo, uma "correspondência entre as competências exigidas para o exercício da cidadania e para as atividades produtivas" (p. 11).

---

[1] Documento resultante da reunião de ministros da educação, realizada em abril de 1991, no Equador, como parte do Projeto Principal de Educação na América Latina e Caribe (PROMEDLAC), desenvolvido pela Unesco com os países da região desde 1980.

O Banco Mundial, por sua vez, é ainda mais explícito ao subordinar a educação à economia. A educação seria fator de crescimento econômico e redução da pobreza, uma vez que seria capaz de fornecer ao mercado trabalhadores detentores das habilidades requeridas, de modo a aumentar a produtividade e a competitividade. A análise econômica, calcada pelos cálculos de custo-benefício e do retorno do capital investido, considera o jovem como detentor de "capital humano" sobre o qual incide o investimento, que deve retornar na maior proporção possível (Banco Mundial, 2006, p. 47; 104).

Ressalte-se que os "conteúdos básicos" ou as "necessidades de aprendizagem" referem-se, em última instância, à aprendizagem, não de conteúdos propriamente ditos, mas de habilidades, competências, atitudes, enfim, de uma certa maneira de ser, componente de uma subjetividade e de uma sociabilidade exigidas pelo mercado (Souza, 2003). Contrariamente ao que se supõe à primeira vista, o mercado não está exigindo da escola básica a qualificação, ou mesmo a preparação, da força de trabalho para que possa acionar conhecimentos científicos e tecnológicos nos processos de trabalho. O que o mercado está exigindo da escola é um tipo especial de formação da subjetividade (Souza, 2003), característica do ator social, do "colaborador proativo", do *protagonista*, enfim.

Desse modo, o desenvolvimento de um país dependeria da "criatividade" e "adaptabilidade" de seus habitantes, além de sua capacidade de utilizar tecnologias, adotar atitudes e habilidades, cujo desenvolvimento ou, mais propriamente, a aprendizagem, seria a finalidade da educação. A perspectiva é a da adaptação – não da autonomia – do indivíduo ativo:

> O desenvolvimento de um país supõe, em particular, que a sua população ativa saiba utilizar as tecnologias complexas e dê prova de criatividade e de espírito de adaptação, atitudes que dependem em grande parte do nível de forma-

ção inicial das pessoas. O investimento educativo é, assim, uma condição essencial do desenvolvimento econômico e social a longo prazo e deve ser protegido em períodos de crise. (Delors et al., 2003, p. 180)

Mas as ditas necessidades nem sempre aparecem no discurso como requisitos do mercado, mas como algo dado e impessoal, decorrências naturais e inevitáveis de uma realidade que se *impõe* e em relação à qual não há alternativa possível. Assim, o tipo de educação proposta, a aprendizagem contínua, "a educação ao longo de toda a vida", é apresentada como *exigência* inexorável, como um *dever* ao qual ninguém pode furtar-se. Para que cumpra o seu dever de atender às "necessidades de aprendizagem" (do mercado) e encontrar as soluções para os "problemas de desenvolvimento", enfim, para que possa entrar em atividade, beneficiando e modificando a si próprio e a seu meio social imediato, transformando-se, portanto, em ator social, o indivíduo deve saber aproveitar, incessantemente, "ao longo de toda a vida", as oportunidades de educação.

A prescrição de "concentrar a atenção na aprendizagem", da *Conferência Mundial sobre Educação para Todos*, não implica ensino, mas a atividade individual: seria tarefa de todo indivíduo "aproveitar as oportunidades educativas voltadas para satisfazer suas necessidades básicas de aprendizagem" (Conferência Mundial..., 1990). Assim, à escola caberia o papel de *oferecer oportunidades* para as "quatro aprendizagens fundamentais" (Delors et al., 2003, p. 90), também chamadas "quatro pilares do conhecimento", que, transformados em "competências" individuais tornariam possível a adaptação do indivíduo:

> ... *aprender a conhecer*, isto é adquirir os instrumentos da compreensão; *aprender a fazer*, para poder agir sobre o meio envolvente; *aprender a viver juntos*, a fim de participar e cooperar com os outros em todas as atividades hu-

manas; finalmente *aprender a ser*, via essencial que integra as três precedentes (Delors et al., 2003, p. 90).

À escola caberia, em suma, não o ensino ou a transmissão de conhecimentos, mas a oferta de oportunidades para que o próprio indivíduo desenvolva, ou mais propriamente, aprenda "competências e aptidões" necessárias ao interminável processo de adaptação às necessidades e sobressaltos do mercado. Essa concepção de educação é formulada em termos de uma "educação ao longo de toda a vida" (Delors et al., 2003), segundo a qual cada indivíduo, permanentemente, "*deve* utilizar todas as possibilidades de aprender e de se aperfeiçoar" (Delors et al., 2003, p. 18, grifo nosso) em todos lugares e ocasiões, dentro e fora da escola.

Supõe-se um indivíduo ativo, cuja ilimitada capacidade adaptativa seja decorrente de qualidades inatas que devem ser desenvolvidas: "uma nova concepção ampliada de educação devia fazer com que todos pudessem descobrir, reanimar e fortalecer o seu potencial criativo - revelar o tesouro escondido em cada um de nós" (Delors et al., 2003, p. 90). Ainda segundo o *Relatório Delors*, caberia à educação "a missão de fazer com que todos, sem exceção, façam frutificar os seus talentos e potencialidades criativas, o que implica, por parte de cada um, a capacidade de se responsabilizar pela realização do seu projeto pessoal" (Delors et al., 2003, p. 16).

Também o Banco Mundial adota o princípio da atividade individual, ampliando o modelo do "capital humano", uma vez que não bastariam os investimentos governamentais em educação, mas seria necessário que "os jovens e suas famílias possam investir em si mesmos" (Banco Mundial, 2006, p. v). Para serem alcançados os declarados objetivos de redução da pobreza e de promoção do desenvolvimento, o Banco "recomenda" a especial combinação entre investimento no capital humano e oferta de oportunidades, de um lado, e autoinvestimento e iniciativa individual, de outro (Banco Mundial, 2006).

Admitida a "igualdade de oportunidades", apenas as diferenças individuais, decorrentes do "potencial" e do esforço de cada um, seriam responsáveis pelas diferenças de desempenho, enfim, pelo êxito ou fracasso (Coraggio, 2007, p. 91-94, 106-07, 112). A existência de "diferenças individuais" justificaria a "diversificação" e "flexibilidade" dos sistemas de ensino (Al-Mufti, 2003, p. 213) e justificaria a introdução de atividades práticas em educação (os "projetos", principalmente), essas sim, as únicas consideradas capazes de revelarem os "talentos" e "aptidões":

> O respeito pela diversidade e pela especificidade dos indivíduos constitui, de fato, um princípio fundamental, que deve levar à proscrição de qualquer forma de ensino estandardizado. Os sistemas educativos formais são, muitas vezes, acusados e com razão, de limitar a realização pessoal, impondo a todas as crianças o mesmo modelo cultural e intelectual, sem ter em conta a diversidade dos talentos individuais. Tendem cada vez mais, por exemplo, a privilegiar o desenvolvimento do conhecimento abstrato em detrimento de outras qualidades humanas como a imaginação, a aptidão para comunicar, o gosto pela animação do trabalho em equipe, o sentido do belo, a dimensão espiritual ou a habilidade manual. (Delors et al., 2003, p. 54-55)

Pode-se afirmar, portanto, que na concepção de educação do discurso do *protagonismo juvenil*, articulam-se e cruzam-se o princípio da atividade, o enfoque do "capital humano", a ideologia da "igualdade de oportunidades" e a dos "dons naturais". Um dos efeitos é o esvaziamento da instituição escolar, que perde suas especificidade e funções, transformando-se em um dos possíveis "cenários" que oferecem oportunidades – não condições – para o desenvolvimento individual. Cabe ressaltar que o esvaziamento da instituição escolar não é consequência inesperada, efeito indesejado, mas implicação necessária. A escola esvaziada está adaptada às necessidades do presente.

O *protagonismo* na reforma do ensino médio

A chamada reforma do ensino médio foi instituída pela Lei Federal n. 13.415, de 16 de fevereiro de 2017 (Brasil, 2017a), que alterou artigos da Lei de Diretrizes e Bases da Educação Nacional (LDB, Brasil, 1996), da lei que regulamenta o Fundo de Manutenção e Desenvolvimento da Educação Básica e de Valorização dos Profissionais da Educação (Fundeb) e da Consolidação das Leis do Trabalho (CLT). Nasceu da Medida Provisória n. 746, enviada, em setembro de 2016, pelo Presidente Michel Temer ao Congresso, onde recebeu mais de 600 emendas e sofreu alterações, sem que nenhuma delas alterasse a essência do projeto.

Além de não ter havido discussão com a comunidade escolar, o governo ignorou projeto de lei de 2013, que já tramitava no Congresso, fruto do trabalho da Comissão Especial para a Reformulação do Ensino Médio, da Câmara dos Deputados, criada no ano de 2012. Ação de inconstitucionalidade movida pelo Partido Socialismo e Liberdade (PSOL) recebeu parecer favorável da própria Procuradoria Geral da República: "Por seu próprio rito abreviado, [a medida provisória] não é instrumento adequado para reformas estruturais em políticas públicas, menos ainda em esfera crucial para o desenvolvimento do país, como é a educação", segundo o procurador Rodrigo Janot (SINPRO, 2016). De setembro de 2016 a fevereiro de 2017, durante os menos de cinco meses de tramitação no Congresso, o governo praticamente ignorou as manifestações de professores, estudantes e comunidade acadêmica de todo o país.

Cabe perguntar, portanto: por que tamanha urgência? Pode-se encontrar a resposta nas palavras do próprio Presidente Temer, em nota oficial divulgada após a aprovação da medida provisória, pelo Senado: "o ensino médio aproximará ainda mais a escola do setor produtivo à luz das novas demandas profissionais do mercado de trabalho" (Brasil, 2017b). Pode-se afirmar que tal aproximação da escola ao "setor produtivo" deva ocorrer, de um lado, por meio de uma concepção de educação, cuja tarefa é a de produzir indivíduos ativos e ajustados, como se argumentou até aqui, e, por outro lado, pela abertura ainda maior do vantajoso mercado educacional do país à iniciativa privada.

A reforma não alterou o artigo 35 da LDB, que estabelece as finalidades do ensino médio, entre as quais cabe destacar: "a preparação básica para o trabalho e a cidadania do educando, para continuar aprendendo, de modo a ser capaz de se adaptar com flexibilidade a novas condições de ocupação ou aperfeiçoamento posteriores" (Brasil, 1996). Desde a década de 1990, portanto, a própria legislação, não só estabelece a incessante *adaptação* do indivíduo *flexível* ao mercado como finalidade do ensino médio, como também equipara cidadania e trabalho, ao prever o mesmo tipo de preparação para ambos. A subordinação da escola ao mercado aprofunda-se com as alterações introduzidas pela lei da reforma.

O artigo 36 da LDB, modificado pela lei da reforma, define a composição do currículo pela Base Nacional Comum Curricular (BNCC) e pelos chamados "itinerários formativos" a serem oferecidos pela escola: I. linguagens e suas tecnologias; II. matemática e suas tecnologias; III. ciências da natureza e suas tecnologias e V. formação técnica e profissional (BRASIL, 2017a). A ideologia do dom natural comparece na defesa da suposta possibilidade de escolha do aluno pelo itinerário, como demonstram as palavras do próprio Presidente Michel Temer, na já citada nota à imprensa: "Ao propor a flexibilização da grade curricular, o novo modelo permitirá maior diálogo com os jovens, que poderão adaptar-se segundo inclinações e necessidades pessoais" (Brasil, 2017b).

De acordo com o texto legal, o aluno escolhe o itinerário, mas cada estabelecimento escolar não fica obrigado a ofertar todos eles. Enquanto a escola da rede privada que atende à elite, provavelmente, terá condições de oferecer os quatro itinerários, pode-se supor que o mesmo não acontecerá com a escola pública, o que, na prática, cerceará a possibilidade de escolha do aluno. Mas, mesmo que todos os itinerários sejam oferecidos, é de se questionar tal capacidade de escolha, suposta como aptidão natural do indivíduo, independente de condições sociais e do trabalho realizado pela própria escola. Ora, o aluno pobre e que não recebe uma boa formação escolar, simplesmente, não tem condições de escolher. A reforma, portanto, fragmenta o currículo, prejudicando a proposição do ensino médio como educação básica, cujas finalidades, segundo a própria LDB, são: "desenvolver o educando, assegurar-lhe a formação comum indispensável para o exercício da cidadania e fornecer-lhe meios para progredir no trabalho e em estudos posteriores" (BRASIL, 1996, art. 22). A reforma do ensino médio consiste, sim, em mecanismo de aprofundamento das desigualdades educacionais e sociais.

A Base Nacional Comum Curricular, cuja carga horária não poderá exceder 1.800 horas do total do ensino médio (60%), será o meio para atingir os "direitos e objetivos de *aprendizagem*" em áreas do conhecimento: linguagens e suas tecnologias; matemática e suas tecnologias; ciências da natureza e suas tecnologias; e ciências humanas e sociais aplicadas (Brasil, 2017a). As únicas disciplinas obrigatórias na BNCC serão língua portuguesa e matemática (estas, nos três anos do ensino médio), inglês e arte.[2] Educação física, sociologia e filosofia não estão previstas como disciplinas do currículo, mas como "estudos e práticas" (Brasil, 2017a). Disciplinas e teorias consideradas "inúteis", não diretamente aplicáveis no mercado, ficam, portanto, excluídas ou relegadas a segundo plano. Pode-se levantar a

---

2 Inicialmente eliminada pela Medida Provisória enviada ao Congresso, a arte voltou a constar como disciplina obrigatória na versão final da lei, após protestos generalizados da sociedade. O mesmo não aconteceu, contudo, com a Sociologia e a Filosofia.

hipótese de que tal empobrecimento do currículo atenda à projeção de uma economia nacional baseada nos serviços urbanos de baixas qualificação e remuneração (Barreto Filho, 2017).

Não é apenas o currículo que é flexibilizado, mas a própria estrutura do ensino médio, que "poderá ser organizado em módulos e adotar o sistema de créditos com terminalidade específica" (Brasil, 2017a). Além da flexibilização, a reforma permite convênios com empresas de educação a distância (Brasil, 1996, art. 36 §11) e a contratação de "profissionais com notório saber" para a formação técnica e profissional, o que, sem dúvida, significa a abertura de um vantajoso mercado à iniciativa privada (Brasil, 1996, art. 61). Assim, não parece desinteressado o empenho do empresariado na aprovação da reforma do ensino médio e na elaboração da BNCC.[3]

A lei prevê a ampliação da carga horária anual do ensino médio, das atuais 800 horas para 1.400 horas, sendo que, dentro de cinco anos, os sistemas de ensino deverão oferecer 1.000 horas anuais. Institui, portanto, o ensino médio integral, embora não estabeleça prazo nem destine verbas para tanto (ainda mais, considerando o novo regime fiscal estabelecido pela recente Emenda Constitucional n. 95, de 15 de dezembro de 2016). Cabe atentar para o sentido do termo "integral", que se refere à carga horária, mas não à educação, no sentido de uma formação integral do ser humano, que inclua as dimensões cognitiva, ética, estética, física, psicológica e política. Na verdade, o "novo ensino médio" é parcial e lacunar do ponto de vista do currículo, mas, pode-se supor, integral no que se refere à peculiar subjetividade que pretende formar: a do indivíduo que aprende a aprender, se comporta como ator so-

---

3   Entre as iniciativas do empresariado no campo da educação, podem ser citadas, entre outras: o Movimento Todos pela Educação, criado em 2006, e o Movimento pela Base Nacional Comum, criado em 2013.

cial ou *protagonista* em todas as circunstâncias da vida, educação e política entre elas.

Por outro lado, com o currículo fragmentado e lacunar do ensino médio, a proposição "a educação ao longo de toda a vida", do *Relatório Delors*, parece assumir um segundo sentido, além desse segundo o qual o indivíduo/ator social aprende a aprender e segue se adaptando às instabilidade e mutações do mercado. A formação insuficiente de nível médio conduz, necessariamente, à necessidade de complementação dos estudos, no mesmo nível médio, ou à continuidade num ensino superior igualmente fragmentado e lacunar. A análise do discurso do poder, portanto, permite levantar a hipótese de que a precária formação de nível médio terá o efeito, não de barrar o acesso ao nível superior, tal como, no passado, pretendeu a profissionalização universal e compulsória em nível de 2º grau estabelecida pela Lei n. 5.692/1971 (Cunha, 2017), mas criar demanda para o ensino superior, ou mesmo o médio, privados, também de baixa qualidade. O egresso do "novo ensino médio", autorresponsável ativo pelo investimento em si próprio, seguirá pela vida, tentando sanar as sempre renovadas deficiências de formação, em benefício das empresas privadas de educação.

Em síntese, pode-se afirmar que, do ponto de vista do indivíduo, a reforma do ensino médio acentua mecanismos e processos que já operavam, pelo menos, desde a década de 1990, na formatação do *jovem protagonista*: conhecimento reduzido à aprendizagem - sem ensino - de habilidades; produção de uma subjetividade fundada na atividade e no ajustamento; prescrição do modelo empresarial, do *fazer* e negociar, ao comportamento individual. Do ponto de vista do sistema de ensino, a reforma amplia as possibilidades de participação da iniciativa privada no lucrativo mercado educacional.

Referências bibliográficas

AL-MUFTI, In'am. "Educação e excelência: investir no talento". In: DELORS, Jacques et al. *Educação: um tesouro a descobrir*. Relatório para a Unesco da Comissão Internacional sobre Educação para o Século XXI. 8ª ed. São Paulo: Cortez; Brasília, DF: MEC/UNESCO, 2003, p. 212-17.

ARENDT, Hannah. *A condição humana*. São Paulo: Forense Universitária, 2002.

BANCO MUNDIAL. *Relatório sobre o desenvolvimento mundial de 2007; o desenvolvimento e a próxima geração; visão geral*. Washington, DC: Banco Mundial, 2006.

BARRETO FILHO, Herculano. "Setor de serviços é o que mais emprega no Brasil, segundo IBGE". *Último Segundo*. 15 jan. 2017. Disponível em: <http://odia.ig.com.br/economia/2017-01-15/setor-de-servicos-e-o-que-mais-emprega-no-brasil-segundo-o-ibge.html>. Acesso em: 18 ago. 2017.

BELTRÃO, Rubem. "Um esconderijo dos movimentos estudantis na USP". *Desvios*, São Paulo, nº 4, jul. 1985, p. 76-91.

BRASIL. Lei Federal n. 9.394, de 20 de dezembro de 1996. Estabelece as diretrizes e bases da educação nacional. Disponível em: <http://www.planalto.gov.br/ccivil_03/leis/L9394.htm>. Acesso em: 18 ago. 2017.

_____. Lei Federal n. 13.415, de 16 de fevereiro de 2017a. Altera as Leis n. 9.394, de 20 de dezembro de 1996, que estabelece as diretrizes e bases da educação nacional, e 11.494, de 20 de junho 2007, que regulamenta o Fundo de Manutenção e Desenvolvimento da Educação Básica e de Valorização dos Profissionais da Educação, a Consolidação das Leis do Trabalho... Disponível em: <http://www.planalto.gov.br/ccivil_03/_Ato2015-

2018/2017/Lei/L13415.htm#art3>. Acesso em: 18 ago. 2017.

_____. Conselho Nacional de Educação. *Parâmetros Curriculares Nacionais:* Ensino Médio. Brasília: 2000. Disponível em: http://www.mec.gov.br. Acesso em: 23 maio 2005.

_____. Palácio do Planalto. Presidência da República. Secretaria Especial de Comunicação da Presidência da República. *Nota à imprensa.* 08 fev. 2017b. Brasília, DF. Disponível em: http://www2.planalto.gov.br/acompanhe-planalto/notas-oficiais/notas-oficiais-do-presidente/nota-a-imprensa-18. Acesso em: 17 ago. 2017.

CARDOSO, Irene. "A geração dos anos 60: o peso de uma herança". *Tempo Social*, São Paulo, nº 2, vol. 17, nov. 2005, p. 93-107.

CARVALHO, José Sérgio Fonseca de. *Construtivismo: uma pedagogia esquecida da escola.* Porto Alegre: Artmed, 2001.

CONFERÊNCIA MUNDIAL SOBRE EDUCAÇÃO PARA TODOS. *Declaração mundial sobre educação para todos: plano de ação para satisfazer as necessidades básicas de aprendizagem.* Jomtien, Tailândia, mar. 1990. Disponível em: <http://www.direitoshumanos.usp.br>. Acesso em: 22 maio 2004.

CORAGGIO, José Luís. "Propostas do Banco Mundial para a educação: sentido oculto ou problemas de concepção?". In: TOMMASI, Lívia De.; WARDE, Mirian Jorge e HADDAD, Sérgio (org.). *O Banco Mundial e as políticas educacionais.* 5ª ed. São Paulo: Cortez, 2007, p. 75-123.

CUNHA, Luiz Antônio. "Ensino médio: atalho para o passado". *Educação & Sociedade.* Campinas, SP, nº 139, vol. 38, abr./jun. 2017, p. 373-384.

DELORS, Jacques et al. *Educação: um tesouro a descobrir.* Relatório para a Unesco da Comissão Internacional sobre Educação para o Século XXI. 8ª ed. São Paulo: Cortez; Brasília, DF: MEC/ Unesco, 2003.

DESVIOS. *Dossiê: movimento estudantil hoje*. FFLCH/USP. São Paulo, nº 4, jul. 1985.

FERREIRA, Marcelo Urbano. "Movimento e movimentações estudantis na USP". *Desvios*, São Paulo, nº 4, jul. 1985, p. 72-75.

FORACCHI, Marialice Mencarini. *A juventude na sociedade moderna*. São Paulo: Pioneira/Universidade de São Paulo, 1972.

_____. *A participação social dos excluídos*. São Paulo: Hucitec, 1982.

GONÇALVES FILHO, Antônio. "Acima de tudo, uma rebeldia política". *O Estado de S. Paulo, Caderno 2*, São Paulo, 11 maio 2008, p. 201.

MARTINS, Luciano. "A Geração AI-5; um ensaio sobre autoritarismo e alienação". In: _____. *A "Geração AI-5" e Maio de 68; duas manifestações intransitivas*. Rio de Janeiro: Argumento, 2004, p. 11-115.

NETTO, Andrei. "Eles não queriam o poder, mas desacatá-lo". *O Estado de S. Paulo, Caderno 2*, São Paulo, 11 maio 2008, p. 193.

PAOLI, Maria Célia. "Apresentação". *Desvios*, São Paulo, nº 4, jul. 1985, p. 57-60.

REVAH, Daniel. *Construtivismo: uma palavra no circuito do desejo*. Tese (doutoramento em educação). FE/USP. São Paulo, 2004.

RIBEIRO NETO, Artur. "Um laço que não une mais". *Desvios*, São Paulo, nº 4, jul. 1985, p. 61-71.

RIVERO, José. *Educação e exclusão na América Latina: reformas em tempos de globalização*. Brasília: Universa/UNB, 2000.

RODRIGUES, Alberto Tosi. "Estudantes na política, em tempos de mobilização e crise". *São Paulo em Perspectiva*, São Paulo, nº 1, vol. 7, jan./mar. 1993, p. 138-44.

SADER, Eder. *Quando novos personagens entraram em cena; experiências, falas e lutas dos trabalhadores da Grande São Paulo, 1970-80*. 2ª ed. Rio de Janeiro: Paz e Terra, 1995.

SINPRO. Sindicato dos Professores de São Paulo. *MP do ensino médio é inconstitucional para Procuradoria Geral da República*. São Paulo, 21 dez. 2016. Disponível em: <http://www.sinprosp.org.br/noticias.asp?id_noticia=2568>. Acesso em: 17 ago. 2017.

SOUZA, Regina Magalhães de. *Escola e juventude; o aprender a aprender*. São Paulo: Educ/Paulus, 2003.

_____. *O discurso do protagonismo juvenil*. São Paulo: Paulus, 2008.

TELLES, Vera Silva. *Direitos sociais; afinal do que se trata?* Belo Horizonte, MG: UFMG, 1999.

TOURAINE, Alain. "Juventud y democracia em Chile". *Revista Última Década*, Valparaíso, Chile, nº 8, mar. 1998 p. 71-87. Disponível em: <http://www.cidpa.cl/wp-content/uploads/2013/05/8.4--Touraine.pdf>. Acesso em: 11 ago. 2017.

_____. *O retorno do actor: ensaios sobre sociologia*. Lisboa, PT: Piaget, 1996.

A racionalidade econômica no debate sobre o social

Márcia Pereira Cunha

O espraiamento do argumento da insustentabilidade econômica dos sistemas de proteção social pós-1970 dividiu autores a eles dedicados entre os que viam nas mudanças em curso ajustes necessários diante das novas exigências do cenário político-econômico (Pierson, 1994), abandono de um paradigma de políticas sociais em favor de outro (Gilbert, 2002) e os que questionavam a noção mesmo de crise do Estado de Bem-Estar Social e seu uso (Rosanvallon, 1997). Além desse tipo de análise com foco nas armações institucionais, desenvolveram-se também trabalhos que diagnosticavam formas mais sutis de transformação, fosse identificando-as em processos que, a despeito dos efeitos concretos, deixavam programas, políticas ou legislação inalteradas (Hacker, 2004), fosse chamando atenção para a introdução de novas lógicas na forma de executar políticas, em especial lógicas de mercado (Ferge, 1997). Embora esses trabalhos não necessariamente se comprometam com investigações sobre a construção de uma ordem neoliberal, é possível lê-los sob esse prisma, na medida em que descrevem dinâmicas por meio das quais se enraízam, nos diferentes contextos, traços identificados pelos estudiosos como fundamentais no neoliberalismo: a lógica do mercado, a predominância do argumento econômico em áreas não econômicas de intervenção, a ênfase na responsabilização individual por proteção contra riscos inerentes a uma ordem descrita como natural. O cenário brasileiro também já foi abordado sob essa perspectiva (Oliveira; Paoli, 1999; Diniz et. al., 1994). Mais recentemente, entretanto, as descontinuidades entre políticas governamentais adotadas nos anos 1990 e nos anos 2000 (governos Fernando Henrique Cardoso e o período do lulismo) talvez tenham sido de tal forma privilegiadas no campo analítico, que interrogações a respeito das linhas mais duradouras que estruturam alterações em curso em nossa recente democracia tenham acabado escanteadas.

O objetivo desse texto é retomar esse período a partir da hipótese de que ao longo dos anos 1990 tenha se produzido uma racionalidade que se cristalizou nas formas de pensar e tratar dos problemas sociais. Ela resulta da combinação de uma cruzada privatista e contra o Estado, já apontada desde aqueles anos por muitos autores, com outro aspecto menos abordado, relativo à mobilização de argumentos, noções e instrumentos vindos da economia. Não se trata de uma lógica disseminada por economistas exclusivamente, nem decorrente do transbordamento de certas doutrinas econômicas diretamente para o campo das relações sociais e políticas (que levaria à qualificação desta economia: neoclássica ou algo que o valha). A proposta, aqui, aproxima-se mais dos estudos que identificam a crescente participação dos economistas em áreas não-econômicas (Almeida, 2008), as formas pelas quais problemas econômicos ganharam centralidade nas formas públicas e coletivas de experiência social (Heredia, 2017) e como termos e ideias vindos dessa esfera específica se massificam no vocabulário e vida cotidianos (Neiburg, 2004). No caso dos problemas sociais, a necessidade de demonstrar a relevância ou sustentabilidade econômica de determinada política para defendê-la, ao lado de justificativas e emprego de mecanismos de gestão em que meios e fins se encerram no indivíduo parecem ser traços que permaneceram no debate público, suscitando interrogações de porquê e com quais efeitos. Com base em pesquisa documental e reconstituição do contexto político de então, pretendemos identificar as condições que concorreram favoravelmente para essa configuração. Embora esse processo se desenvolva também por meio da interação entre instituições nacionais e internacionais, a opção foi por privilegiar o plano interno, trazendo essas últimas ao proscênio apenas pontualmente.

O texto está dividido em três partes: a primeira trata dos discursos públicos acerca das relações entre problemas econômicos e sociais ao longo do regime militar. Período de importante desenvolvimento da economia como campo de conhecimento e de gestão pública, nesses anos, o social e o econômico foram frequentemente ligados nos discursos do regime, mas preservados em suas especificidades. Essa distinção é que parece ser alterada nos anos seguintes, configurando a tendência de progressiva presença do econômico no social. As condições que favoreceram essa entrada são objeto da segunda seção. Nela apresentamos, de forma sucinta, três focos organizadores dos esforços de atores sociais comprometidos com a mobilização de elementos econômicos no social, na virada para os anos de 1990: a produção institucional-discursiva em torno do Comunidade Solidária (órgão central da política social dos governos Fernando Henrique Cardoso – 1995-99, 1999-02), o investimento em técnicas quantitativas para a abordagem de problemas sociais e os debates em torno das primeiras propostas de adoção de políticas focalizadas. Independentes e, por sua vez, também devedores de processos passados, foram fundamentais na produção de discursos difusores de certas noções acerca de temas como papel do Estado, participação e direitos sociais, desigualdade e Bem-Estar Social. Em conjunto, produziram ressignificações do passado, ao mesmo tempo em que ofereciam o repertório que prometia, com ênfase no emprego de meios técnicos e científicos, garantias do que, parte de seu argumento, a política não lograra assegurar. Essa análise constitui a terceira parte do capítulo. Da perspectiva aqui adotada, trata-se da constituição de formas individualizadoras de abordar os problemas sociais, baseadas em lógica de custo-benefício e que dissimulam processos históricos e escolhas políticas. Acreditamos que esses marcos incidem sobre mudanças que vão se observar nos anos 2000 e devem ser incorporados à análise do atual cenário político-social.

Relações históricas entre o social e o econômico

Quando concluiu sua análise sobre o desenvolvimentismo brasileiro, Bielschowsky (2000) provavelmente não imaginasse que essa bandeira voltaria a ser reivindicada nos anos 2000. No plano do pensamento econômico, dizia o autor, essa escola já estava em declínio desde o início da década de 1960. Por outro lado, é possível afirmar que – antes dessa retomada – as noções de desenvolvimento e modernização tenham continuado em voga como parte do ideário político social pelo menos até meados dos anos 1980. Passados os anos de agitação em torno de temas sociais do período João Goulart (196-64), os problemas de pobreza e desigualdade voltavam a ser, com os militares, sinônimo de subdesenvolvimento. O Programa de Ação Econômica do Governo (Paeg), primeiro documento do governo Castelo Branco (1964-67), traduz o significado deste entendimento e o consequente lugar reservado aos temas sociais naquele contexto. Na chave dicotômica do desenvolvimento/subdesenvolvimento, as desigualdades eram tematizadas como desníveis ou desequilíbrios entre regiões do país ou setores da economia, isto é, como efeitos das diferenças entre regiões e setores em estágio avançado ou retardado de industrialização, ou, "modernos" e "atrasados". No rol de políticas propostas, o trabalhador aparecia tanto como mão-de-obra a ser qualificada como futura beneficiária do progresso alcançado.

Foi no período subsequente, 1967-73, anos de crescimento e expansão da economia, que a transformação social forneceu elementos sobre os quais se construiu a nova formulação. Enquanto vigia o chamado "milagre econômico", sustentava-se a lógica do esforço presente em nome de benefícios futuros. No início dos anos 1970, no entanto, análises estatísticas mostraram que ao longo da década anterior, o Brasil não só não realizara o previsto, como evoluíra em direção contrária, concentrando renda.[1] Esta descoberta, repercutindo no plano internacional e internamente, teve efeitos sobre o debate acerca dos problemas sociais, bem como sobre as políticas a eles dirigidas. O primeiro desses efeitos foi o enfraquecimento da ideia de que desigualdade e pobreza eram expressão de um atraso que seria solucionado com o alcance das áreas ou grupos mais pobres pela defendida modernização em curso. Toma corpo, então, o que ficou nomeado como a "controvérsia sobre concentração de renda" (Tolipan e Tinelli, 1975). De um lado, passou a alvo de crítica o modelo de desenvolvimento implementado no país: ele não só não distribuía o "bolo", como também era produtor de desigualdades. Os críticos da política governamental apontavam, nas escolhas e concepções que as fundamentavam, a explicação para seu agravamento. Seria necessário, portanto, revê-las. De outro, o governo insistia em cravar

---

[1] A abertura deste debate pelas divergências entre Albert Fishlow (1972) e Carlos Langoni (2005[1974]), bem como seus desdobramentos (Castro, 1971; Malan e Wells, 1973; Malan, 1974; Valladares, 1991) também são conhecidos. Como a opção, aqui, foi por evidenciar os contornos gerais da mudança nos termos predominantes, parece suficiente apenas citar a polêmica.

a disputa no campo técnico, fosse por meio de personagens como os ex-ministros Roberto Campos e Mário Henrique Simonsen, mencionando problemas de qualidade comuns a dados censitários (Veja, 1972), fosse lançando mão de interpretações que desviavam o foco do cenário macro para características dos atores individuais, ao modo da – ainda recém-desembarcada no Brasil – teoria do capital humano convocada no episódio.[2]

> Os números sobre a distribuição de renda indicam que o Brasil está apenas pagando o preço do seu desenvolvimento. Uma tabela mostra que o índice de concentração nas indústrias tradicionais é muito menor do que nas indústrias modernas, que exigem um [trabalhador] mais qualificado. (§) Mas qual país de bom senso abdicaria do privilégio de instalar uma indústria automobilística só porque ela não distribui com justiça a renda entre seus empregados?[3]

No que se refere à política pública, a resposta do governo apareceu em 1974, com o II Plano Nacional de Desenvolvimento (II PND), também representativo da nova inflexão nas formas de tratamento dos problemas sociais. Compreende-se porque nele, mesmo que de forma híbrida, a desigualdade e a pobreza estejam tematizadas como problemas que devem receber políticas específicas. Não se tratava mais de subordiná-los ao sucesso de estratégias adotadas no campo econômico. O que o II PND trouxe, nesse aspecto, foi a menção nitidamente mais frequente ao "social" (Augusto, 1989, p. 4), afirmando que "será executada, no próximo estágio, política social articulada, que não constitua simples consequência da política econômica, mas objetivo próprio" (Brasil, 1974, p. 71).

---

2   Ver nota anterior. Para nuances da adoção deste conjunto de ideias entre técnicos de governo brasileiros, ver Cunha, 2018.
3   "A renda dos brasileiros", *Revista Veja*, 7 de junho de 1972.

O objetivo é o de "redução substancial da 'pobreza absoluta', ou seja, do contingente de famílias com nível de renda abaixo do mínimo admissível quanto a alimentação, saúde, educação, habitação" (Brasil, op.cit, p. 71). A menção à pobreza – neste trecho "absoluta" e em outros como "bolsões de pobreza" (ibidem, p. 71) – além de uma novidade em relação ao PAEG, corrobora a afirmação de objetivos específicos da política social: tratava-se de reforçar a distinção entre as questões sociais e as questões econômicas.

Percebe-se, então, que a partir do momento em que o arcabouço que dava nome e conteúdo aos problemas sociais na arena pública é atravessado por novas significações que o fragilizam em sua inteireza, outros termos e sentidos estão propensos a disputar por predominância (Campbell, 2002; Sikkink, 1991). Daí que o debate em torno da concentração de renda, abalando as referências anteriores de subdesenvolvimento e atraso, tenha também aberto espaço para outras formas de nomear e conceber os problemas sociais. O contexto de lançamento do II PND é o mesmo de surgimento de movimentos contra o aumento do custo de vida e a carestia, por melhor transporte público, por saúde, por moradia e contra o desemprego ao redor do país (Moisés, 1982; Souza, 1982; Doimo, 1995) e é neste bojo que uma nova perspectiva será concebida e gradativamente mais empregada nos anos seguintes.

O agravamento dos problemas econômicos então enfrentados (inflação, crise da dívida, estagnação) não impediu a mobilização de grupos em torno da construção de agendas para a transição política iminente. Sindicatos e organizações locais, como as Comunidades Eclesiais de Base, sociedades de amigos do bairro, grupos de mulheres e jovens organizados nas periferias das grandes cidades formulavam demandas a partir de suas experiências cotidianas, como já registrado por ampla literatura (Brant e Singer, 1980; Sposito, 1993; Kowarick, 1994; Sader, 1988). Refleti-las significava dirigirem-se a áreas setoriais diversas, o que produzia abordagem multifacetada das causas e soluções relativas à pobreza e à desigualdade. Os problemas sociais atingiram politização inédita, desde o início do período de repressão à organização da sociedade civil.[4] Eles eram entendidos, nas falas e discursos desses atores, como resultado de escolhas e decisões políticas entre interesses conflitantes de grupos em disputa. A formulação predominante os tratava, então, como expressão de injustiça, produto de um processo histórico de exploração e violência contra grupos pauperizados. Daí o tema da garantia de proteção social como direito da população e dever do Estado, envolvendo políticas e discursos dos trabalhos da Assembleia Nacional Constituinte, já na Nova República, até a promulgação da Constituição Federal de 1988.

Apesar da força da mobilização do período, ela nunca esteve livre de resistências, ataques e boicotes. Planos de governo[5] combinavam elogios às formas de participação e serviços comunitários, de um lado, e afirmações de ineficiência e excesso de burocratização das instituições públicas, por outro. Avaliações do texto final da Constituição indicavam conquistas e derrotas e se davam em cenário de desmobilização dos movimentos e descumprimento da legislação aprovada (Raichelis, 1998; Doimo, 1995; Fagnani, 2005). O terreno em que se davam tais enfretamentos movia-se, entretanto, de forma muito mais profunda e complexa do que o solo em que as transmutações anteriores se deram. O traço distintivo

---

4 Neste momento, o termo sociedade civil era empregado em oposição justamente ao "militar" que qualificava o regime alvo das contestações em voga. Esse sentido tende a se ampliar, nos anos de 1990, quando passa a designar a reunião de pessoas organizadas em instituições ou grupos para atuação conjunta em prol de causa comum e de interesse público (Fernandes, 1994; Landim, 1998; Gomes, 1999).

5 Especialmente o III PND (1980-85), I PND da Nova República (1986-89) e Plano de Ação Governamental (1987-91).

desta que se processava era a alteração de fundo da relação entre as dimensões social e econômica dos problemas. Isto é, no percurso descrito até aqui é possível perceber que as questões econômicas sempre tiveram relevância para a discussão dos problemas sociais, não sendo esse, portanto, o ponto. A questão é que, no passado, apesar da proximidade e intersecção entre as áreas social e econômica, os discursos e intervenções relativos a elas tratavam-nas como independentes uma da outra. Entendidos, os problemas, como subdesenvolvimento ou atraso, sua resolução foi apresentada como consequência de futuros crescimento econômico e modernização da sociedade; como concentração de renda, tornaram-se alvo de políticas sociais com objetivos próprios; como expressão de injustiça social, passaram a requerer oferta estatal de bens e serviços garantidores dos direitos de cidadania. A singularidade da área social foi preservada e suas disputas formuladas em termos crescentemente politizados – em uma perspectiva otimista, potencialmente democráticos.

A abordagem que se configura em meados dos 1990, diferentemente, mobiliza noções e ferramentas oriundas ou passíveis de emprego no campo dos problemas econômicos para tratar dos problemas sociais. Para explicitar: para fazer parte do debate sobre os problemas sociais, passou a ser cada vez mais necessário mobilizar esse novo repertório de tipo econômico. Reverberando a afirmação – já corrente no plano internacional – de insustentabilidade econômica dos sistemas de proteção social, o argumento da responsabilidade[6] no controle

---

6 Em pronunciamento em rede nacional de rádio e televisão, o presidente José Sarney, afirmando ser seu "dever de Presidente da República pedir a atenção dos senhores Constituintes para estas considerações", alerta para o risco de ingovernabilidade do país em função da amplitude dos direitos previstos na Constituição em fase de elaboração: "Em suma: os brasileiros receiam que a Constituição torne o País ingovernável. E isso não pode acontecer. O País sabe que nós não dispomos de recursos suficientes para atender a todas as

das contas públicas abriu espaço para a utilização de termos e instrumentos que pleiteavam a competência para assegurá-la. Que outro arsenal seria mais adequado para solucionar o descontrole econômico, que não o de seus especialistas? Aceito o argumento, abre-se um campo especializado em depurar, quantificar e localizar fenômenos sociais, permitir o cálculo dos custos implicados em seu tratamento e avaliação dos resultados, a partir dos mesmos parâmetros econômico-quantitativos do custo-benefício que, supomos, altera as formas de pensar, tratar e falar de tais questões: no plano das disputas entre conceitos e abordagens, as formas de enunciação dos problemas e de defesa das políticas consideradas mais adequadas eram tanto mais poderosas quanto mais mobilizassem léxico, técnicas e argumentos que atendessem a objeções ou questionamentos econômicos. Impulsionado e acolhido sob justificativa de necessidades práticas, concretas, esse processo vai se dando de maneira discreta, mas contínua. Esse movimento não se dá de forma isolada e automática, articulando-se com condições que jogam a seu favor. Três processos aparentemente independentes, mas afins, nos parecem centrais nessa dinâmica: as operações discursivas e institucionais no âmbito do Programa Comunidade Solidária – central na política social desenvolvida nos governos Fernando Henrique Cardoso (1995-99; 1999-2002) –, investimentos em formas quantitativas de tratamento dos problemas sociais e o desenvolvimento de políticas focalizadas.

Transição institucional-discursiva

Contra o público, o privado

No plano institucional, a criação do Programa Comunidade Solidária repercutiu diferentemente sobre duas instituições tam-

---

necessidades e finalidades do Estado" (Brasil, s/d, p. 368, 370). Para rica reconstituição do contexto, ver Fagnani, 2005, p. 347 e ss..

bém distintas: o recém-criado Conselho de Segurança Alimentar (Consea) e a Legião Brasileira de Assistência (LBA). O Consea tem origem em período intermediário entre o *impeachment* do presidente Fernando Collor de Mello e a eleição de Fernando Henrique Cardoso. A informação de que 32 milhões de brasileiros passavam fome no Brasil, produzida por estudo denominado "Mapa da Fome: subsídios à formulação de uma política de segurança alimentar" (Peliano, 1993), impulsionou iniciativas que propunham esse problema como prioridade social do governo Itamar Franco (1992-94).[7] A principal entre elas foi a Ação da Cidadania contra a Fome, a Miséria e pela Vida, campanha nacional de arrecadação de alimentos coordenada por organizações da sociedade civil. O Consea representava a consolidação dessa prioridade no plano governamental. A LBA, diferentemente, fora criada em 1930 e, sempre presidida por primeiras-damas, remetia a forma filantrópica e caritativa de intervenção estatal. O primeiro ato do governo Fernando Henrique Cardoso tratou de fechar a LBA e criar o Comunidade Solidária,[8] servindo de demonstração do discurso governamental, segundo o qual uma nova era de intervenção sobre o social tinha início: de superação da filantropia amadora e ineficiente para a

---

7   A prioridade ao enfrentamento da fome era também discutida por outros grupos em outros espaços mobilizados neste mesmo contexto: a Frente Nacional de Prefeitos, coordenada pela então prefeita de São Paulo, Luiza Erundina, apresentou ao presidente, entre outras demandas, um pedido de descentralização dos processos de gestão da distribuição da merenda escolar, que havia sofrido duro golpe com corte orçamentário levado a cabo pelo presidente Collor. O governo paralelo do Partido dos Trabalhadores entregou a Itamar Franco uma proposta de criação de um conselho de segurança alimentar e, finalmente, o Movimento pela Ética na Política, originado em função da campanha pró-*impeachment* decidiu dar continuidade à sua mobilização por meio de ações de combate à fome.

8   A Medida Provisória 813, de 1 de janeiro de 1995, instituiu o Programa e extinguiu a Legião Brasileira de Assistência (LBA) e o Centro Brasileiro para Infância e Adolescência (CBIA), vinculados ao Ministério de Bem-Estar Social, substituído, por sua vez, pelo Ministério da Previdência e Assistência Social.

gestão profissionalizada e eficiente. O tratamento mais titubeante em relação ao Consea é significativo do movimento de transição. Num primeiro momento, houve acenos, pelo novo presidente, de continuidade e ampliação de suas ações, o que não se confirmou, sendo o conselho extinto.[9] Por outro lado, dois dos principais nomes da Ação da Cidadania foram incorporados ao Comunidade Solidária, sugerindo continuidade programática: sua principal liderança, Herbert de Souza, foi nomeado conselheiro do Programa e Anna Peliano, responsável pelo Mapa da Fome e à frente de inúmeras ações à época da Ação da Cidadania, assumiu a Secretaria Executiva. Esta estava alocada na Casa Civil e era responsável pela coordenação de ações prioritárias para enfrentamento de problemas sociais pelos ministérios. O Conselho Consultivo, presidido pela primeira dama Ruth Cardoso, reunia, além de representantes da burocracia estatal, personalidades da sociedade civil para o desenvolvimento de ações nessa esfera (Draibe, 2003). Apesar dessa composição, o discurso oficial negava sua designação como um programa governamental, sob alegação de ser uma estratégia (por isso, não um programa) e uma parceria entre Estado e sociedade civil (por isso, não de governo).

No nível discursivo, a ideia de novidade articulava duas imagens de referência ao Estado: o Estado "falido" e o Estado "parceiro". Embora ligadas (a parceria se justifica pela falência), cada uma trazia representações específicas. A de Estado falido (gigante, pesado, burocrático, ineficiente) nomeava uma experiência de má qualidade de serviços públicos que era real, explicando-a, entretanto, em termos de uma incompetência apresentada como definidora do estatal. Acolhia, dessa forma, um sentimento difuso de depreciação

---

9 O hoje chamado Conselho Nacional de Segurança Alimentar e Nutricional foi reativado em 2003.

e rejeição ao que se relacionasse com o público. Esta narrativa era reforçada por sua outra face, a de elogio à eficiência e qualidade, apresentadas, de forma oposta, como definidoras do privado.[10] A imagem do Estado parceiro, por sua vez, produzia e ecoava um enquadramento anti-político dos problemas sociais, afirmando que essas instituições incompetentes deveriam aprender com a criatividade e a flexibilidade da sociedade civil. A solidariedade natural do brasileiro seria potencializada na colaboração com o Estado, na postura propositiva em lugar de atitudes passivas e interpeladoras, ditas como típicas das formas de participação do passado. A referência aos movimentos sociais dos 1970/80 era evidente.

Esse discurso recebia complementação prática por meio de outra dimensão da construção institucional. É desses anos o incentivo estatal para o desenvolvimento do terceiro setor que, àquela altura, reunia pluralidade de organizações sociais sem fins lucrativos das mais diversas naturezas e histórias: locais vindas de movimentos populares, nacionais criadas em empresas, financiadoras internacionais (IBGE *et al*, 2002; Peliano, 2000, CEATS/USP *et al*, 2000, Goldberg, 2001).[11] Esse novo espaço institucional combinava-se ao esforço governamental na medida em que seus atores atuavam nos

---

10 Outra nota contextual: este foi o período, também, de investimento no que o governo chamou de reforma do Estado burocrático em gerencial (Pereira, 1998). Apesar da evidente proximidade entre essa diretriz e o discurso sobre o Estado falido – o que realça a insistência do Comunidade Solidária na afirmação de que não era um programa do governo –, não nos deteremos sobre ela, privilegiando os termos utilizados na área social especificamente.

11 Neste ponto citamos apenas levantamentos e mapeamentos que dão conta do surgimento de organizações compreendidas como parte ou relacionadas ao terceiro setor, embora haja robusta bibliografia dedicada. Além da definição de Fernandes (1994), os trabalhos de Landim (1993a, 1993b,1998, 2000) também são referência entre os esforços para compreender a emergência desse campo, os trabalhos de Szazi (2003) para sua legislação, os de Fischer e Falconer (s/d) para atuação empresarial, o de Montaño (2002) para sua crítica, entre outros.

níveis locais levando esse ideário e multiplicando-o (termo também nativo) por meio de ações e estratégias criadas por eles próprios. Práticas de planejamento coletivo para a resolução de problemas comuns, por exemplo, andavam no limite entre um discurso de valorização da comunidade (passível de referência ao passado) e o de "arregaçar as mangas" para realizar as mudanças desejadas (remetendo à então enfatizada responsabilidade de cada um diante da falência do público).[12] A valorização quase fetichizada de práticas avaliativas podia aproximar-se do ideário de controle social, forte dos anos de redemocratização aos de criação de conselhos no pós-Constituição, mas estimulou e incorporou-se, de forma muito mais incisiva, à consolidação de um mercado de *experts*, técnicas e discursos sobre avaliação de políticas e projetos[13] que aumentava o distanciamento entre as propaladas falta de rigor e competência das instituições públicas e aplicação dessas novas instituições "privadas, porém públicas" (Fernandes, 1994), em uma forma de intervenção profissionalizada.

Quantificar, medir e calcular

Na virada dos anos 1980 para os 1990, instituições de governo foram palco de investimentos em formas que se pretendiam mais científicas de tratar os problemas sociais. Só no Ipea (Instituto de Pesquisa Econômica Aplicada, um dos mais importantes órgãos estatais de produção de conhecimento para políticas públicas), é

---

12 Um dos *slogans* do Comunidade Solidária era a expressão "Cada um faz a sua parte". Ele é um bom exemplo do deslizamento de sentidos ocorrido entre a Ação da Cidadania e ele. Herbert de Souza aparecia em chamadas de divulgação da campanha contando uma parábola sobre um beija-flor que, sozinho, carregava gotas de água para apagar um incêndio. A mensagem era a mesma, ainda que seus usos em cada contexto sejam passíveis de diferenciação.

13 Faria (2005) reconstitui a consolidação do campo de avaliação de políticas públicas, a partir da década de 1990, contexto que influencia igualmente a corrida avaliadora entre organizações do terceiro setor (Cunha, 2010).

possível destacar ao menos dois deles. O primeiro responde a encomenda, feita pelo Banco Mundial à sede carioca do instituto, de estabelecimento de uma linha de pobreza, em 1988. O segundo consistiu em trabalho de mapeamento da população vulnerável ao problema da fome, desenvolvido por equipe do Ipea em Brasília, em conjunto com a Cepal, que resulta, em 1992, no Mapa da Fome, mencionado há pouco. As duas iniciativas, aparentemente similares no tipo de propósito, produziram intensas divergências entre os profissionais envolvidos em cada uma (Cunha, 2012: 186 ss.). Não sendo intenção explorar diferenças metodológicas e de resultados entre uma e outra, elas têm interesse como representativas que são do enfrentamento entre perspectivas distintas a respeito das formas de tratamento dos problemas sociais.

No caso da linha de pobreza, a motivação se originava na leitura que seus proponentes faziam daquele contexto: o agravamento das desigualdades e níveis de pauperismo chegara a patamar que exigiria intervenção. Dimensionar tais problemas fazia parte da preparação das formas de gerir e controlar a situação. Considerando o cenário politizado de construção e publicização de demandas sociais em que essa encomenda tem origem, salta aos olhos o flagrante descompasso entre eles. Ela ganha coerência, entretanto, na perspectiva dos protestos, de que o Banco vinha sendo alvo, que denunciavam os efeitos desastrosos da adoção das medidas impostas por ele e outras organizações financeiras internacionais, em especial o FMI, por meio das políticas de ajuste estrutural ao longo da década de 1980.[14] Falando com Callon (2007), os instrumentos carregam consigo uma racionalidade própria que incide sobre os meios em que são empregados e a ideia de linha de pobreza car-

---

14 A campanha *50 years is enough*, quando do aniversário da Conferência de *Breton Woods* e criação do Banco Mundial e do FMI, é resultado da conjunção dessas críticas (Danaher, 1994).

rega a noção de mínimos, de precariedade extrema e de recorte produzindo uma concepção de ação afim a esses parâmetros (Bulmer *et. al.*, 1991; Haking, 2000). Poderíamos apontar esses traços também no Mapa da Fome, mas seu uso teve objetivo deliberadamente oposto, de propor uma agenda pública de maneira pública, isto é, dar visibilidade ao problema e implicar, mobilizar a população (Telles, 1998; Landim, 1998). Quando mencionada, a dimensão técnica era colocada como a serviço de um ideal de sociedade referido ao universo dos direitos sociais, às lutas para reivindicá-los. Nesse sentido, a Ação da Cidadania e o Mapa da Fome potencializavam mais ambivalências que a linha de pobreza. O que impregnava os primeiros das marcas de seu tempo era a reivindicação das formas de movimentação do passado (a formação de comitês locais para arrecadação de alimentos, por exemplo) mas empregando recursos afeitos à abordagem que estava se consolidando: a escolha de um problema extremo, sua quantificação e localização, produzindo dele – mesmo que involuntariamente – uma representação reificada. Estas características os assemelhavam às abordagens despolitizadoras que se imporiam na segunda metade dos 1990, tornando-os presa fácil das ressignificações empreendidas. De qualquer maneira, embora a mobilização pública em torno dos números do Mapa da Fome não tenha deixado dúvidas sobre o poder comunicador de uma cifra como essa, as querelas (principalmente técnicas, como dissemos) em torno dela não ultrapassaram as salas dos especialistas.

Diferente destino teve a produção de outro recurso de medição aplicado ao terreno dos problemas sociais, o Índice de Desenvolvimento Humano (IDH). Além do lugar dessa criação em um contexto político mais amplo (Stokke, 2009; Maranhão, 2016), interessa-nos o esforço de sua disseminação e a pedagogia que ele implica. Em meados dos 1990, o escritório do PNUD no Brasil dedicou-se a sua divulgação de modo que a cobertura do assunto pela imprensa tenha resultado em aproximadamente 80 páginas de jornal e duas horas e meia de mídia espontânea em cadeia nacional, sem contar a cobertura por redes regionais (Cunha, 2012). Sendo possível calcular o índice para países, estados e municípios, no Brasil, ele acabou assumindo a equivalência de uma nota dada ao nível de bem-estar do país ou de qualquer outra unidade geográfica em questão. Diferentemente de outros índices em que um valor alto pode significar uma situação negativa,[15] no IDH a relação era direta: quanto maior, melhor a situação do local avaliado; quanto menor, pior. Essa característica certamente facilitava sua rápida compreensão e a apreensão do sinal positivo ou negativo que ele imprimia. Não por acaso, gestores públicos reagissem a oscilações de sua posição nos *rankings* criados e divulgados.[16] Embora tenha se apresentado como parâmetro de avaliação mais adequado que o PIB, baseado em uma concepção de desenvolvimento mais rica que a meramente econômica, espelhava e impunha a mesma lógica de síntese e medição, mas agora para o tratamento dos problemas sociais; esta sim, sua novidade.

O destaque da experiência brasileira entre os países que aderiram à ideia do IDH apoia-se na evolução do emprego de técnicas quantitativas na arquitetura das formas de intervenção pública no social. Nessa história, é curioso observar, por exemplo, que nos anos de II PND, a proposta de criação de um sistema de indicadores sociais tenha problematizado as possibilidades e limites de adoção das orientações de organizações internacionais diante das especifi-

---

15 A exemplo de outro índice calculado pelo próprio PNUD, o Índice de Pobreza Humana, criado em 1997.

16 "ONU erra relatório e desagrada presidente", FSP – Brasil, 14 de junho de 1997. In: http://www1.folha.uol.com.br/fsp/brasil/fc140620.htm. Acesso em 01/12/2017.

cidades históricas, políticas e culturais brasileiras (Ipea, 1976). Se os trabalhos recém-citados em torno da linha de pobreza e do Mapa da Fome podem ser vistos como representativos de uma transição também neste campo – o Mapa com intenção de politizar a fome e a linha com intenção de cientificizar a pobreza – o argumento pró-técnica ganha força com o desenvolvimento de novos e mais sofisticados recursos e instrumentos matemáticos e estatísticos. Torna-se possível e cada vez mais comum calcular a maior ou menor probabilidade de um indivíduo ser pobre, segundo suas características pessoais ou familiares, e localizá-los territorialmente. Os pressupostos destas operações, entretanto, são apagados pela promessa da objetividade: a escolha das variáveis, as formas de trabalhar com elas e a própria ideia de que determinado problema social possa ser suficientemente definido pela combinação de traços de perfil.

Estudo de 1999, produzido pelo Ipea é exemplo de linha de trabalhos que se desenvolveu com este entendimento: seu título – Incidência e natureza da pobreza entre idosos no Brasil – e objetivo – "realizar uma análise descritiva aprofundada da estrutura da pobreza entre os idosos no Brasil em 1997, investigando a incidência e a natureza desta pobreza e o impacto que a presença e a renda dos idosos têm sobre a pobreza dos demais membros da sociedade" – (Barros; Mendonça; Santos, 1999: 1) introduzem a particularidade da abordagem. O foco do trabalho é delimitado sobre um grupo específico, os idosos, e a pobreza compreendida como fenômeno igualmente restrito, portador de uma natureza própria e descritível e cuja ocorrência é passível de previsão via cálculo. A pobreza é, assim, apresentada como objeto quase palpável, com estrutura que a define e, nesse caso específico, com particularidades delimitadas pelo público por meio do qual se manifesta. Assim como o idoso é definido por sua faixa etária, a pobreza é definida por determinada linha de pobreza escolhida pelos autores. Definidos isoladamente de outros elementos, idosos e pobreza serão confrontados nesse ambiente hipotético, com a inserção controlada de outras variáveis ou subcategorias, conforme o estudo requeira ou permita. As operações dos autores permitem-lhes, a cada passo, dar informações como as de que até os 60 anos, a renda de um indivíduo cresce para depois, declinar; que a desigualdade de renda é maior entre idosos que entre não idosos; ou que os não idosos sofrem mais "os efeitos da pobreza" (idem: 12) que os idosos. Cor, gênero e escolaridade também são testados sobre grupos de idosos e não idosos, de modo que se chegue à conclusão de quais variáveis produzem maior ou menor incidência de pobreza sobre cada um deles. Os subgrupos recebem, ainda, mais subdivisões, que, por vezes, apresentam resultados distintos daqueles obtidos com as primeiras divisões. A reunião dessas informações forma as conclusões do estudo, num retrato claro e exato do que seja a pobreza dos idosos.

É estabelecida, assim, uma definição de pobreza, ela mesma, resultado de uma operação matemática: a soma das pobrezas individuais, cujos determinantes são, também, as características dos indivíduos, e dos grupos que formam, somadas. Na perspectiva de sua quantificação são desconsideradas as relações sociais e políticas que se dão em torno dela, tratando-se, portanto, de uma pobreza descolada de um contexto em que se entrelaçam escolhas e decisões de diversos atores. Ela é menos um fenômeno que exige interrogar a sociedade e mais um problema a ser resolvido com precisão cirúrgica, indo-se direto ao ponto definido pela demonstração exata dos números. Poderíamos acrescentar que a depuração da "pobreza" chega a reduzi-la, por fim, ao "pobre", o "público alvo".

Focalizar

Se a produção especializada oscila entre a restrição às salas dos *experts* e o investimento em divulgação e disseminação, sua operacionalização em políticas, (juntamente com novas discussões públicas a respeito delas) também contribui para a transformação das abordagens. Não é casual, portanto, que nesse mesmo cenário tenha se dado o debate acerca das justificativas e significados da adoção de políticas focalizadas e de sua relação com políticas universais. Pertencentes ao universo referencial dos direitos sociais acessíveis a todos de forma igualitária, a defesa dessas últimas insistia na construção política e institucional para sua efetivação. Aquelas, ainda que com base em argumentos diversos, inegavelmente introduziam forma distinta de pensar a questão da garantia de direitos e, consequentemente, os problemas sociais que a suscitavam. Em diferentes medidas, endossavam o diagnóstico do malogro do projeto de construção de um Estado de Bem-Estar Social a que a ideia de falência dava forma. Grosso modo, dois entendimentos distinguiam os defensores das políticas focalizadas: os que as viam como complementares às políticas universais e os que as viam como modelo mais eficiente de intervenção estatal. Na chave da complementaridade, defendia-se a manutenção da política universal, implementando-se, em seu interior, políticas específicas para grupos identificados como em situação de maior carência.

> (...) as políticas sociais caracterizam-se por serem especializadas na atuação e genéricas na clientela. Quando se pensa em saúde, temos que pensar em saúde para todos; quando pensamos em transporte, pensamos em uma política de transporte para todos. Uma política de combate à pobreza tem que ser genérica na atuação, envolvendo as diversas áreas, e específica na clientela: a população mais pobre. (...) Se dizemos que o acesso ao ensino primário está universalizado, lembro que apenas o fornecimento de escola e de professores qualificados não garante o acesso das populações mais pobres. Precisamos pensar no transporte, na saúde dos alunos, na alimentação, no livro didá-

tico, em uma série de atividades que têm que ser direcionadas e tratadas diferentemente para que essas populações possam ter acesso às políticas universais. Isso muda totalmente o enfoque. Focalização não é para excluir determinados segmentos. Focalização nos pobres é para inseri-los nas políticas universais (Anna Peliano, em depoimento no Congresso Nacional, 21.09.1999, apud Resende, 2000).

De outro lado, a mesma expressão – focalização – designava outra concepção de política social, esta renovada e apta a sobreviver no novo cenário, ou seja, focalização como opção racional para utilização ótima de recursos escassos. No caso de transferência de renda, os adeptos dessa visão afirmavam que eficiência estaria no atendimento mais barato possível para diminuir da forma mais intensa possível, o número de pobres. Formulações desse tipo começavam a se tornar mais frequentes nos jornais e na televisão e a avaliação de intervenções públicas, como prova de boa gestão, era dada por satisfatória ao apresentar, grosso modo, a relação entre o montante de recursos públicos aplicados e o número de pessoas saídas da pobreza, o número de famílias com crianças na escola ou de outros resultados semelhantes, numa ligação direta entre objetivo anunciado da política e seu efeito. Nesse contexto, a afirmação que tornou o economista Ricardo Paes de Barros conhecido do grande público, segundo a qual os pobres seriam mais beneficiados se o dinheiro gasto em políticas sociais fosse jogado de um helicóptero,[17] pôde ser plenamente compreendi-

---

17 "Se todos os recursos usados nas políticas sociais do Brasil fossem jogados de um helicóptero, os pobres teriam mais chances de recebê-los do que da maneira como são aplicados hoje" ("Diretor do IPEA diz que políticas sociais não ajudam quem precisa", FSP-Brasil, 18/10/2000). Na ocasião, sua análise dizia respeito a um problema sobre o qual haveria, possivelmente, se não menos polêmica, menos espanto. Referia-se aos gastos sociais que historicamente não beneficiam quem mais precisa deles, fato exemplificado pela presença de grupos privilegiados em universidades públicas e pelo peso de servidores públicos no sistema previdenciário. Ainda assim, a frase

da por seus receptores, pois trazia elementos que não eram estranhos ao conjunto de noções e lógicas em circulação naquele momento. Focalizar melhor era a mensagem.

O avanço do argumento econômico sobre outros, próprios dos campos setoriais em consideração, aparecia publicamente ora de forma mais explícita, ora menos. Declarações do presidente Fernando Henrique não raro sintetizavam a forma econômica de pensar o social, em especial no que Draibe chamou de "ritual da referência à política de estabilização" (Draibe, 2003, p. 73):[18]

> Sabemos que não se acaba a fome e a miséria só com medidas de emergência e de assistência, mas com o controle da inflação e a retomada do desenvolvimento. Estamos conseguindo isso, graças ao Real e à ajuda de todo o povo brasileiro.[19]

Para retomar o cenário de transição de que partimos, não foi por acaso que, ao abandonar o conselho do Comunidade Solidária, Betinho o tenha feito criticando a subordinação das discussões levantadas aos argumentos da sustentabilidade econômica:

> Essa é a lógica dos economistas que acham tudo ótimo e que todos os problemas foram resolvidos. Enquanto o país for refém desse raciocínio, estamos fritos. A declaração faz

---

tornou-se síntese e símbolo de algumas ideias que estavam em debate naquele momento, como a ineficiência das políticas sociais na diminuição da desigualdade e propostas para sua focalização.

18 Demo chama atenção para um desdobramento interessante da predominância econômica: "não é mais o social que estrutura o econômico, mas o contrário" (Demo, 2003, p. 98). Mais interessante é o fato de que ele se refere à afirmação do pressuposto da estabilidade econômica para as políticas sociais pelo ministro da Fazenda do início do governo Lula.

19 "Leia a íntegra do Programa", *FSP*, 1/11/1995. In: http://www1.folha.uol.com.br/fsp/1995/11/01/brasil/12.html. Acesso em 01/12/2017.

do Comunidade Solidária uma instituição supérflua e de todos nós, conselheiros, uns inúteis.[20]

De forma coerente, a narrativa do programa sobre o conflito o define como previsível, num processo de tamanha renovação e transformação, em que muitas novas concepções não são claramente compreendidas por todos. Sobre ele, conclui uma publicação do Programa:

> De janeiro de 1995 a maio de 1996, o Conselho da Comunidade Solidária buscou o seu caminho, enfrentando a confusão advinda de uma proposta inovadora, porém conflitante com a cultura burocrática do Estado, com as culturas reivindicativas dos movimentos sociais, e com um formato institucional inadequado. (§) A crise de maio de 1996 marcou a hora da virada. O conselho definiu estratégias próprias, voltadas cada vez mais para a sociedade, ao reinventar a maneira de influir na ação governamental. Foi se afastando, assim, daquele modelo que não lhe servia, que já tinha nascido velho (Cardoso, et al, 2002:13).

Na disputa entre focalização como priorização e como racionamento de recursos, a passagem do primeiro para o segundo mandato do governo Fernando Henrique parece definitiva a respeito da vitória do segundo sentido sobre o primeiro.[21] No interior do Comunidade Solidária, a secretaria executiva para coordenação de ações ministeriais em prol do enfretamento de problemas so-

---

20 "Dança dos números; Faltou o principal; Quebrando expectativas; Esperando milagres; Prato que se come frio; No ringue; Dinheiro prometido; Trabalho infantil", FSP, 17/09/1995. In: http://www1.folha.uol.com.br/fsp/1995/9/17/brasil/2.html. Acesso em 01/12/2017.

21 Mudanças na composição do governo, com saída de perfis desenvolvimentistas e tendência a maior presença de grupos mais ortodoxos (Fagnani, 2005, p. 434; Sallum, 2001, p. 339, 340) re em outras áreas. Draibe (2003) faz análise dos efeitos desse cenário sobre a área social.

ciais deixa de existir e, em contrapartida, as ações desenvolvidas pelo Conselho são ampliadas. A defesa da focalização como privilégio dos que mais precisam era feita pela primeira; a crítica dos que viam focalização como economia de recursos recaía sobre os responsáveis pelo Conselho. A despeito de críticas, programas de transferência de renda ganham escala nacional (Silva *et al.*, 2004; Stein, 2005). A disputa entre universalização e focalização perde força (Camargo, 2003; Cardoso, 2004; Kerstenetzky, 2005; Yazbek, 2004; Demo, 2003), mantendo-se no debate público, no entanto, a defesa de racionalização das políticas sociais segundo o máximo resultado, com o mínimo de custo.

Permanência e transformação

Discutindo a tendência da economia, como campo científico, de lançar-se sobre outros campos de conhecimento, Fine (1999) estende sua análise à observação do mundo empírico e vê na disseminação da teoria do capital humano o exemplo mais duradouro e bem-sucedido desse impulso "colonizador", para usar seu termo. O Brasil não escapou a esse movimento e entre nossos *experts* há, certamente, representantes importantes desta escola. Há, entretanto, um aspecto dela que vai além da identificação voluntária com este corpo teórico e parece ter efeitos sobre as formas de pensar os problemas sociais como um todo: a ideia de que é possível selecionar certos atributos individuais e calcular seu valor. Em artigo de 1973, por ocasião do debate em torno da concentração de renda, Lopes parte do artigo de Fishlow e assinala ao menos dois pontos que interessam a nossa discussão: primeiramente, identifica pistas do debate de então, isto é, vê o artigo como resposta à ênfase dada ao tema da educação na explicação da concentração de renda pela teoria do capital humano. Em segundo lugar, mostra como algumas operações necessárias do ponto de vista dos cálculos estatísticos obscurecem relações, simplificam conceitos fundamentais para a explicação daquele fenômeno. De lá prá cá, o avanço técnico contribuiu com a sofisticação das formas de medição ao passo que algumas de suas ressalvas sobre conceitos e relações não tiveram revertidas suas perdas de lugar. No Brasil dos anos 1990, ao contrário, uma série de iniciativas concorria para favorecer o emprego e massificação de noções e instrumentos que mobilizavam esse tipo de construção no debate público, enraizando-o de maneira que parece pertinente perguntar sobre seu lugar nos cenários político--sociais subsequentes.

O movimento de elogio do privado e investimento contra o público já havia sido diagnosticado por autores de então. O período todo é marcado por transições cuja construção é necessária para sedimentação desse movimento privatista no plano das percepções e da experiência. A LBA e o Consea, o Estado falido e o parceiro, a linha da pobreza, o Mapa da Fome e o IDH, a política universal e a focalizada são representativos de temporalidades que, não discerníveis enquanto sobrepostas, quando destrinchadas evidenciam o sentido da mudança em curso. A alegada modernização dos instrumentos e formas de governo encontrava, nessas passagens, os meios pelos quais enterrar o que era desqualificado como um passado ultrapassado e reinvestir de promessas o que era defendido como o futuro. A proliferação de novos recursos técnicos de quantificação, mensuração e localização dos problemas sociais, os reificam, redefinem e renomeiam, de forma que nosso próprio vocabulário e argumentos são alterados. Se essa ressignificação pode ser vista como função que dá operacionalidade à postura anti-política presente na sugerida oposição entre técnica e política, as políticas focalizadas tornam operativa a própria reificação, na medida em que funcionam sobre ela, sobre o que seus instrumentos produzem. Habituamo-nos ao emprego generalizado da lógica do custo-benefício, sendo difícil nos desvencilharmos dele. A maximização de resultados com o mínimo de dispêndio não raramente se sobrepõe à discussão sobre a natureza dos resultados desejados ou sobre o universo de recursos considerado. A referência à melhor gestão de recursos escassos, portanto, passava a fazer parte das formas de discutir os problemas públicos. Falamos das organizações do terceiro setor pela dimensão que alcançaram nos anos 1990, mas talvez fosse o caso de retomar mais amplamente políticas do período sob a perspectiva da mobilização de um repertório que, com objetivos de participação ou de formação política, tomava demandas coletivas sob o imperativo da gestão responsável, do estabelecimento de prioridades dentro de um universo delimitado e pré-estabelecido de escolhas possíveis. O chamado dos parlamentares defensores dos direitos sociais no processo da Assembleia Nacional Constituinte à responsabilidade, no pronunciamento do então presidente José Sarney,[22] não deixou de estar presente nos anos seguintes, fosse na administração sem hesitação do necessário "remédio amargo", pois "gastamos mais que arrecadamos" (Oliveira, 2010: 50) ou na menção ao pai de família que afirma, "só posso gastar aquilo que eu tenho".[23] Os retrocessos pós-2016 e suas consequências incidiram sobre um debate que ainda era passível de amadurecer e se desenvolver, a respeito das transformações políticas e sociais que o país atravessava e na perspectiva mais longeva do Brasil pós-redemocratização, que permitisse olhar um pouco mais distanciado da sucessão de governos ou momentos dentro deles. É verdade que a política de transferência de renda, para encerrar com o mesmo exemplo, gerou novos discursos a respeito de direitos sociais, con-

---

22 Ver nota 5.
23 "Para Lula, proposta de reajuste de 16,7% não teve 'seriedade'", *FSP*, 13/06/2006. In: http://www1.folha.uol.com.br/fsp/dinheiro/fi1307200605.htm. Acesso em 01/12/2017.

trastando com o argumento de que eram simplesmente mais baratas. Mas por que o "fato de ele [o Programa Bolsa Família] ter contribuído três vezes mais do que o aumento do salário mínimo, por exemplo, indica que o caminho é mais nessa direção do que na direção de aumentar o mínimo" continua sendo parte de sua defesa[24]? Além de avaliar sua pertinência, pensar sobre sua perenidade como argumento válido e necessário pode ajudar a compreender o terreno em que estamos nos movendo?

Referências bibliográficas

ALMEIDA, Ana Maria F. "O assalto à educação pelos economistas". *Tempo Social – Revista de Sociologia da USP*, São Paulo, n. 1, v. 20, jun 2008, p. 163-178.

AUGUSTO, Maria Helena Oliva. "Políticas públicas, políticas sociais e políticas de saúde: algumas questões para reflexão e debate". *Tempo Social - Revista de Sociologia da USP*, São Paulo, n. 2, v. 1, jul/dez 1989, p. 105-119.

BIELSCHOWSKY, Ricardo. *Pensamento Econômico Brasileiro: o ciclo ideológico do desenvolvimentismo*. Rio de Janeiro: Contraponto editora, 2000.

BARROS, Ricardo Paes de; MENDONÇA, Rosane; SANTOS, Daniel. *Incidência e natureza da pobreza entre idosos no Brasil – TD 686*. Rio de Janeiro: Ipea, 1999.

BRANT, Vinicius Caldeira e SINGER, Paul (orgs.). *São Paulo: O Povo em Movimento*. São Paulo: Vozes/CEBRAP, 1980.

BRASIL. *II Plano Nacional de Desenvolvimento/ 1975 – 1979*. Publicado no *Diário Oficial*, 6 de dezembro de 1974.

---

24 "Ação social não tira famílias da pobreza", FSP, 10/04/2006. In: http://www1.folha.uol.com.br/fsp/brasil/fc1004200613.htm. Acesso em 01/12/2017.

_____. "A Futura Constituição do Brasil - Cadeia nacional de rádio e televisão Palácio da Alvorada 26 de julho". In: *Biblioteca da Presidência da República*. Brasília: Casa Civil, s/d, p. 367-376.

CALLON, Michel. "What does it mean to say that Economics is performative?". In: MACKENZIE, Donald; MUNIESA, Fabian; SIU, Lucia (eds.). *Do economists make markets? On the performative of Economics*. Princeton/Oxford: Princeton University Press, 2007, p. 311-357.

CAMARGO, José Marcio. "Gastos sociais: focalizar versus universalizar". *Políticas sociais. Acompanhamento e análise*, Brasília/Rio de Janeiro: IPEA, ago 2003, p. 117-121.

CAMPBELL, John L. "Ideas, Politics, and Public Policy". *Annual Review of Sociology*, vol. 28, Annual Reviews, 2002.

CARDOSO, Ruth et alii. *Comunidade Solidária – Fortalecendo a sociedade, promovendo o desenvolvimento*. Rio de Janeiro: Ed. Comunitas, 2002.

_____. "Sustentabilidade, o desafio das políticas sociais no século 21". *São Paulo em Perspectiva*, n. 18, v. 2, 2004, p. 42-48.

CASTRO, Claudio de Moura e. Investimento em educação no Brasil: uma réplica, in: *Revista Pesquisa e Planejamento Econômico*, Rio de Janeiro, n. 2, v. 1, dez. 1971, p. 393-401. Disponível em: http://ppe.ipea.gov.br/index.php/ppe/issue/view/26. Acesso em 27 abr. 2010.

CEATS/USP, CIEE, GIFE, SENAC, PROGRAMA VOLUNTÁRIOS. *Voluntariado Empresarial- Estratégias e Empresas no Brasil*. São Paulo: mimeo, 2000.

CUNHA, Márcia Pereira. *Os andaimes do novo voluntariado*. Cortez Editora: São Paulo, 2010.

_____. *Do planejamento à ação focalizada. IPEA e a construção de uma abordagem de tipo econômico da pobreza*. Tese (doutorado em Sociologia) – FFLCH-USP, São Paulo, 2012.

_____. "Transformação institucional e produção de conhecimento aplicado: a história do Ipea social". *Sociedade e Estado*, Brasília, n. 1, v. 33, jan/abr. 2018, p. 139-159.

DANAHER, Kevin (ed.). *Fifty years is enough: the case against the World Bank and the International Monetary Fund*, San Francisco: Global exchange, 1994.

DEMO, Pedro. "Focalização de políticas sociais: Um debate mais perdido do que a agenda perdida". In: Serviço Social e Sociedade, São Paulo, n. 76, v. 24, 2003, p. 93-117.

DINIZ, Eli; LOPES, José Sérgio Leite e PRANDI, Reginaldo (orgs.). *O Brasil no Rastro da Crise*. São Paulo: ANPOCS, Hucitec, IPEA, 1994.

DOIMO, Ana Maria. *A vez e a voz do popular: movimentos sociais e participação política no Brasil pós-70*. Rio de Janeiro: Relume--Dumará/ANPOCS, 1995.

DRAIBE, Sônia. "A política social no período FHC e o sistema de proteção social". In: *Tempo Social – Revista de Sociologia da USP*, n.2, vol.15, nov 2003, p. 36-101.

FAGNANI, Eduardo. *Política Social no Brasil (1964 – 2002): entre a cidadania e a caridade*. Tese (doutorado em Economia) – Instituto de Economia – Unicamp, Campinas, 2005.

FERGE, Szusza. "The Changed Welfare Paradigm: The Individualization of the Social". In: *Social Policy and Administration*, n. 1, vol. 31, mar 1997, p. 20-44.

FERNANDES, Rubem César. *Privado, porém Público - o Terceiro Setor na América Latina*. Rio de Janeiro: Relume-Dumará, 1994.

FINE, Ben. "A Question of Economics: Is it Colonizing the Social Sciences?". In: *Economy and Society*, n. 3, vol. 28, May 2009, p. 403-425.

FISHLOW, Albert. "Brazilian size distribution of income". In: *The American economic review*, n. 2, vol. LXII, May 1972, p. 391-402.

GILBERT, Neil. *Transformations of the Welfare State: the Silent Surrender of Public Responsibility*. Oxford: Oxford University Press, 2002.

GOLDBERG, Ruth. *Como as Empresas Podem Implementar Programas de Voluntariado*. São Paulo: Instituto Ethos de Empresas e Responsabilidade Social; Programa Voluntários do Conselho da Comunidade Solidária, 2001.

GOMES, Ana Lígia. "A nova regulamentação da filantropia e o marco do terceiro setor". In: *Serviço Social e Sociedade*, São Paulo, n. 61, ano XX, nov, 1999.

HACKER, Jacob S. "Privatizing Risk without Privatizing the Welfare State: The Hidden Politics of Social Policy Retrenchment in the United States". In: *American Political Science Review*, n. 2, vol. 98, May 2004, p. 243-260.

HEREDIA, Mariana. *À Quoi Sert un Économiste*. Paris: La Découverte, 2014.

IBGE; IPEA; GIFE; ABONG. *As fundações privadas e associações sem fins lucrativos no Brasil*, Brasília/ São Paulo: *mimeo*, 2002.

KERSTENETZKY, Célia Lessa. *Políticas Sociais: focalização ou universalização? – Textos para discussão, n. 180*. Rio de Janeiro: Universidade Federal Fluminense/Faculdade de Economia, 2005.

KOWARICK, Lucio (org.). *As lutas sociais e a cidade: São Paulo passado e presente*. Rio de Janeiro: Paz e Terra, 1994.

LANDIM, Leila (org). *Ações em Sociedade – Militância, Caridade, Assistência etc.*. Rio de Janeiro: NAU/ISER, 1998.

_____. *A invenção das ONGs – Do serviço invisível à profissão impossível*. Tese (doutorado em Antropologia Social) - Museu Nacional - UFRJ, Rio de Janeiro, 1993a.

_____. *Para Além do Mercado e do Estado? Filantropia e Cidadania no Brasil*. Rio de Janeiro: ISER, 1993b.

_____ ; SCALON, Maria Celi. *Doações e Trabalho Voluntário no Brasil, uma pesquisa*. Rio de Janeiro: Sete Letras, 2000.

LANGONI, Carlos G. *As causas do crescimento econômico do Brasil*. Rio de Janeiro: APEC, 1974.

MARANHÃO, Tatiana Amorim. "Amartya Sem e a responsabilização dos pobres na agenda internacional". In: *Contemporânea – Revista de Sociologia da UFSCar*, São Carlos, n. 1, v. 6, jan-jun. 2016, p. 13-26.

MALAN, Pedro. "Ainda sobre a distribuição da renda". In: *Revista de Administração de Empresas FGV/EAESP*, Rio de Janeiro, n. 2, v. 14, mar/abr, 1974. Disponível em: <http://www16.fgv.br/rae/rae/index.cfm?FuseAction=EdicoesAnteriores>. Acesso em 27 abr. 2010.

_____ e WELLS, John. "Distribuição da renda e desenvolvimento econômico do Brasil – resenha". In: *Revista Pesquisa e Planejamento Econômico*, Rio de Janeiro, n. 4, v. 3, 1973. Disponível em: <http://ppe.ipea.gov.br/index.php/ppe/issue/view/27>. Acesso em 27 abr. 2010.

MOISÉS, José Álvaro. "Qual é a estratégia do novo sindicalismo?". In: MOISÉS, José Álvaro; LIMA, Luiz Gonzaga de Souza; EVERS, Tilman; SOUZA, Herbert José de; BARRAZA, Ximena; MAIRA, Luís (orgs.). *Alternativas populares da democracia: Brasil anos 80*. Petrópolis: Vozes/CEDEC, 1982.

MONTAÑO, Carlos. *Terceiro Setor e a Questão Social. Crítica ao Padrão Emergente de Intervenção Social.* São Paulo: Cortez, 2002.

NEIBURG, Frederico. "Economistas e culturas econômicas no Brasil e na Argentina: notas para uma comparação a propósito das heterodoxias". In: *Tempo Social – Revista de Sociologia da USP*, São Paulo, n. 2, vol. 16, nov. 2004, p. 177-202.

OLIVEIRA, Francisco; PAOLI, Maria Célia. *Os Sentidos da Democracia. Políticas do Dissenso e Hegemonia Global.* Rio de Janeiro: Fapesp/Vozes, 1999.

OLIVEIRA, Miguel Darcy (org.). *Discursos selecionados do Presidente Fernando Henrique Cardoso.* Brasília: Fundação Alexandre de Gusmão, 2010.

PELIANO, Anna Maria T.M. (coord.) *O Mapa da Fome: subsídios à formulação de uma política de segurança alimentar.* Brasília: Ipea/Cepal, 1993.

_____. *A iniciativa privada e o espírito público – um retrato da ação social das empresas do sudeste brasileiro.* Brasília: IPEA, 2000.

PIERSON, Paul. *Dismantling the Welfare State? Reagan, Thatcher and the Politics of Retrenchment.* Cambridge: Cambridge University Press, 1994.

RESENDE, Luis Fernando de Lara. *Comunidade Solidária: uma alternativa aos fundos sociais.* Brasília: IPEA, 2000.

ROSANVALLON, Pierre. *A crise do Estado-providência.* Goiânia/Brasília: Editora da UFG/Editora da UNB, 1997.

SADER, Eder. *Quando Novos Personagens Entraram em Cena – Experiências e Lutas dos Trabalhadores da Grande São Paulo, 1970-1980.* Rio de Janeiro: Paz e Terra, 1988.

SALLUM JR., Brasílio. "Liberalismo e desenvolvimentismo no Brasil dos anos 90". In: ARBIX, Glauco; ZILBOVICIUS, Mauro e

ABRAMOVAY, Ricardo. *Razões e ficções do desenvolvimento.* São Paulo: EDUSP/UNESP, 2001.

SZAZI, Eduardo. *Terceiro Setor: Regulação no Brasil.* São Paulo: Peirópolis, 2003.

SIKKINK, Kathryn. *Ideas and Institutions: Developmentalism in Brazil and Argentina.* New York: Cornell University Press, 1991.

SILVA, Maria Ozanira; YAZBEK, Maria Carmelita; DI GIOVANNI, G. *A política social brasileira no século XXI: a prevalência dos programas de transferência de renda.* São Paulo: Cortez, 2004.

SOUZA, Herbert José de. "Município de Boa Esperança: participação popular e poder local". In: MOISÉS, José Álvaro; LIMA, Luiz Gonzaga de Souza; EVERS, Tilman; SOUZA, Herbert José de; BARRAZA, Ximena; MAIRA, Luís (orgs.). *Alternativas populares da democracia: Brasil anos 80.* Petrópolis: Vozes/CEDEC, 1982.

SPOSITO, Marilia Pontes. *A ilusão fecunda: a luta por educação nos movimentos populares.* São Paulo: Hucitec/Edusp, 1993.

STEIN, Rosa Helena. *As Políticas de Transferência de renda na Europa e na América Latina: recentes ou tardias estratégias de proteção social?.* Tese (doutorado em Ciências Sociais) – ICS, UnB, Brasília, 2005.

STOKKE, Olav. *The UN and development. From aid to cooperation.* Indiana: Indiana University Press, 2009.

TOLIPAN, Ricardo e TINELLI, Arthur Carlos (orgs.). *A controvérsia sobre distribuição de renda.* Rio de Janeiro: Zahar Editores, 1975.

YAZBEK, Maria Carmelita. "O Programa Fome Zero no contexto das políticas sociais brasileiras". In: *São Paulo em Perspectiva*, São Paulo, n.18, v. 2, abr/jun. 2004, p. 104-112.

Governo da pobreza e técnicas de subjetivação[1]

Tatiana de Amorim Maranhão

O objetivo deste texto é apresentar a construção de uma hipótese de pesquisa que segue as reflexões elaboradas desde Maranhão (2009, 2016) e Magalhães Jr. e Maranhão (2014) e de interlocuções com outros grupos de pesquisadores (Rede, LMI/Cenedic)[2] que têm se dedicado a pensar as formas do social contemporâneo. Partindo da suposição de que há um consenso moralizante entorno do combate à pobreza formado internacionalmente nos anos 1990 (Lautier, 2001; Maranhão, 2009) constituído por técnicas que produzem e ao mesmo tempo operam por efeitos de subjetivação, apresenta-se neste texto uma proposta teórico-metodológica que permita a interpretação destes efeitos. O objetivo aqui é apresentar uma hipótese analítica em diálogo com as noções da sociologia

---

[1] Versão modificada do texto apresentado no seminário Cenedic/LMI/Rede – Os tempos do social: Neoliberalismo e subjetivação: narrativas do desenvolvimento, em 18 de novembro de 2016 https://redepesq.hypotheses.org/856.

[2] Rede interdisciplinar de pesquisadores Neoliberalismo e políticas de subjetivação, https://redepesq.hypotheses.org/ e Laboratório Misto Internacional Social activities, gender, markets and mobilities https://sagemm.ird.fr/

dos instrumentos (Pierre Lascoumes e Patrick Le Galès 2004, 2007, 2012) e dos efeitos de subjetivação das tecnologias de governo (Nikolas Rose e Peter Miller 2008; Rose, 2011).

Redução da pobreza e mudança de nível das intervenções do desenvolvimento

Uma nova safra de programas sociais despontou internacionalmente afinada com o imperativo do combate à pobreza. A referência para a compreensão desta nova safra é uma virada global em direção a programas de combate à pobreza como arcabouço para as políticas de desenvolvimento. Desde os anos 2000, as organizações internacionais têm se pautado pelo consenso de que os problemas de desenvolvimento se traduzem em políticas afinadas com objetivos de redução da pobreza. Alguns estudos confirmam a orientação das formulações do Banco Mundial para a prioridade destas políticas (Mauriel, 2011; Ugá, 2011; Pereira, 2010; Maranhão, 2009; Lautier, 2001).

O que interessa para o argumento deste texto é a mudança de nível das intervenções nos problemas implicados na nova concepção de desenvolvimento, agora traduzida como combate à pobreza. Os problemas do desenvolvimento passaram a ser formulados a partir de uma dimensão localizada. Dos debates internacionais acerca dos sentidos do desenvolvimento, que contrapunham de um lado uma perspectiva que se dizia mais restrita às dimensões econômicas do problema (teorias da modernização) e de outro, o que se convencionou chamar de dimensão humana do desenvolvimento, o que se observa no final da década de 1990 apontando para os desdobramentos da década seguinte (2000) é a mudança do nível de intervenção dos instrumentos de planejamento e governo: do desenvolvimento das nações para o desenvolvimento das pessoas.

Este deslocamento fica claro no comentário de Joseph Stiglitz de 1998, na época vice-presidente do Banco Mundial e responsável pela formulação de um "enquadramento mais abrangente" (*Comprehensive Development Framework*) para o desenvolvimento que seria incorporado oficialmente no Relatório Mundial de 2000-2001 (*Attacking the poverty*), ao criticar os grandes planos de desenvolvimento (em clara referência aos programas desenvolvimentistas e modernizadores inspirados nos célebres debates que animaram a elaboração de políticas entre as décadas de 1950-1970). Segundo ele, as concepções de desenvolvimento presentes nestes planos teriam negligenciado aspectos mais específicos no interior das sociedades como as escolhas e interações individuais e subjetivas, por isto, sugeria que a intervenção deveria incidir no nível dos indicadores de qualidade de vida em oposição a uma intervenção no nível macroeconômico.

A defesa de uma agenda de desenvolvimento que levasse em conta as condições de vida da população beneficiária sustentou-se em modulações sofridas pela agenda do ajuste estrutural que prescrevera reformas realizadas desde os anos 1980. Modulações que, conforme discutido em Maranhão (2009), ocorreram em meio a um campo de controvérsias em torno da melhor condução destas reformas. Controvérsias que envolveram críticas teóricas às maneiras de formular as respostas ao desenvolvimento (sem nunca questionar a necessidade de um "ambiente saudável" à manutenção de uma ordem econômica flexível) e suas expressões práticas: realizações de reformas fiscais (anos 1980), depois de reformas institucionais e sociais (anos 1990), e por fim, a tarefa de reduzir a pobreza (anos 2000).

O ponto de partida das "críticas internas" à condução das reformas do ajuste é o Relatório do escritório regional africano do Banco Mundial de 1989 (*Sub-saharam Africa: from crisis to sustainable growth*) – mesmo momento em que as reformas fiscalistas eram sintetizadas como o Consenso de Washington, denotando as controvérsias internas ao Banco quanto à melhor maneira de conduzir as reformas de liberalização dos mercados. Neste relatório, aparece pela primeira vez a indicação de que a condução das reformas é um problema de consenso político interno aos países. Este problema é formulado como um problema de governança. A origem deste termo (hoje tão conhecido) é a constatação da importância, para condução das reformas, do papel desempenhado pelas "organizações intermediárias" (organizações civis locais) e pelas "preocupações locais" (*"voice local"*) como instrumentos de inovação (para fornecer ideias) e pressão política (sobre o governo) como mecanismos de garantia de um melhor desempenho econômico (WB, 1989; Maranhão, 2009, p. 54-55). Ou seja, indicava-se neste relatório que havia um problema de governança nos países africanos, ao mesmo tempo em que se diagnosticava a centralidade das organizações da "sociedade civil" para a condução destas reformas: seja pressionando o governo, seja fornecendo uma nova *expertise* para a busca de soluções.

É assustador observar a demora na percepção do papel desempenhado por organizações como os institutos liberais, financiados por entidades ou partidos políticos norte-americanos, na pressão interna dos países na adoção de reformas neoliberais.[3] No caso do Relatório de 1989, foi a primeira vez que a importância do tecido social apareceu nos documentos do Banco Mundial como determinantes para a manutenção do equilíbrio econômico. É a partir deste momento que observamos o que foi lido por alguns como abertura do Banco Mundial para assuntos da democracia, para uma postura menos economicista, aceitando as particularidades internas aos países tomadores de empréstimos. Mas o que importa chamar atenção é o fato de que se tratava de uma mudança de nível das

---

3 Ver Ary César Minella, Construindo hegemonia: democracia e livre mercado (atuação do NED e do CIPE na América Latina), *Caderno CRH* [online], vol. 22, no. 55, Salvador, jan/abr. 2009, p. 13-40.

condicionalidades do Banco. Percebia-se a necessidade de intervir no nível da vida das populações destes países, mais do que garantir reformas do Estado. Ou melhor, a eficácia destas reformas dependia da intervenção ao nível dos indivíduos. É isto o que a agenda da Redução da Pobreza consolidou.

Importante marcar que é parte da formação do consenso internacional que associa desenvolvimento e combate à pobreza, a convergência inusitada entre Banco Mundial e ONU (inicialmente, por meio de sua agência para o desenvolvimento, o PNUD). O ponto discutido em Maranhão (2009) é mostrar que a convergência se dá entorno de uma abordagem para a pobreza sustentada pela "abordagem das capacidades" formulada pelo também economista nobel, Amartya Sen (2000). Inusitada, pois o ponto da convergência fora exatamente a formulação do desenvolvimento (humano) posta em contraposição aos efeitos sociais do ajuste estrutural.

A agenda da Redução da Pobreza era reivindicada – no interior do Banco, mas também em um certo debate sobre política e desenvolvimento (entre economistas e cientistas políticos identificados com o aporte neoinstitucionalista) –[4] como uma ampliação do viés estritamente econômico monetarista das prescrições até então adotadas pelo Banco. Joseph Stiglitz desempenhou importante papel na construção da nova agenda, mas também as formulações de Sen sobre a pobreza como privação de capacidades e não apenas como

---

4   Ver Peter Evans, Análise do Estado no mundo neoliberal: uma abordagem institucional comparativa, *Revista de Economia Contemporânea*, n. 4, julho-dez, 1998 em que o autor discute a inviabilidade política das reformas dos anos 1980 em diálogo crítico com as propostas neoclássicas e propõe a intervenção de um Estado-parceiro na promoção do desenvolvimento. Ver José Luiz Fiori, A governabilidade democrática na nova ordem econômica. *Novos Estudos*, São Paulo, n. 43, nov. 1995 em que o autor demonstra as relações estabelecidas entre economistas e cientistas políticos neoinstitucionalistas e as revisões na agenda para o desenvolvimento do Banco Mundial nos anos 1990.

insuficiência de renda.⁵ De acordo com Bruno Lautier (2001), Sen⁶ foi o responsável por prover à visão econômica do Banco a perspectiva de uma "ciência moral", tornando-se desta maneira, figura central à "nova linha intelectual" da nova agenda centrada na luta contra a pobreza.⁷

Lautier (2001) discute as mudanças na agenda do Banco Mundial em direção à luta contra a pobreza, em termos de uma virada moralizante. Segundo ele, central neste processo foram as ideias de Amartya Sen sobre a defesa de pensar a economia como uma "ciência moral". Diferentemente do sentido da luta contra a pobreza do século XIX que se voltava para "a estabilização da forma família no meio urbano", com eixo na dimensão do social (p. 169), a luta contra a pobreza do final do século XX articula a dimensão moral de uma missão e, como tal, se apresenta como inquestionável. Lautier defende que a análise do deslocamento do desenvolvimento para a luta contra a pobreza deve, contudo, ser tomada pela sua dimensão política, entendida nos termos de Michel Foucault, como um modo de governo (p. 170). É nestes termos que Lautier falará de um "governo moral dos pobres" (2014 [2009]).

O que interessa discutir aqui são as técnicas participativas mobilizadas para a constituição deste novo enfoque para o desenvolvimento, bem como o sentido estratégico por elas adquirido. Estas

---

5 A insuficiência de renda era a abordagem da pobreza até então presente nos documentos do Banco, inclusive no primeiro relatório no qual a noção de pobreza aparece explicitamente no título: Relatório de Desenvolvimento Mundial de 1990: *Poverty*. Ver Ugá (2010) para discussão sobre a categoria pobreza nas agendas do Banco Mundial. Ver Ivo (2006) para discussão sobre as alterações na formulação da questão social nos anos 1990 e seu rebaixamento ("reconversão") ao problema da pobreza.

6 Amartya Sen, *L´Économie, une science morale*. Paris: La Découverte, 1999 é a referência citada por Lautier (2001).

7 Ver Maranhão (2016) para discussão sobre a abordagem das capacidades de Amartya Sen e seu papel na convergência entre ONU e Banco Mundial.

técnicas foram mobilizadas tanto no processo de elaboração do Relatório *Attacking the Poverty* (2000-2001)[8] que confirmou a guinada moralizante do Banco Mundial (Lautier, 2001), como na condução dos processos exigidos à concessão dos empréstimos para os programas de desenvolvimento ao longo dos anos 2000.[9] Esta ênfase participativa, contudo, pode ser localizada anteriormente, nas primeiras inferências à dimensão política do desenvolvimento tomadas como resposta ao problema da governança no continente africano no final dos anos 1980 (BM, 1989). Contudo, o sentido estratégico desta ênfase apenas tomará forma quando associada à discussão de Stiglitz sobre o caráter transformador do desenvolvimento e sua defesa como um processo de mudanças societárias que impliquem em "mudanças nas formas de pensar e nas organizações econômicas e sociais" (Stiglitz, 1998 *apud* Maranhão, 2009, p. 107).

Um dos achados da pesquisa retomada aqui (Maranhão, 2009) é de que as modulações na agenda do ajuste estrutural (Banco Mundial) e sua convergência com a noção de desenvolvimento humano cujo cerne era a crítica da medida do desenvolvimento pelo PIB (PNUD),[10] forneceram um novo referencial normativo ao

---

8 O Relatório *Attacking the Poverty* teve como base 81 Relatórios de Avaliação da Pobreza (*Participatory Poverty Assessment*) realizados em 60 países (Craig e Porter, 2006). Estes foram publicados pelo próprio Banco Mundial em três volumes sob o título *Voices of the Poors* (*Can anyone hear us?*; *Crying out for change*; e *From many lands*, respectivamente).

9 A consolidação da orientação da Redução da Pobreza para os programas apoiados pelo Banco Mundial nos anos 2000 significou que os países que se endividassem com linhas de crédito oferecidas pelo Fundo Monetário Internacional deveriam apresentar Relatórios Participativos de Redução da Pobreza como condição para o empréstimo.

10 O desenvolvimento humano foi a resposta crítica da ONU à medida do desenvolvimento dada por parâmetros de renda e consumo do Primeiro Mundo, circunscritos sob a medida do PIB per capita. Sustentou-se nesta pesquisa (Maranhão, 2009) que a nova concepção de desenvolvimento, inspirada na abordagem das capacidades de Amartya Sen (2000), foi o resultado da

combate à pobreza e deslocaram as intervenções no social para este alvo prioritário – os pobres – em detrimento das grandes reformas na educação, saúde, mercado de trabalho. A pesquisa mostrou que o intuito da abordagem social do Banco não se alterou desde os anos 1960 – quando a agência se voltou prioritariamente ao Terceiro Mundo: sempre se preocupou em conter as possíveis irrupções sociais causadas nesta região. Desde o apoio ao programa de industrialização sob a Aliança para o Progresso (1961-1971)[11] às reformas do ajuste e suas modulações (reformas institucionais e sociais), o que se alterou foram as técnicas empregadas para garantir a governabilidade do sistema econômico e seu nível de incidência. Constatou-se com a análise da agenda da Redução da Pobreza que a grande novidade do retorno dos aspectos sociais para a agenda do Banco, desaparecidos durante os anos 1980 dada a guinada fiscalista das reformas, foi a criação de novas técnicas de governo das possíveis instabilidades políticas (formuladas nos anos 2000 como o problema da pobreza em suas formas extremas).

Estas técnicas conformam as maneiras pelas quais passou-se a entender o indivíduo pobre, citando Marcia Cunha, localizado como "objeto em si – objeto de medição, localização e cujas causas pertencem a um conjunto delimitado de características e condições de vida individuais ou familiares" (Cunha, 2012, p. 10). A pesquisa de Cunha é sobre o surgimento de uma abordagem peculiar para os problemas sociais no Brasil a partir das formulações do Instituto de Planejamento e Economia Aplicada (Ipea). Uma

---

convergência entre as modulações da agenda do ajuste estrutural e a concepção do desenvolvimento humano, formulada no âmbito do PNUD/ONU.

11 Programa para o Desenvolvimento da América Latina conduzido pelo governo norte-americano durante os anos 1960. A Revolução Cubana (1959) pode ser considerada o evento político detonador deste programa. Voltado à promoção da industrialização, tratava-se de instrumento de contenção da influência soviética na região.

"abordagem de tipo econômico" denota o deslocamento da maneira como os problemas que circunscreviam um campo de polêmicas sobre os rumos do desenvolvimento nacional passaram a ser abordados nas últimas décadas do século XX. A autora localiza no Ipea, e em sua história, os elementos chaves da constituição das ideias que ensejaram essa abordagem peculiar dos problemas sociais. Analisa as condições que levaram à constituição desse objeto localizado, passível de medições econométricas, a partir da variação de um gradiente de incidências que o constitui como um problema de intervenção.

O objeto de Cunha (2012) são as formulações (as ideias) sobre os problemas sociais no Brasil. Ela está interessada nas condições de possibilidade do deslocamento do tratamento dos problemas por suas dimensões sociais e políticas, para sua formulação como um objeto de intervenção. É exatamente este deslocamento que Craig e Porter (2006) flagram no reposicionamento das organizações multilaterais (Bancos de desenvolvimento e FMI) no final da década de 1990. Contudo, eles chamam atenção para a dimensão técnica deste reposicionamento que se estabeleceu por meio de um conjunto de instrumentos estatísticos compartilhados com as Nações Unidas. Estes autores mostram como o sentido destas técnicas foi a construção da plausibilidade tanto da responsabilização dos governos nacionais pelas reformas de redução da pobreza – a maneira pela qual as reformas liberalizantes passaram a ser tratadas – quanto das próprias populações pobres por sua própria situação de pobreza. Craig e Porter listam três processos centrais: a responsabilização moral do indivíduo pauperizado por sua situação, a criação de técnicas estatísticas capazes de fixar "o pobre" e a pobreza nas localidades, o que significou sua formulação como um problema local e conjuntural, sem relações estruturais nem globais;

e a construção da ideia de "dar voz aos pobres" nas localidades,[12] o que garantiu a legitimidade de todo o processo. Observa-se com a guinada do Banco Mundial ao problema do combate à pobreza uma mudança de nível das intervenções, ao mesmo tempo que, e como condição para esta mudança, a defesa de que o sucesso das reformas prescritas dependia da formação de um consenso interno aos países quanto à inevitabilidade destas reformas. Esta mudança se estabelece a partir de dois instrumentos: aqueles que definem, de um lado, a constituição dos pobres como alvo de intervenção e de outro, a construção da legitimidade das reformas nacional e localmente pela ideia de responsabilização. A necessidade de os países "assumirem a propriedade" pelas reformas por meio de Estados nacionais "capazes" (*capable state*) de lidar com ameaças de instabilidade para garantir as condições de funcionamento dos mercados foi um eixo central desta mudança de nível das intervenções. Desde o Relatório do Banco Mundial de 1997 – *The State in a changing world* –, culminando nos três eixos que estruturam o Relatório de 2000-2001 – oportunidade, empoderamento e segurança –, o termo *ownership* permitiu a ênfase nas técnicas participativas como elemento definidor para a construção deste "sentimento de propriedade" pelas reformas. Estas técnicas participativas foram empregadas na elaboração das avaliações da pobreza durante a década de 1990 (primeiramente nos *Partipatory Rural Appraisal* e depois nos *Participatory Poverty Assessments*), que contribuíram para a construção do Relatório Mundial de 2000-01 que marca a guinada definitiva para a agenda internacional da redução da pobreza como resposta aos problemas do desenvolvimento. Nestes processos avaliativos, ONGs locais e internacionais

---

12 Como comentado, o relatório de 2001 foi elaborado a partir de diagnósticos locais que foram publicados pelo Banco Mundial sob o nome "voz aos pobres".

(como a *Oxfam*) foram chamadas a mobilizar sua *expertise* comunitária e participativa para garantir que as populações pobres se engajassem no diagnóstico de sua situação de pobreza (Craig e Porter, 2006, p. 77-81). Em documento do final dos anos 1990 sobre a nova abordagem para o desenvolvimento, Stiglitz (1998) afirma que desenvolver é "alterar as formas de pensar e de organizar social e economicamente a sociedade".

Em Maranhão (2009), o interesse se voltou para demonstrar como o descolamento do problema do desenvolvimento das reformas do ajuste estrutural para o combate à pobreza não significou o abandono de tais reformas, pelo contrário, tratou do aperfeiçoamento dos instrumentos por meio dos quais implementá-las. Combater a pobreza tornou-se a tarefa necessária para garantir um consenso político interno aos países para que tais reformas fossem realizadas. Como achado de pesquisa, constatou-se que este consenso político seria organizado por meio da adesão das partes envolvidas na realização de um diagnóstico da situação de pobreza de suas populações. A realização deste diagnóstico passa a condicionar o recebimento de empréstimos para fins de desenvolvimento; o que explica a mudança de rubricas dos financiamentos do ajuste estrutural (*Estructural Adjustment Loans*) para a redução da pobreza (*Poverty Reduction Loans*). Técnicas de engajamento das populações-alvo de programas de combate à pobreza passaram a ser desenvolvidas e implementadas a fim de que a situação em que viviam fosse diagnosticada por eles mesmos. Do ponto de vista do programa em curso nas organizações internacionais, como defendeu Stiglitz, o que estava em jogo era que a alteração de mentalidades levasse à apropriação das reformas pelas populações alvo. Apropriação que passava pela intensa produção de informações a respeito destas populações e pela construção dos grupos como alvo de intervenções – seja do Estado, de empresas ou organizações civis, muitas vezes associados entre si. O que interessa para o argumento desenvolvido neste texto são os efeitos desta engenharia, pois supõem-se que a mudança de incidência das intervenções do desenvolvimento ao nível da vida das populações opere a ativação[13] de subjetividades. É neste sentido que o aporte teórico-metodológico da sociologia dos instrumentos e das discussões sobre os efeitos de subjetivação das tecnologias de governo podem auxiliar nesta investigação.

Técnicas de combate à pobreza e novas subjetividades

Pierre Lascoumes e Patrick Le Galès (2004) trazem uma contribuição para pensar as reformas dos anos 1990 a partir de uma sociologia política dos instrumentos de governo, ou da instrumentação das políticas públicas, como também se referem. É preciso investigar os instrumentos da ação política, da ação de governo, que vão além da ação do Estado. Interessa aos autores oferecer uma nova perspectiva de análise para o que chamam de "recomposição do Estado", a perda do monopólio estatal de regulação do conflito político como efeito do atravessamento de outros modos de governo:

> (...) emaranhado de agências, de organizações, de regras flexíveis, de negociações com atores cada vez mais numerosos. A ação pública se caracteriza por reacomodação, um intricado aleatório de redes, uma multiplicação de atores, de finalidades múltiplas, de heterogeneidade, de transversalidade de problemas, de mudanças de escalas de territórios de referência (Le Galès e Lascoumes, 2004, p. 28).

Há uma multiplicidade de regulações que envolvem a ação política, cuja investigação requer a observação dos efeitos destes instrumentos.

---

13 Rizek; Amore; Camargo, 2014.

Segundo estes autores, a análise a partir dos instrumentos permite a observação dos efeitos que se desdobram da ação pública e que, em geral, são pouco observados nas análises de sociologia do Estado ou do governo. Permite a análise da emergência de novos atores e, sobretudo, de novos instrumentos de regulação e coordenação da ação pública. Efeitos que não necessariamente estão afinados com os objetivos programáticos das políticas e, mais do que isto, efeitos que revelam jogos de poder entre os atores envolvidos.

A definição de instrumentação utilizada por eles é tributária das reflexões de Alain Desrosières:[14] indica um "conjunto de problemas colocados pela escolha e uso dos instrumentos (técnicas, meios de operar, dispositivos) que permitem materializar e operacionalizar a ação governamental" (Lascoumes e Le Galès, 2004, p. 12). Estes autores entendem a instrumentação nos mesmos termos em que Desrosières formulou a razão estatística. Assim como a estatística constituída como referência para os debates públicos nos séculos XVIII e XIX e a formação do Estado Social, a instrumentação (que mobiliza novas estatísticas) não é uma ação neutra, mas é fruto de acordos de equivalências frágeis e temporários instituídos sempre em meio a forças que operam no sentido de desordená-los. "A linguagem comum e as representações que orientam as estatísticas criam efeitos de verdade e uma interpretação do mundo" (Lascoumes, Le Galès, 2007, p. 3).

Os instrumentos de ação pública são pensados por Lascoumes e Le Galès como tecnologias de governo (2004), no sentido atribuído ao termo por Michel Foucault (2004 [1982]). Esta tecnologia de governo atravessa a história, desde o século XVIII, com diferentes pontos de apoio em componentes técnicos e sociais – "medida, cál-

---

14 "Instrumentação da ação pública" ou "instrumentação estatística" são os termos utilizados por Desrosières para designar o campo de problemas colocados pelas técnicas, táticas, dispositivos de governo (2002, 1993).

culo, regras de direito, procedimentos" e "representação, símbolo" – constituídos como resposta aos problemas de governo colocados em cada época. O foco da abordagem de Lascoumes e Le Galès são estes componentes de mediação que estruturam a ação governamental e incidem na ordenação de uma determinada relação entre governantes e governados.

> Esta instrumentação se exprime sob uma forma mais ou menos padronizada que constitui uma passagem obrigatória pela ação pública e mistura obrigações, relações financeiras (tributações fiscais/ajudas econômicas) e meios de conhecimento das populações (observações estatísticas) (2004, p. 21).

O século XX assistiu à diversificação das técnicas que estruturam a ação pública com a inovação de programas e políticas em diferentes setores da intervenção estatal. Na chave de interpretação dos autores, não há uma ruptura entre a diversificação da instrumentação que caracterizou o modelo do Estado planificador e a reorganização da ação pública que caracteriza o último quartil do século. O que há são mudanças de ênfases, de superfícies de incisão, e também o surgimento de novos temas e assuntos que figuram como centrais na formulação dos problemas colocados às técnicas.

O aporte teórico destes autores auxilia a reflexão proposta aqui na medida em que se trata de uma abordagem para as transformações da intervenção da ação pública que as toma pelos efeitos de sua incidência. Dialogando explicitamente com Desrosières e Foucault, eles propõem que se explore e investigue os efeitos de verdade das técnicas de governo. Há uma realidade produzida – os efeitos – pela incidência destas técnicas que não necessariamente acompanha os grandes objetivos definidos pelas políticas. É neste sentido que enfatizam a atenção à especificidade dos instrumentos e à ruptura com a ideia pragmática da neutralidade dos mesmos.

Em Foucault, contudo, a análise de mecanismos de governo não tratava apenas de técnicas, instrumentos e dos meios. Ao menos desde o século XVIII, com a ascensão das formas de governo liberais, estas técnicas operam por subjetivação. E é neste sentido que o aporte de Peter Miller e Nikolas Rose (Rose, 2011 [1998]; Miller e Rose, 2008) contribui com a reflexão proposta aqui. A discussão sobre os modos de governo liberal e os mecanismos de produção da subjetividade moderna, e mais explicitamente sobre as transformações ocorridas no final do século XX nas técnicas de governo e na formação do seu objeto de sujeição, fornecem pistas para interpretarmos os novos programas sociais em questão.

A hipótese analítica discutida aqui é que há um novo repertório de enfrentamento da pobreza constituído por técnicas que, por seu caráter participativo, produzem e ao mesmo tempo operam por efeitos de subjetivação. O esquema de argumentação destes autores interessa na medida em que ele auxilia na interpretação dos sentidos que possam ser atribuídos à construção de subjetividades. Esta hipótese está associada à ideia fundamental para Miller e Rose (2008) de que não existe um ideal universal de sujeito, mas que estes são efeitos de práticas múltiplas e variadas de subjetivação – a referência aqui é Michel Foucault, novamente, mas também as preocupações destes autores com as condições por meio das quais se relacionam o saber, a autoridade e a subjetividade em situações específicas.[15]

A interrogação que estabelece a ordem de problemas aos quais eles se voltam, e que aqui interessa, trata das condições de possibilidades da realidade, ou seja, dos elementos que tornam possível o que se vê, o que se pensa e o que se entende como verdade. Mais especificamente, em se tratando da constituição do sujeito liberal moderno,

---

15 Pesquisas sobre a história da contabilidade, da gestão, da psicologia e da psiquiatria, do trabalho social e da educação (Miller e Rose, 2008).

quais as condições de possibilidade que fazem do indivíduo liberal a forma verdadeiramente aceita do sujeito; quais condições para o estabelecimento das formas de verdade sobre este sujeito e seus efeitos. A ideia de um sujeito individualizado, capaz de realizar escolhas, com capacidade de reflexão e esforçando-se para ter autonomia, é resultado das práticas liberais de subjetivação que estabelecem a verdade.

Assim como Lascoumes e Le Galès (2007 e 2004) iluminam as transformações nas práticas da ação pública do final do século XX a partir de uma abordagem que permite tomá-las por seus efeitos, Miller e Rose (2008) discutem este mesmo momento apontando as estratégias de regulação constituídas para dar conta dos novos problemas que se desdobram das críticas ao sistema do governo social formado no pós-guerra. Ambos os autores voltam sua interpretação para os efeitos das tecnologias de governo produzidos aí; no caso dos últimos, efeitos de subjetivação.

A análise de Miller e Rose (Rose, 2011 [1998]; Miller e Rose, 2008) sobre as tecnologias de governo liberal e os efeitos de subjetivação é o que nos interessa. É próprio desta tecnologia a operação por meio de efeitos de subjetivação. De uma maneira sucinta, esta característica se organiza desde o século XVIII, quando a ordem liberal surge em oposição à razão de Estado soberana que até o século XVII incidia de modo totalizante sobre o território. O governo liberal surge como resposta ao problema da limitação desta autoridade política, o que implica na organização de novas dimensões de governo: novos domínios com suas lógicas e densidades próprias, colocando ao poder a necessidade de diversificar suas maneiras de incidência. Miller e Rose, dialogando com os estudos de Foucault sobre a racionalidade de governo liberal, enfatizam que se tratava do desdobramento em uma nova mentalidade política definida pelo governo. Tratava-se de incidir de modo a proteger e não mais definir entre a morte e a vida dos súditos.

O liberalismo surge como resposta às perguntas sobre as melhores maneiras de governar.

> O liberalismo inaugura uma contínua insatisfação com o governo, um questionamento perpétuo sobre se os efeitos desejados estão sendo produzidos, sobre os erros de pensamento ou políticos que barram a eficácia do governo, um diagnóstico recorrente de falência acoplado com a demanda corrente de governar melhor (Miller e Rose, 2008, p. 206).

O liberalismo inaugura uma razão crítica. Interessa chamar atenção para a novidade das tecnologias liberais de governo que incidem à distância na produção das condições de subjetivação de indivíduos livres.

Elemento central da análise empreendida por Miller e Rose em relação ao governo do liberalismo, é a capacidade das pessoas portadoras de um saber que tornasse operável os limites impostos à autoridade política (gestão). Se a questão era produzir maneiras de garantir a liberdade – questionamento histórico em torno do qual a racionalidade liberal se organiza politicamente no século XVIII –, todo um novo conjunto de saberes se organiza a fim de responder a este problema. O desenvolvimento das ciências positivas na metade do século XIX suplementa e desloca esta autoridade moral para novos saberes: economia, estatística, sociologia, medicina, biologia, psiquiatria e psicologia; e constitui uma nova figura de autoridade: os *experts* – cientista, engenheiro, servidor público, burocrata –; que irá mobilizar novas técnicas de governo inspiradas na ciência, "(...) novas técnicas para a formação e capacitação ética de pessoas que exerciam autoridade, e o desenvolvimento de uma variedade de saberes científicos e técnicos que permitiria o exercício do governo sobre o tempo e o espaço" (2008, p. 201).

O que estava em jogo aqui era uma nova codificação para os distúrbios (epidemias, pauperismo, insanidade, divórcio) que emergiam tendo como referência o processo de urbanização das cidades industriais. Para responder a estes novos problemas, os *experts* mobilizam recursos (legislações, fundos ou capacidade organizativa) que incidem na constituição de novos arranjos e na formação de novas subjetivações: famílias, trabalhadores, prisioneiros, loucos, doentes. Os estudos clássicos da sociologia francesa (François Ewald e Jacques Donzelot,[16] em especial) se dedicaram à discussão sobre as novas dimensões e problemáticas que constituíram a esfera do social que emergia na França como desdobramento das tecnologias de governo liberal.

A incidência de grandes programas sociais se dava na intersecção das dimensões econômica, política e da ordem familiar e constituía o sujeito social. O século XX assiste à transformação das problemáticas de governo com a centralização dos mecanismos deste governo pelo social, a partir de grandes sistemas unificados, na montagem do Estado de Bem-Estar do pós-guerra. No domínio da economia, a maior intervenção do Estado leva ao enfraquecimento da privacidade nas transações mercantis ao mesmo tempo em que é mantida a autonomia formal do mercado. As técnicas de subjetivação incidem na formação de um sujeito social por meio das regulações nos mercados de trabalho e consumo. Miller e Rose apresentam duas dimensões desta intervenção: o seguro social e o trabalho social. No primeiro, o dispositivo dos direitos operava a inclusão coletiva dos indivíduos codificados como sujeitos sociais. O trabalho social, por sua vez, voltava-se àqueles que por razões variadas (doença, criminalidade) estavam fora da esfera da inci-

---

16 EWALD, François, *L'État Providence*, Paris: Bernard Grasset, 1986 e DONZELOT, Jacques, *L'invention du social*: essai sur le déclin des passions politiques. Paris: Fayard, 1984.

dência daquela tecnologia inclusiva. Aqui, operava uma tecnologia individualizante e responsabilizadora, cujo eixo era a família.

O governo social *welfarista* operou a expansão das fronteiras do aparato político em que o Estado governava à distância por meio da liberdade dos cidadãos. A autoridade exercida pelos *experts* é peça fundamental da articulação de tecnologias de governo que respondem "[à]as consequências indesejáveis da vida industrial, da remuneração do trabalho, e da existência urbana *em nome da sociedade*: solidariedade social, seguridade social, paz social, prosperidade social" (2008, p. 201, *grifo meu*). A *expertise* articulada no final do século XIX em torno da esfera do social, adquiriu capacidades mais poderosas de subjetivação com esta centralização *welfarista* no pós-guerra e a nova solução para recodificar a relação entre o campo político e a gestão dos assuntos econômicos e sociais.

Nas últimas décadas do século XX, críticas à centralização da autoridade estatal e sua limitação das individualidades na figura do sujeito social, produziram novos problemas. Miller e Rose (2008) chamam de "liberalismo avançado" a configuração de novos dispositivos de governo que responderam aos problemas da socialização do capitalismo empreendida nos anos do pós-guerra e, do ponto de vista das condições de subjetivação, localizam suas raízes "no sucesso da autorização do *Welfare* à *expertise* em relação a vários objetivos sociais e na implementação da aspiração individual em busca de sua própria civilidade, bem-estar e progresso" (p. 202).

Apesar de a crítica à centralização deste Estado atingir diretamente a figura dos *experts*, dado seu lugar de destaque no dispositivo de governo social, Miller e Rose mostram como deste questionamento emergiu uma nova fórmula de relacionamento entre governo, *expertise* e subjetividade. A "vontade de governar" não foi abandonada sob o "liberalismo avançado", o que houve foi um refinamento da dimensão programática do governo e um distanciamento em relação às instituições políticas formais. O insulamento constituído pelos *experts* sob o Estado social foi penetrado por um novo conjunto de raciocínios e técnicas. No lugar das ciências humanas e sociais, regimes de cálculos da contabilidade e da gestão financeira tomaram a frente: disciplinas de orçamento, técnicas contábeis e de auditoria; no estabelecimento dos mecanismos por meio dos quais a realidade passou a ser concebida.

> [Estas] estas ciências cinzas, estes *know-hows* de enumeração, cálculo, monitoramento, avaliação, manejam para ser simultaneamente modestas e oniscientes, limitadas ainda que aparentemente ilimitadas em sua aplicação à problemas tão diversos como a conveniência dos procedimentos médicos e a viabilidade do departamento universitário (2008, p. 212).

Do ponto de vista das condições de subjetivação, a relação anterior entre o cidadão social e a sociedade é substituída pela ligação entre o indivíduo responsável e sua "comunidade" auto-governada. De acordo com estes autores, a rede que tomava como objeto de intervenção os indivíduos durante o século XX e articulava várias tecnologias de regulação foi parcialmente separada e o governo passou a ser exercido pela "adoção de uma forma de governo exercida por meio da formatação [*through shaping*] de poderes e vontades de entidades autônomas: empresas, organizações, comunidades, profissionais, indivíduos" (Miller e Rose, 2008, p. 213). Subjetivações constituídas por meio de novas técnicas de previsibilidade de riscos, indicadores de desempenho e performance, monitoramento e avaliação. Estas novas medidas são mobilizadas para o governo dos sujeitos, em nome da autonomia do poder de decisão e auto-responsabilidade por suas ações. Técnicas que atuam na produção de sujeitos ativos na defesa de suas liberdades, sujeitos cujas vidas são resultado racional de suas escolhas – a abordagem das capacidades de Amartya Sen define o desenvolvimento como a liberdade de escolher a vida que se quer viver: encontro perfeito com a nova subjetividade produzida pelas técnicas comentadas por Miller e Rose. Poderíamos afirmar que esta abordagem é plausível em função desta subjetividade tal como descrita.

Rose (2011 [1998]), discutindo a constituição de um novo regime de regulação do *self* contemporâneo, enfatiza a centralidade das noções de autonomia, identidade, individualidade, liberdade, escolha e satisfação como articuladores das condições por meio das quais o homem passa a se pensar como sujeito no final do século XX. Um sujeito estimulado a se engajar ativamente na manutenção de sua autonomia responsável. Sob este novo regime do *self*, os indivíduos cumprem suas obrigações por meio de relações em "domínios micro-sociais ou 'comunidades' – famílias, lugares de trabalho, escolas, associações de lazer, bairros". O que acontece é que a sociedade foi substituída por estes micro-espaços, nos quais os sujeitos são auto-responsáveis por formatar seus estilos de vida: "[um] novo aparato que integra os sujeitos em um nexo moral de identificações e submissões nos processos nos quais estes aparecem agindo sob escolhas pessoais" (Miller e Rose, 2008, p. 214).

Importante aqui é que Miller e Rose mostram que estas tecnologias de governo não adquirem sua inteligibilidade no Estado, mas em mecanismos indiretos que traduzem os objetivos de autoridade nas escolhas e acordos individuais. Para exemplificar, as mutações das duas dimensões discutidas por eles: a segurança social e o trabalho social. No caso da primeira, de princípio de solidariedade social, a tradução das novas técnicas de subjetivação dos cálculos operou a transformação na privatização da gestão do risco. Os indivíduos são, nos dias que correm, educados, às vezes desde a infância, a ativamente calcularem as consequências futuras de suas ações. No caso das práticas de trabalho social, surge a figura do conselheiro portador de um manual de auto-ajuda. Os indivíduos devem consultar *experts* em nome de sua felicidade, como uma oportunidade de maximização de qualidade de vida.

Os indivíduos são transformados em "*experts* de si mesmos" e mobilizam as relações de auto-ajuda para interagir consigo mesmo e com os demais. É neste sentido que o governo sob o liberalismo avançado se dá "por meio das escolhas reguladas e calculadas dos agentes autônomos" (Miller e Rose, 2008, p. 216). Para Miller e Rose, do ponto de vista das condições de formação dos sujeitos, as transformações das últimas décadas do século XX operaram uma ativação da subjetividade e constituíram técnicas de engajamento destes sujeitos em suas escolhas.

Miller e Rose (2008) formularam sua interpretação acerca das novas tecnologias de governo como emergentes do centro do sistema mundial. Do ponto de vista brasileiro, pode-se contar esta história com outros elementos. Um campo fértil de investigação se abre ao incorporarmos os aportes teórico-metodológicos já comentados para refletirmos sobre os pontos de apoio que as tecnologias de governo liberais – com suas modulações recentes – utilizaram aqui.

Como se sabe, estas transformações nos modos de governo liberal tiveram sua expressão política na ascensão da nova direita no mundo anglo-saxão (Inglaterra e EUA, 1979 e 1981, respectivamente) e são conhecidas como neoliberalismo. Para os autores aqui comentados (Miller, Rose, Lascoumes, Le Galès), não houve uma ruptura entre o modo de governo liberal welfarista e as técnicas mobilizadas a partir dos anos 1980. Outros autores, como P. Dardot e C. Laval (2009, 2010), trazem elementos que nos permitem discutir as especificidades de uma subjetivação propriamente neoliberal – formação subjetiva de um indivíduo concorrencial, efeito da extensão da lógica da concorrência mercantil para esferas não mercantis –, com possível diálogo com Miller e Rose. Outra contribuição para este debate é a discussão de Beatrice Hibou (2004) que interpreta este mesmo processo conceitualizando a "privatização do Estado" a partir da proliferação de esferas de "quase-mercados" que configuram exatamente a separação (*detached*) e a nova configuração de relações de poder, discutidas por Miller e Rose (2008).

Considerações finais

Procurou-se trazer, neste texto, uma contribuição analítica para pensarmos o social contemporâneo. Muitas transformações vêm sendo discutidas em textos recentes que mobilizam etnografias para compreender o desmanche da precária estrutura do direito social em países menos desenvolvidos como o Brasil. Análises cada vez mais urgentes, face ao retrocesso político e social vivido não apenas na América Latina, mas também na Europa diante do crescimento de uma nova direita que se levanta, inclusive, como resposta aos efeitos da crise do edifício da solidariedade do bem--estar. A ênfase aqui foi outra; com o intuito de contribuir com a mesma tarefa crítica, discutiu-se uma contribuição teórico-metodológica que permita a interpretação deste afã engajador da subjetividade incitada pelos programas sociais contemporâneos.

As técnicas de combate à pobreza, discutidas aqui, são parte de novas experimentações de gestão das populações que reconfiguraram as características clássicas[17] das periferias das cidades industriais. A tão celebrada politização das condições de vida que esteve no centro das experimentações políticas dos anos 1970 e 1980 converteu-se

---

17 Como a precariedade das condições de vida que, politizada pela linguagem dos direitos, se desdobrou na constituição de movimentos sociais (Rizek, 2013). Eder Sader, *Quando novos personagens entraram em cena*, experiências e lutas dos trabalhadores da Grande São Paulo 1970-1980, 1988; é a referência clássica sobre a história da politização das carências nos territórios da pobreza em São Paulo, no final dos anos 1970.

nas últimas décadas em foco de outras problematizações, deslocando o ambiente coletivo do conflito político para novas formas de gestão da pobreza que atingem estas populações e as caracterizam, cada vez mais, pelos critérios de definição de demanda e de suas formas de medida, colocando em causa a universalização dos direitos (Georges; Santos, 2013, 2016). Procurou-se defender aqui, que a compreensão destas transformações recentes no tecido social requer a indagação sobre a figura forjada nas novas técnicas de governo.

Referências bibliográficas

CUNHA, Márcia Pereira. *Do planejamento à ação focalizada – Ipea e a construção de uma abordagem de tipo econômico da pobreza*, Tese (Doutorado) – FFLCH – USP, São Paulo, 2012.

DARDOT, Pierre; LAVAL, Christian. "Néoliberalisme et subjectivation capitaliste", *Cités 41*, Paris, PUF, 2010.

_____. *La nouvelle raison du monde: essai sur la société néoliberale*, Paris: La Decouvert, 2009.

FOUCAULT, Michel. "Tecnologia política dos indivíduos". In: MOTTA, Manoel Barros de. *Foucault. Ética, Sexualidade, Política*. Rio de Janeiro: Forense Universitária, 2004 (1982). (Ditos & Escritos V)

GEORGES, Isabel; SANTOS, Yumi Garcia dos. "A produção da 'demanda': viés institucional e implicações políticas da terceirização do trabalho social". In: CUNHA, Neiva Vieira da; FELTRAN, Gabriel. (org). *Sobre periferia: novos conflitos no Brasil contemporâneo*. Rio de Janeiro: Lamparina, 2013.

_____. *As "novas" políticas sociais brasileiras na saúde e na assistência. Produção local de serviço e relações de gênero*. Belo Horizonte: Fino Traço, 2016.

HIBOU, Beatrice. (ed). *Privatizing the State*. Columbia University Press, 2004.

LASCOUMES, Pierre; Le GALÈS, Patrick. *Sociologie de l'action publique: domaines et approches*. Paris: Armand Colin, 2012.

_____ (ed). *Gouverner par les instruments*. Paris: Science Po., 2004.

_____. "Introduction: understanding Public policy throught its instruments – from nature of instruments to the sociology of public policy instrumentation". *Governance: An International Journal of Policy, Administration, and Institutions*, Vol. 20, n. 1, January 2007, p.1-21.

LAUTIER, Bruno. "Governo moral dos pobres e a despolitização das políticas públicas na América Latina". *Cadernos CRH*, Salvador, v. 27, set/dez, 2014.

_____. "Sous la morale, la politique. La Banque Mondiale et la lutte contre la pauvreté". *Politique Africaine*, Paris, n. 82, jun. 2001.

MAGALHÃES JUNIOR, José César de. MARANHÃO, Tatiana de Amorim. "L'entrepreneuriat social et l'administration du conflit politique". *Bresil(s)*, Paris, v.6, 2014, p.17-33. Disponível em < https://bresils.revues.org>. Acesso em 29 out. 2017.

MARANHÃO, Tatiana de Amorim. "Amartya Sen e a responsabilização dos pobres na agenda internacional". *Contemporânea. Revista de Sociologia da UFSCar*, São Carlos, v.6, n.1, jan-jun 2016, p.13-26. Disponível em < http://www.contemporanea.ufscar.br>. Acesso em 29 out. 2017

_____. *Governança mundial e pobreza – do consenso de Washington ao consenso das oportunidades*. Tese (Doutorado). FFLCH – USP, São Paulo, 2009.

MAURIEL, Ana. Paula Ornellas. *Capitalismo, políticas sociais e combate à pobreza*. Ijuí: Editora Unijuí, 2011. (Coleção Relações Internacionais)

MILLER, Peter; ROSE, Nikolas. *Governing the present. Administering Economic, Social and Personal Life*. Polity Press: Cambridge, 2008.

PEREIRA, João Marcio Mendes. *O Banco Mundial como ator político, intelectual e financeiro (1944-2008)*. Rio de Janeiro: Civilização Brasileira, 2010.

RIZEK, Cibele; AMORE, Caio; CAMARGO, Camila. "Política Social, gestão e negócio na produção das cidades: o Programa Minha Casa Minha Vida *Entidades*". *Cadernos CRH*, Salvador, v. 27, set/dez, 2014.

ROSE, Nikolas. *Inventando nossos selfs. Psicologia, poder e subjetividade*. Petrópolis: Vozes, [1998] 2011.

SEN, Amartya. *Desenvolvimento como liberdade*, São Paulo: Companhia das Letras, 2000.

STIGLITZ, Joseph. "Towards a new paradigm for development: strategies, policies, and processes", *Conferência Anual Prebisch Lecture da UNCTAD*, Genebra: outubro de 1998.

UGÁ, Vivian Dominguez. *A questão social como 'pobreza'*: crítica à conceituação neoliberal. Curitiba: Appris, 2011.

WORLD BANK. *Sub-saharan Africa: from crisis to sustainable growth*, Washington, D.C., nov/1989.

Políticas Sociais: tempos e territórios em disputa

Cibele Saliba Rizek e Isabel Pauline Hildegard Georges

Uma caracterização do "lulismo": até onde chegamos?

O momento por que passa o país pós-*impeachment* vem sendo marcado por acentuado desmanche do horizonte de direitos, por resultados eleitorais e manifestações contra a liberdade de expressão artística e de ensino que apontam a ascensão pública de grupos nada comprometidos com perspectivas democráticas, marcando disputas acirradas no campo da produção cultural e dos comportamentos cotidianos. Precisamente nesse momento, vai se tornando cada vez mais necessário localizar as contradições e impasses que nos conduziram até aqui. A situação que se impôs a partir de 2016 nos impele a mapear o que se pode reconhecer como lulismo, entender seu esgotamento e/ou as condições de sua sobrevivência – tanto no âmbito sócio-político e eleitoral, quanto no âmbito do espetáculo exibido pelas mídias e pela grande imprensa. A continuidade ou fim do lulismo está hoje em disputa. Manifestos e abaixo assinados que circularam no país denunciaram o caráter judicializado dessa possibilidade/impossibilidade de sua candidatura, denunciando continuamente a dimensão híbrida e entrecruzada das esferas institucionais de poder no Brasil de nossos dias. Mais uma camada de dimensões híbridas, de fronteiras permeáveis acaba por se afirmar nessa disputa que teria sido travada num primeiro momento no judiciário acabou por se estender às urnas e às ruas.

O lulismo – como modo de governo vigente especialmente a partir do segundo mandato de Luiz Inácio Lula da Silva – foi pensado por André Singer (2012) como reformismo fraco viabilizado, como afirmam Ruy Braga e Carlos Bello,[1] pela combinação entre duas formas de consenso: o *consenso ativo* de lideranças sindicais e de movimentos sociais vinculados ao PT e à CUT (o que compreende movimentos sociais urbanos como os movimentos de moradia mais "clássicos") e um *consenso passivo* – produzido pela concordância e pela melhora relativamente pequena dos índices de desigualdade e relativamente mais significativa de diminuição da pobreza.

Para além das designações nada consensuais a respeito do desenvolvimentismo tardio ou "neodesenvolvimentismo" bastante específico que teria marcado os governos do PT, é preciso, em primeiro lugar, reconhecer conquistas e avanços – sobretudo em termos salariais e de emprego – e em termos de políticas ou programas sociais e de reconhecimento social e econômico de segmentos sociais discriminados desde sempre. Durante os anos 2003/2016, marcados pelos governos do Partido dos Trabalhadores, um conjunto de medidas inéditas na história do país permitiu uma combinação obtida a partir do aumento significativo do salário mínimo (mais de 70% de crescimento real), produção de postos de trabalho (formais e relativamente mal remunerados em especial no setor de serviços, acompanhados de um crescimento dos postos informais

---

1   Para os textos desses autores, ver Singer e Loureiro, 2016.

de trabalho), benefícios sociais como o Programa Bolsa Família (PBF) e o Programa Minha Casa Minha Vida (PMCMV) – com todas as ambiguidades que entrecruzavam políticas de aquecimento econômico, medidas preconizadas pelas agências multilaterais como o Banco Mundial e programas sociais de combate à pobreza.

No quadro anterior a 2003, havia-se testemunhado o crescimento importante da desigualdade, um conjunto significativo de privatizações que inauguraram e aprofundaram o desmanche neoliberal, a constituição de uma ordem pós-desmanche que supôs e radicalizou as relações entre regulação estatal e mercado. Esses elementos dão relevo à reversão relativa e ao estancamento de uma sangria, nos anos recentes, que atingiram sobretudo as parcelas mais empobrecidas, o que acabou permitindo, nos anos dos governos petistas e lulistas a formação daquele consenso que, de certo modo, desnaturalizou, ainda que temporariamente, a desigualdade brasileira. Consenso frágil, embora duplo, como mencionado.

As conquistas em termos de salários e do mercado de trabalho poderiam ser vistas como dimensões relativas a um PT vinculado aos conteúdos "de classe" – emprego, ganhos salariais, formalização, direitos vinculados ao trabalho (como no caso aparentemente excepcional das empregadas domésticas em seu percurso nada homogêneo e em seus resultados bastante desiguais). No caso das políticas de "combate à pobreza" elas seriam transformadas em marca registrada do PT ainda que, de fato, suas origens possam ser remetidas a períodos anteriores. Por outro lado, os resultados eleitorais de 2016 também podem matizar essa forma de compreensão das políticas sociais que marcaram o lulismo. Assim, alguns dos municípios emblemáticos identificados como nascedouros do PT observaram importante dispersão do eleitorado. É o caso do ABC paulista, onde o PT teria se tornado um partido entre outros, graças a uma mudança da composição social da região, ao lado de outros fatores, como por exemplo, a importante migração de unidades industriais para outras regiões, de terrenos mais baratos e atividade sindical inexistente. Considerando, entretanto, "o elenco de vitórias em pequenos municípios espalhados pelo Brasil (Rio Grande do Sul; Piauí, Bahia e Ceará, Minas Gerais [...]", é possível aventar que "foi derrotado o PT da luta de classes. Em compensação, saiu de algum modo vitorioso o PT das concepções comunitárias, onde não se pode deixar de ver o efeito residual da ação pastoral da Igreja" (Martins, 2016). Trata-se então de um PT das políticas e programas sociais, longe dos conflitos entre capital e trabalho que lhe deram origem, longe também de uma linguagem de garantia legal de direitos, ainda que vinculado fortemente à produção da demanda e da manutenção das complexas formas de implementação de práticas e mediação de recursos que conformam a produção desse novo (e em parte já dissolvido) social e suas formas de governo. Essas formas de governo – compatíveis com um modo de realização do processo de acumulação de capital que impulsionou a industrialização e a urbanização no centro sul do país, reproduziram, mobilizaram, instrumentalizaram ou "funcionalizaram" (Oliveira, 1972) as desigualdades regionais brasileiras – assim como conformaram e reconfiguraram as novas tessituras do social na sua dimensão territorial.

Diante dessas dimensões necessariamente múltiplas, é preciso observar processos que obedeceram a lógicas diversas e entrecruzadas, tais como: expedientes propostos e implementados pelas agências multilaterais; expedientes que se originaram da ação e da presença da igreja católica e de suas dimensões comunitaristas; expedientes provenientes das igrejas evangélicas e de seus modos de operacionalização (Georges e Santos, 2016; Santos, 2014), das ONGs (Georges e Santos, 2013; Galdeano, 2013), dos Centros de Referência de Assistência Social (Breda, 2016). Além desse conjunto de procedimentos é preciso mencionar que mesmo sendo a "marca registrada do combate à pobreza" empreendida pelos governos do PT, o Programa Bolsa Família resultava de um investimento de 1% do PIB – bastante restrito, portanto – e que esse tipo de transferência de renda jamais tenha se tornado de fato um direito legalmente instituído e irreversível. Sua interrupção, ainda que politicamente difícil, continua sendo possível do ponto de vista legal, bem como a diminuição e/ou redefinição do número de beneficiários e do seu tipo de atendimento. Assim, é possível mencionar o Programa Bolsa Família, o Programa Minha Casa Minha Vida, o Programa Universidade para Todos (Prouni) e até mesmo políticas de promoção e incentivo culturais pensando numa reunião de benefícios entrecruzados, todos bastante liminares e precários que fizeram uma diferença significativa para as parcelas mais pobres da população brasileira, mesmo e apesar de sua provisoriedade. De um lado, deve-se considerar escolas superiores de qualidade duvidosa que abrem e fecham; benefícios continuados e Programa Bolsa Família, cuidadosamente implementados a partir de ONGs, Organizações Sociais (OS) e igrejas como modo de operacionalização de moralidades e de comportamentos que incidem e não raro acabaram por reforçar formas de dominação de gênero (Georges e Santos, 2013, 2016); no âmbito desse processo de implementação do Programa Bolsa Família, é possível constatar a emergência de formas de constituição de mercados vinculados ao social e à esfera política (Georges e Ceballos, 2014); no que se refere à produção de moradia, os conjuntos habitacionais produzidos pelo PMCMV se sobrepuseram e reproduziram – frequentemente agravando – formas severas de segregação espacial nas cidades brasileiras (Rizek, Carvalho e Camargo, 2014). De outro lado, essas considerações não permitem que se ignore a importância e o significado da novidade histórica, a princípio petista e, em seguida, lulista: a investida de combate à pobreza e à miséria posta em operação a partir do que se pode identificar como terra arrasada, como desmanche de uma ordem social anterior (Oliveira e Rizek, 2007). Ainda é preciso lembrar que a disputa em torno dessa mesma ordem ainda não se concluiu, como demonstram a "reforma" da legislação trabalhista (já aprovada com a legalização do trabalho intermitente, com a prevalência do negociado sobre o legislado entre outras medidas) bem como a "reforma" da previdência, cuja votação vem sendo adiada sobretudo por sua impopularidade, ambas vinculadas a uma funda destituição de direitos. A brutalidade da desigualdade brasileira, produzida pela concentração de renda dos anos de ditadura e jamais revertida pelos governos civis, se constituiu no ponto de partida dos governos do PT 2003/2016, precedidos pela Carta aos Brasileiros que teria já anunciado um pacto com o capital financeiro, em nome da governabilidade.

Desse modo, por um lado, a compreensão crítica dos programas e políticas sociais do ciclo de governos do PT é fundamental para a explicação do Brasil que fechou esse período, em 2016. Por outro lado, apesar dessa compreensão crítica, é importante perceber a importância do ciclo lulista e de seus programas para os movimentos sociais, num combate frágil por direitos já retirados no período pós-*impeachment*, sem que nem sequer tivessem sido consolidados no ciclo anterior. Diante desse quadro que marcou os governos do PT e de sua reversão, talvez seja necessário pensar exatamente *quais os sentidos dessas inovações moduladas pelos governos petistas* – os aumentos salariais, políticas ou programas sociais combinados, entrelaçadas a um aumento significativo dos lucros de alguns setores econômicos como bancos, construtoras e empresas encarregadas do ensino superior privado. O que produziu esse cruzamento contraditório?

Do ponto de vista das políticas e programas sociais – a ideia de *constelação de práticas* pode ajudar a compreender a melhora das condições de vida das populações mais pobres que alteraram de modo significativo a face e os territórios da pobreza reconstituídos e redesenhados a partir de fluxos de dinheiro, de serviços, de modos de operação dos diferentes programas e daquilo que se pode reconhecer como "novo terreno associativo" que tanto brotou de baixo – especialmente movimentos populares – como se implementou a partir de cima – em especial as OS e ONGs e fundações empresariais que podem ser vistas como gestoras ou operadoras de programas de governo, como margens do Estado, no sentido de que o Estado se faz nas suas margens como momento privilegiado de produção da ordem e da violência (Das e Poole, 2008). Esse "mundo do indistinto" (Paoli, 2007) resulta de um conjunto de "confluências perversas" (Dagnino, 2007) conformando práticas, operações que se associaram em um modo de governo bastante potente. Com temporalidades diversas entre si, formando redes e fluxos sobre territorializações nem sempre coincidentes, constituindo tramas de governo, essas associações populares, empresariais, não governamentais, religiosas, em seu hibridismo, conformaram um novo social em sua versão petista.

A produção do social: dispositivos do lulismo

Os Programas Bolsa Família, Estratégia Saúde da Família (o antigo Programa Saúde da Família)[2] e o Minha Casa Minha Vida

---

2   O Programa Estratégia Saúde da Família, a ampliação progressiva do Programa Saúde da Família (PSF), a partir de 2003, é o programa de atenção básica do Serviço Único de Saúde (SUS) voltado para as famílias, a porta de entrada ao sistema público de saúde, protótipo das conquistas e direitos sociais inscritas na Constituição de 1988, e fruto de amplas reivindicações. As políticas de saúde, como as relações entre as políticas de saúde e de assistência, não serão analisadas aqui. Para o leitor interessado, *cf.* Georges e Santos, 2016.

constituem-se como os mais significativos das novas tessituras do social do período lulista. São políticas paradigmáticas do "mundo do indistinto" (Paoli, 2007) que se tramam por meio de continuidades e de reconfigurações. Nesse contexto, vale destacar primeiramente um certo número de continuidades históricas destas políticas, além de suas reconfigurações e particularidades, assim como os seus respectivos modos de formatação de uma racionalidade que pode ser pensada, com Dardot e Laval (2016), como neoliberal. Trata-se de uma racionalidade porque atua transversalmente, fazendo-se valer nas práticas dos atores, isto é, uma racionalidade presente nas concepções, nos modos de implementação, de operacionalização e de apropriação pelos "beneficiários", nas pontas dos programas. Trata-se ainda de uma racionalidade que borra as fronteiras entre as esferas privada e pública, assim como dos direitos e de sua efetivação, o que depende, em cada momento, da disputa pela apropriação dos fundos públicos. A expansão dos processos vinculados às novas formas de acumulação, em grande medida financeirizadas,[3] acabam se estendendo por mecanismos que che-

---

3   A discussão a respeito da financeirização da economia brasileira durante o lulismo é bastante complexa. Estamos, neste texto, acompanhando a análise e as informações levantadas por Lena Lavinas apontadas abaixo: "O neoliberalismo financeiro opera regulando o montante de serviços de saúde no SUS e no setor privado; ele formata a expansão dos serviços de educação – especialmente, mas não exclusivamente – nos colégios e universidade; compromete o sistema de repartição do seguro social público, desmantelando mecanismos baseados na solidariedade e aprofundando a lógica individualista dos sistemas totalmente financiados, incentivados de várias formas. Ao ser privada de fluxos de receita específica e exclusivamente comprometida, a Seguridade Social é ameaçada, a qualidade e cobertura da provisão pública como um todo são levadas a deteriorarem-se. Esse processo reforça padrões de segregação altamente estratificados por faixas de rendimento. Nem os mecanismos de transferência de renda escaparam dos processos de financeirização; eles foram usados como âncora coadjuvante no boom do crédito para o consumo. Seu avanço rápido, movendo-se em massa pelos segmentos mais vulneráveis da população – a chamada nova classe média e os mais

gam a criar porosidades entre as esferas da vida pública e da vida cotidiana, acabando por redefinir e redesenhar o que se constituiu, ao longo da história política brasileira, como campo de direitos que acabou, em seus processos de implementação, por contabilizar e setorizar a população pobre e aquilo que vai se definindo e se circunscrevendo a partir da identificação de suas necessidades mais urgentes. Ao mesmo tempo esse processo de conquista de direitos se transmutou, ao longo dos anos de formação e consolidação do lulismo, em criação de nichos de mercado que resultaram de novos serviços, dos programas de acesso à educação e da combinação de financiamento, trabalho social e garantias de retorno que marcaram o Programa de moradia em suas modalidades. Esses processos combinados levariam à emergência desses serviços e produtos vinculados a esse social que por sua vez se conformam como novos setores de acumulação do capital, sempre de modo tenso, fazendo a travessia entre as esferas privada e pública, entre direitos e mer-

---

pobres do que eles – serve a outros fins além de simplesmente lidar com as falhas do mercado e garantir uma certa estabilidade socioeconômica. Sua função é redefinida dentro do regime de acumulação dominado pelas finanças. O feito do Partido dos Trabalhadores foi operar dois tripés simultaneamente e de mãos dadas, de modo a favorecer a lógica da acumulação financeira. No âmbito da política macroeconômica, o tripé consistiu em manter o superávit primário, a taxa de câmbio flutuante e as metas de inflação. Esses dois últimos mecanismos juntos pressionaram as taxas de juros para cima, acelerando o movimento da financeirização da economia. Na frente de política social, o tripé trabalhou para preservar a concentração dos gastos sociais em transferências monetárias contributivas e não-contributivas, servindo como garantia para o acesso ao setor financeiro (crédito e novos produtos e serviços). Paralelamente, ajudou a drenar a Previdência Social de suas fontes exclusivas de financiamento por meio de isenções, créditos fiscais e outros incentivos que confirmaram um movimento em direção à prevalência do setor financeiro na provisão de bem-estar, em detrimento das políticas universais. Finalmente, o tripé social efetivamente desfez o efeito que um sistema tributário progressivo poderia ter tido como mecanismo poderoso para promover a redistribuição, combater a desigualdade e financiar políticas públicas" (Lavinas, 2016, p. 170).

cadorização da vida. Nessa perspectiva, dois programas mostram de forma paradigmática, ainda que de modos diversos, dimensões centrais desse social lulista. Trata-se do Programa Minha Casa Minha Vida em suas duas versões ("Construtoras" e "Entidades", a versão mais participativa e vinculada aos movimentos por habitação) – que explicita articulações de um espectro extenso de alianças entre diferentes esferas públicas e privadas, políticas, econômicas e sociais – e o Programa Bolsa Família em seus desdobramentos participacionista, familiar e territorial, como veremos a seguir.

O Programa Minha Casa Minha Vida: o espectro das alianças e a financeirização do social[4]

O PMCMV é resultante de um desenho político e financeiro complexo que teve impactos indeléveis sobre as cidades. Para além de suas dimensões quantitativas relativas aos contratos e unidades entregues, é preciso considerar, em primeiro lugar, que o PMCMV acabou por congregar "subprogramas, modalidades, fundos, linhas de financiamento, tipologias habitacionais, agentes operadores, formas de acesso ao produto 'casa própria' – esta sim uma característica que unifica as diferentes experiências" (Santo Amore, 2015, p. 15). Trata-se de um programa anticíclico, concebido a partir do diálogo entre o setor imobiliário e da construção civil com a Casa Civil e o Ministério da Fazenda, que acabou por ser lançado como Medida Provisória (MP 459) em março de 2009. Seu objetivo foi

---

4 Como afirma Bresciani, a "concepção de que um artefato arquitetônico poderia mudar física e moralmente pessoas (...) deslizou dos ambientes coletivos para a moradia. As políticas urbanas redefiniam conceitualmente as modernas concepções de público e privado, e a elas acrescentavam o domínio no íntimo (...): reorganizam o espaço da casa, da casa burguesa e ou aristocrática, e em particular a casa da população pobre" (Bresciani, 2017, p. 129). Desse modo o PMCMV parece se conformar como metonímia, como índice para decifrar as políticas urbanas brasileiras mais recentes.

então o de enfrentar a crise econômica proveniente do fim da bolha imobiliária americana e seus impactos na economia mundial. O Programa nasceria de costas para o Ministério das Cidades – criação dos governos do PT – que estava às voltas com um conjunto de proposições e soluções para a questão da produção de Habitação de Interesse Social por meio de um Sistema Nacional de Habitação Social e do Fundo Nacional de Habitação de Interesse Social que teriam nascido do projeto de lei de iniciativa popular apresentado em 1991 e aprovado em 2005.[5] Esse processo teria resultado no Plano Nacional de Habitação (PlanHab), que contemplava as diversidades regionais e entre municípios e propunha a articulação de segmentos que compunham o Conselho das Cidades, criado em 2003, o que se desdobrou na Campanha pela Moradia Digna.[6] Dessas articulações nascia a "Proposta de Emenda Constitucional

---

5   Lei Federal 11.124/2005. Disponível em http://www.planalto.gov.br/ccivil_03/_ato2004-2006/2005/lei/l11124.htm. Acesso em outubro de 2014.

6   O Conselho das Cidades foi instituído no ano de criação do Ministério das Cidades e conta com a participação de uma grande multiplicidade de atores com atuação sobre questões urbanas: movimentos populares, ONGs, universidades, empresários, além de setores do Estado, poderes executivo e legislativo, nos seus diversos níveis federativos. "Com o SNHIS/FNHIS previam-se fundos articulados nos diferentes níveis federativos, todos controlados socialmente por conselhos com participação popular e com ações planejadas a partir dos Planos Locais de Habitação de Interesse Social (PLHIS), obrigatórios aos entes federados que quisessem se habilitar no sistema e receberem recursos federais. Os Planos seriam os responsáveis por definir claramente as necessidades habitacionais de cada município, bem como apresentar uma estratégia para enfrentá-las. Ainda de acordo com o modelo proposto, os PLHIS deveriam suceder os Planos Diretores Participativos, que também são obrigatórios para o conjunto de municípios brasileiros com mais de 20.000 habitantes deveriam, entre outros temas, apresentar uma estratégia fundiária para o tema da moradia. Uma articulação inusitada entre movimentos de luta pela moradia e setores empresariais que se fazem representar no Conselho Nacional das Cidades estava em curso desde 2008, com o lançamento da "Campanha Nacional pela Moradia Digna – uma prioridade social" (Santo Amore, *op. cit.*, p. 16). Ver também http://www.moradiadigna.org.br/moradiadigna/v1/index2.asp?p=11, acesso em julho de 2014.

(PEC) que vinculasse 2% dos recursos orçamentários da União e 1% dos estados, Distrito Federal e municípios aos seus respectivos Fundos de Habitação de Interesse Social, lastreando de forma permanente a política nacional de produção habitacional" (Santo Amore, *op.cit.*, p. 16). A urgência em transformar "o tsunami em marola",[7] a natureza mesma do pacto lulista, a fragilidade do Ministério das Cidades e do conjunto de proposições que teriam marcado o primeiro governo Lula levaram à aceitação das proposições dos setores econômicos vinculados à construção civil, utilizando o orçamento da União e do FGTS, recursos para financiamento de infraestrutura e do BNDES, com a promessa de construção de 1 milhão de casas, gerando empregos e mobilizando toda a cadeia de produção – desde a produção de componentes até a indústria moveleira e de eletrodomésticos.

A construção do consenso em torno do PMCMV passou pela aceitação rasa dos dados quantitativos do déficit habitacional calculado em 7,2 milhões de unidades. Esse déficit – concentrado fortemente nas faixas de renda de até 3 SM, nas regiões sudeste e nordeste e em grande medida nas regiões metropolitanas.[8] Tal como aponta ainda Santo Amore, marcando uma diferença importante com a produção do BNH, "400 mil unidades (40% da meta) deveriam ser destinadas a famílias com renda de até 3 salários mínimos", o que se viabilizaria com o aporte de 16 bilhões de reais de recursos da União (70% de todo o investimento). Tratava-se de um nível de subsídio que nem mesmo o PlanHab (Plano Nacional de Habitação) previra

---

7   Referência ao discurso do Presidente Luís Inácio Lula da Silva ao se referir à crise econômica internacional provocada pelo estouro da bolha especulativa vinculada aos financiamentos *subprime* nos Estados Unidos.

8   A esse respeito, ver Rizek (2017), em que discuto especialmente a produção dos números vinculados à produção do consenso em torno no Programa bem como de uma blindagem da forma casa própria que envolve a produção de Habitação de Interesse Social no Brasil.

em seus cenários mais otimistas. Havia ainda a intenção de distribuição regional, concentrando a produção nos estados do Sudeste e Nordeste, priorizando municípios com mais de 100 mil habitantes e excluindo aqueles com menos de 50 mil, acompanhando a distribuição do déficit" (Santo Amore, op.cit., 17). O PMCMV em sua face mais pragmática simplificava a questão habitacional e, por seu intermédio, urbana e social brasileira que o PLANHAB buscava contemplar com uma diversidade de programas voltados para um mapeamento da diversidade de municípios brasileiros.[9]

O Programa sofreria ajustes ao se concretizar, passando por diferentes fases, autorizando a produção em municípios com menos de 50 mil habitantes, incorporando especificações mínimas, incorporando o que ficou estabelecido como "trabalho social" na Faixa 1, de menor renda e desdobrando-se em duas grandes modalidades

---

9   Ainda é preciso mencionar que ainda em 2009 surgiram textos relativos aos impactos do Programa (Arantes e Fix, 2009; Maricato, 2009; Rolnik e Nakano, 2009) que apontavam para "o descolamento entre déficit e metas de produção: afinal, se 90% do déficit estava nas faixas de renda de até 3salários mínimos, por que apenas 40% das unidades eram direcionadas a essa faixa? Apontavam também a prevalência dos interesses dos setores imobiliário e da construção civil no processo de formulação do programa, pois os 60% restantes das moradias para rendas superiores já tinham se consolidado como mercado para esses setores pelo menos nos cinco anos que antecederam o lançamento do Minha Casa Minha Vida. O aspecto de construção política representado pela estruturação do SNHIS foi também apontado pelos primeiros analistas, que mostravam como o PlanHab (...) era absolutamente negligenciado no programa. O perigo (...) de produção periférica em locais mal servidos por infraestrutura urbana, já era mencionado, tendo em vista a desarticulação da produção habitacional em relação às matérias urbanísticas, em relação às ações municipais de regulação do uso e ocupação do solo, que estariam apoiadas na efetivação da função social da propriedade, na implementação dos instrumentos do Estatuto da Cidade, na elaboração dos Planos Diretores em bases diferentes daquelas que os tinham caracterizado durante os anos de 1970 e 1980. A questão da terra, o nó da política urbana brasileira, e da segregação socioespacial era enfim apontada como o principal gargalo que o Minha Casa Minha Vida não enfrentava, com consequências ainda difíceis de prever" (Santo Amore, op, cit. p 17-18).

– a modalidade que se voltava para as construtoras (frequentemente com apoio das Prefeituras que ofereciam terras para projetos já prontos) e uma outra modalidade – ínfima do ponto de vista quantitativo mas muito significativa do ponto de vista da construção pactuada que caracterizou o lulismo – a modalidade "Entidades".[10]

Nessa modalidade, a partir do credenciamento de associações provenientes ou não dos movimentos de moradia, pode-se encontrar a outra face do pacto lulista. A viabilização do programa passou por uma negociação com os movimentos de moradia que conduziria a um lado B da modalidade "Construtoras". Nessa modalidade, voltada para as entidades historicamente vinculadas à luta pela Reforma Urbana, seriam abrigadas as reivindicações dos movimentos – ligados ao PT ou nascidos fora de seu âmbito, com posições à sua esquerda no espectro político. Foi esse processo que permitiu o consenso e a legitimação dessa peça de tecnologia de governo que deu vida à política de habitação lulista. Se seus resultados são numericamente pífios, suas conquistas foram politicamente muito significativas, na medida em que transformaram os movimentos e as associações de moradores em operadores do programa disputando terrenos com empresas de capital aberto que fizeram de seus bancos de terras ativos financeiros na negociação de suas ações nas bolsas.

Em pesquisa de dois anos – com posterior sistematização de informações qualitativas e quantitativas sobre o PMCMV em sua modalidade "Entidades" – algumas constatações saltaram aos olhos como a primazia da produção não metropolitana na modalidade "Construtoras" e a importância da produção da modalidade "Entidades" nas regiões metropolitanas, como na Região Metropolitana

---

10 Conforme Castro (2017), a modalidade "Entidades" conta com apenas 5% da produção do Programa.

de São Paulo, entre outras informações. Assim também o processo de crescimento e abertura de capital das empresas que participaram fortemente do PMCMV e os possíveis desdobramentos em um processo de financeirização da produção de habitação social, que se viu transformada em nicho de mercado e valorização financeira. E ainda a construção de um campo de atuação que pautou e, de certo modo, unificou as práticas de movimentos sociais distintos entre si como o MTST e os movimentos que se aglutinam sob a União Nacional por Moradia Popular (UNMP). Essa unificação em torno da modalidade "Entidades" construiu um campo de práticas, um campo que organiza consensos, expondo os movimentos que não aderiram ao programa a um processo de fragmentação que acabou por comprometer seu reconhecimento e sua visibilidade. Nesse campo de consensos residem alguns dos desdobramentos do lulismo.

Apesar da crítica necessária ao programa, ao caráter mínimo ou pífio da produção no âmbito da modalidade "Entidades", apesar da negociação que produziu um consenso e de certo modo um significativo processo de despolitização da "questão da moradia" como índice da "questão social" escancarando a desigualdade urbana brasileira, é preciso mencionar que um dos primeiros ataques do governo Temer aos programas sociais dos governos lulo-petistas foi desferido contra o PMCMV "Entidades". Foi esse ato que provocou também algumas das primeiras reações contra o primeiro de muitos desmanches – o desmantelamento dos contratos e um conjunto de manifestações que levaram à ocupação do escritório da Presidência da República na Av. Paulista, manifestações que se repetiram muitas vezes ao longo de 2016. Assim, é inegável a importância que o programa adquiriu para os movimentos de moradia apesar de todos os contratempos, apesar da perda de autonomia em nome mesmo da autonomia, apesar das pontuações necessárias à aquisição de uma unidade, apesar do sofrimento, das idas e vindas e negociações, das noites nas ocupações. A fala de alguns dos representantes dos movimentos de moradia ilustra bem o campo que se formou, durante e por causa do lulismo, em torno do PMCMV "Entidades". Afirmavam com um certo gosto amargo a frase que caracteriza o período e que reforçou e agravou a dura realidade das formas de segregação e separação que marcam nossas cidades. A frase comum dos movimentos sobre a modalidade "Entidades" era a de que afinal "é isso o que temos para hoje".

Nem isso parece ter sobrado como horizonte de luta por moradia. Ao lado dos movimentos por transportes,[11] impulsionados pela luta pela tarifa zero de 2013, os movimentos por moradia parecem sentir o golpe do refluxo e do encolhimento de subsídios. O desmantelamento das formas de combate à pobreza e à miséria, o encolhimento do financiamento público, o crescimento dos rombos nas contas públicas, em uma palavra, a crise econômica, fiscal, da previdência, das universidades e escolas públicas, da saúde pública, enfim a crise acaba por se desdobrar numa forma de governo questionada apenas pontualmente. Ao que parece até mesmo as manifestações FORA TEMER que marcaram 2016, muitas delas desencadeadas ou animadas por movimentos de moradia – parecem ter sido emudecidas sob o peso cotidiano das negociações e das obras em andamento, sempre passíveis de interrupção.

O caráter paradigmático do Programa Minha Casa Minha Vida em suas duas versões – "Construtoras" e "Entidades" – parece ser um exemplo do chamado pacto lulista coincidindo temporalmente com as modulações no espectro de alianças que garantiu a "governabilidade" a partir do segundo mandato. As empreiteiras, as construtoras se apropriando de importantes subsídios públicos

---

11   O Movimento Passe Livre, depois de um longo tempo de silêncio, retomou as mobilizações, ainda que de modo enfraquecido, a partir do último aumento das tarifas, em janeiro de 2018.

para a produção de moradia de um lado, combinadas à ação e ao consentimento produzido pela versão "Entidades" do lado dos movimentos sociais, por outro, conformam de modo exemplar o pacto que conferiu condições de governo para o segundo período dos governos de coalizão encabeçados pelo PT.

O Programa Bolsa Família: entre participação e ativação, da dimensão familialista à territorial

O Programa Bolsa Família não constituiu uma invenção do Partido dos Trabalhadores, inscrevendo-se na continuidade das políticas sociais marcadas pelo "pragmatismo social-liberal de F.H. Cardoso" (1994-2003) (Georges e Ceballos, 2014), como a "Comunidade Solidária", ou ainda o Programa "Bolsa Escola", "Bolsa Gás", "Bolsa Alimentação". Todavia, foi no início do governo de Luiz Inácio Lula da Silva, em 2003, que estas políticas seriam unificadas e, principalmente, ganhariam contornos mais visíveis. Esta visibilização contribuiu para fazer destas políticas uma das dimensões estruturantes do governo. A esse caráter estruturante se somou o uso do programa para fins eleitorais ou sua operacionalização crivada de elementos marcados pelas velhas e novas formas de patrimonialismo, que revestiu seus modos de operacionalização, bem como a possibilidade de tornar-se beneficiário a partir de algumas modulações do que Misse identificou como "mercadorias políticas" (Misse, 1997). Assim, a própria efetivação do PBF no Brasil no momento da conjuntura política nacional e internacional em que ocorreu, tornou-se um argumento que conferia credibilidade ao governo do PT, fortemente criticado tanto internamente como externamente. Desse modo, a efetivação do programa impediu a configuração pública da imagem do fracasso do Programa Fome Zero, um dos principais argumentos da campanha política do presidente Luiz Inácio Lula da Silva para o seu primeiro mandato presidencial

(Georges e Ceballos, *op.cit.*), tendo ainda passado pelo filtro de um acordo com um dos maiores representantes do ramo da agroindústria alimentícia[12] em favor da monetarização da ajuda (e não sua distribuição na forma de bens "em natura"). Assim também, a proposta do PBF permitiu em algum grau uma composição com a proposta inicial de criação de uma renda mínima de tipo universal, formulada pelo Senador e militante histórico do Partido dos Trabalhadores, Eduardo Suplicy. O PBF era apresentado, nesse contexto, como uma primeira etapa em vias da generalização e universalização de uma renda mínima de cidadania e não como seu abandono, argumento que teria sido engendrado por meio de hábil manobra política (Georges e Ceballos, *op.cit.*). Nesse sentido, o PBF foi fruto de um compromisso político, articulando atores de orientações políticas, econômicas e sociais muito diferentes, tanto em relação a suas origens como em relação às escalas de concepção e implementação. O PBF se tornou, inclusive, *Best Practice* aos olhos do Banco Mundial que recomendou que essa tecnologia social fosse exportada para todo o planeta (Georges e Ceballos, *op.cit.*). Desse modo, restabelecendo a credibilidade política e econômica do país, impulsionando o consumo interno, o programa acabou por se assentar num compromisso político, transformando uma política social, que tinha sido um argumento eleitoral, em objeto de negociação política e de criação de "governabilidade". Pode-se, assim, reconhecer em seu marco inicial uma ambiguidade que marcaria sua trajetória como "artefato", ou como objeto "operante"[13] (ou mesmo atuante) tal como formulação de Latour, numa abordagem que se propõe a fazer uma sociologia dos instrumentos.

---

12 Grupo de supermercados Pão de Açúcar.
13 A partir da noção de objeto "actant" de Latour estamos utilizando a expressão objeto operante/atuante como tradução livre da mesma noção.

Esta visibilidade maior, fora do país, como internamente, assim como algumas características de suas formas de implementação e operacionalização, fazem com que esta política social – entre outras – tenha se constituído como um dos pilares centrais da governementalidade petista e do seu "governo moral dos pobres" (Lautier, 2009; Georges, Rizek e Ceballos, 2014; Georges e Rizek, 2016; Georges e Santos, 2016; Destremau e Georges, 2017). Também é preciso notar que esse mesmo modo de governo moral, pelo social, resiste ainda após o *impeachment* da última presidente pelo PT, Dilma Rousseff, em maio de 2016, já que os governos do PT se mantiveram no poder nos municípios mais pobres. Conformou-se como um dos pilares do PT que resiste - ainda que parcialmente, e reconfigurado, em alguns territórios - durante o período pós 2016.[14]

Estas políticas sociais, que foram reconfiguradas durante o governo lulista, originalmente, são fruto de uma "confluência perversa" (Dagnino, 2007) entre a institucionalização da demanda social dos movimentos sociais dos anos 1980 e da aplicação das políticas neoliberais de redução de custos sociais, sob a égide de organismos interacionais, como o Fundo Monetário Internacional ou o

---

14 De modo geral, o PT venceu 255 municípios em 2016; em 2012 foram 635. Dos 255 municípios, 114 estão localizados na região Nordeste, 68 na região Sul, 50 na região Sudeste, 18 na Norte e 5 na Centro-Oeste (Dados disponíveis em: http://www.tse.jus.br/eleicoes/estatisticas/estatisticas-eleitorais-2016/resultados. Acesso em maio de 2018). Assim, no município de Araçuaí (MG, Médio Vale do Jequitinhonha), onde realizamos pesquisa desde 2014, sob a gestão do prefeito Armando Jardim Paixão (PT), reeleito no último pleito (outubro de 2016), a cidade tem uma estreita ligação política com o Partido dos Trabalhadores que foi iniciada em meados dos anos 90 com a eleição da primeira mulher e negra na cidade. Eleita em 1996, Maria do Carmo Ferreira da Silva, foi a primeira prefeita eleita pela sigla em Araçuaí. Reeleita em 2000, contribuiu para eleger seu sucessor, também do Partido dos Trabalhadores, José Antônio Martins, em 2006. No entanto, este último foi derrotado pelo candidato do PDT em 2008, sendo o único mandato não governado pelo PT nos últimos 20 anos (Santos e Georges, 2018/2019).

Banco Mundial, durante os anos 1990 (Georges, 2011). Esta marca de nascença levou à municipalização de sua implementação – entendida como uma forma de descentralização do poder – em troca da responsabilidade fiscal dos municípios, o que provocou uma variedade muito importante de configurações locais e territoriais, definidas como o resultado de sociabilidades produzidas pelo cruzamento entre as diferenças regionais históricas e formas de operacionalização variadas conforme os municípios. Isso acabou por conformar variações importantes dos programas e políticas sociais quanto às dimensões conjunturais, em tessituras atravessadas pelas trajetórias dos operadores, atores e "beneficiários".

Essas mesmas políticas sociais, mesmo quando se constituíram em reconfigurações de políticas anteriores (como no caso da Bolsa Escola, Bolsa Gás e Bolsa Alimentação do período de FHC, unificados no PBF durante o período lulista ou do Programa Crédito Solidário, remodelado para dar lugar ao MCMV "Entidades") foram chamadas de "novas" por certas autores (Bradshaw, 2008; Molyneux, 2007; Sorj, 2014; Georges e Santos, 2016) pelo fato de se caracterizarem por novos elementos comuns, como o caráter "participacionista", "familista" e territorial, características que aliás se articularam entre si. Esta participação passa pela ativação das mulheres, pelo seu reconhecimento para realizar o trabalho do cuidado,[15] além da ativação e mobilização de formas de sensibilidade e sociabilidade, produzindo um conjunto de mediações entre a esfera pública e privada, tanto para as profissionais do trabalho de cuidado, do trabalho social, de técnicas e agentes de saúde, bem como no âmbito de beneficiárias e suas famílias.

Assim, diante desses traços comuns, é possível pensar as relações e articulações entre essas três dimensões – a necessidade de

---

15 Sobre o uso esse conceito, conferir Georges, 2017a.

participação, o reforço da dimensão familiar e a inserção territorial –, o que se desenha tanto no âmbito da sua concepção como de sua implementação de modo necessariamente multiescalar, já que guarda um caráter nacional (com o cadastro do conjunto dos beneficiários potenciais no CadÚnico, por exemplo), regional (por meio do repasse de fundos e políticas fiscais) e local (responsabilidade social dos municípios, descentralização e operacionalização por meio de agentes e mediações locais).[16] Esse mesmo caráter multiescalar se conforma assim pela natureza transversal que combina elementos de concepção, implementação, operacionalização articulando e sendo produzidos a partir de temporalidades e conjunturas políticas específicas e resultando, necessariamente, em formatos que apresentam diversidades e especificidades. Durante o período lulista, estas articulações tomaram rumos particulares, adotando dinâmicas específicas conforme suas inscrições territoriais.

Essa diversidade de configurações territoriais e temporais, entendidas como formas de mediação conforme o território de sua implantação, foi apreendida por meio de pesquisa multissituada: desenhou-se uma pesquisa que se debruçava sobre territórios de diferentes perfis, em especial o Vale do Jequitinhonha (Minas Gerais)[17] e o Cariri (Ceará, Nordeste do país) em razão

---

16 Assim como internacional no sentido do que programas como o PBF respondem a recomendações do Banco Mundial dos anos 1970 de "rentabilizar" a geração das mães, elas mesmas não podendo ser alvo de políticas educacionais rentáveis por conta dos seus baixos níveis educacionais iniciais, afim de ativar a sua função de educadoras da próxima geração, numa perspectiva da teoria do capital humano (Georges e Santos, 2016, p. 53).

17 Região considerada "atrasada" frente aos objetivos das políticas de desenvolvimento dos anos 1960/70 cuja funcionalidade foi demonstrada por uma ampla literatura. Trata-se de região marcada pelas dificuldades de acesso aos serviços públicos (como de educação e saúde), pela distância do centro político, pela falta de água potável (programa de implementação de cisternas), pela tradição migratória masculina (trabalho sazonal vinculado às safras e colheitas). Alvo de diversas políticas sociais, com duração, alcance territo-

de sua aparente diversidade.[18] Importa observar que a região do Vale do Jequitinhonha foi considerada como um "território de pobreza", que passou a ser alvo de políticas sociais, assim como de programas de redistribuição – *Programa de Transferência de Renda*, do tipo Bolsa Família, o *Conditional Cash Transfer Program* brasileiro (Georges, 2014) – que visavam públicos-alvo mais específicos, como aqueles vinculados à agricultura familiar, por exemplo (Ribeiro *et al.*, 2007). Esse território se caracteriza pela ausência de oferta de empregos formais, pela manutenção da agricultura de subsistência (praticada pelas mulheres) e pela importância dos fluxos migratórios (migração sazonal, essencial-

---

rial e pertinência variáveis, como o Programa Nacional de fortalecimento da Agricultura familiar (Pronaf), Territórios da Cidadania (Ministério do Desenvolvimento Agrário, 2008; Colegiado Territorial/APTA/SDT/MDA, 2010; Oliveira e Hespanhol, 2015), Programa Ação de Apoio a Projetos de Infraestrutura – Proinf (Batista *et al.*, 2016), Programa de cisternas, além de programas de transferência de renda, como o PBF e/ou o Benefício de Prestação Continuada. Os serviços públicos são implementados diretamente (saúde, assistência, educação). Capital da região do *Médio Jequitinhonha*, o município de Araçuaí conta com 36 000 habitantes. Na cidade pode-se observar um mosaico de atividades diversas que vinculam: o poder público (atividades vinculadas a serviços e programas, empregos públicos no âmbito da saúde, educação e assistência em todos os níveis hierárquicos); o "Terceiro Setor" isto é a "sociedade civil organizada" em ONGs como o CPCD, Fundo Cristão da Criança, Fundação Fênix; as empresas privadas nacionais e internacionais (como a Natura) e públicas (como a Petrobrás) por meio de programas de promoção da cultura, como a Lei Rouanet; bem como instituições de inspiração religiosa, tais como aquelas vinculadas à teologia da libertação que estimularam a criação de um movimento local, produzindo, ao longo dos últimos 25 anos, uma cultura política enraizada nessa origem religiosa. Desde 1996, os prefeitos da cidade pertencem ao PT (sendo a primeira uma mulher, negra, filha de uma lavadeira e um operador de projeção cinematográfica de Belo Horizonte). Em outubro de 2016, foi eleito novamente um prefeito do PT (Armando Jardim Paixão).

18 Este aspecto foi abordado em outros trabalhos, como Georges, Santos e Araújo (2015) e Georges (2017b).

mente dos homens para o corte de cana no Estado de São Paulo, até sua proibição, como descreve Silva, 2013).[19]

A região do Cariri (CE) foi considerada pela literatura como um "novo território produtivo" (Lima *et al.*, 2011; Araújo *et al.*, 2011), em razão da implantação massiva da indústria do couro (fabricação de sapatos) com ajuda de medidas regionais de isenção fiscal (dispositivos fiscais em favor das empresas). A oferta de empregos formais com baixos salários destinados principalmente às mulheres esteve na origem de uma recrudescência da violência doméstica que se voltou às mulheres arrimo de família (Araújo *et al.*, op. cit.).[20]

Esse desenho de pesquisa permitiu uma comparação bastante pertinente entre situações diversas bem como a apreensão do sentido dessas políticas para as mulheres pobres que se afastavam do

---

19 Mais recentemente, segundo relatos de várias entrevistadas, esses fluxos envolvem outras regiões agrícolas do Brasil, como a sul, por ocasião tanto das colheitas e safras, como de atividades na construção civil. Ainda que menos frequentes, encontramos também casos de homens com empregos temporários locais, com esposas com ocupação mais estável, em particular por meio de serviços públicos.

20 A região é considerada como o "oásis do Sertão". Os empregos são provenientes da agricultura, indústria do couro, serviços públicos, emprego doméstico. Evidencia-se a necessidade de um mínimo de qualificação pela educação formal. Nota-se a ausência de redes de diversos serviços e atividades. Nota-se também a presença de duas Universidades públicas (Universidade regional do Cariri; Universidade Federal de Crato) e, mais recentemente, Instituto Federal de Juazeiro. Historicamente (1987), o Estado do Ceará, por meio da secretaria da Saúde, implementou o primeiro programa de agentes comunitários de saúde do Brasil como meio de combate à seca e mortalidade infantil elevada, que se generalizou na quase totalidade das municipalidades do Estado em um período de três anos e que se transformaria em Programa Nacional em 1991. Assim o Ceará se tornou o único estado brasileiro onde coexistem duas categorias de agentes de saúde até os dias atuais, os agentes do Estado, e do município, desde 2008. Nota-se, ainda, no âmbito desse território: a implementação direta de serviços públicos; iniciativas isoladas de grupos de mulheres ("*mulheres batalhadoras*", "*mulheres da dança do coco*"). Esse território é conhecido nacional e internacionalmente, desde o período dos anos 1970 e 1980, pelas secas e pela elevada mortalidade infantil.

perfil requerido pelo principal nicho de empregos regional. Assim, as mulheres pobres no Vale do Jequitinhonha – aparentemente a região mais pobre, sem oportunidades de trabalho feminino formal – estavam diante de uma maior diversidade de oferta de modos de inserção, isto é, de portas de acesso ao mercado de trabalho. Por outro lado, no Cariri, as mulheres de origem e situação comparável, desprovidas de "capital escolar" significativo (nível secundário completo, condição inicial obrigatória para acesso aos empregos formais) dispunham de um leque de opções muito mais restrito para sua inserção ocupacional. Outro fato notável: na região do Vale do Jequitinhonha as mulheres pobres se beneficiavam de formas de inserção e de atividades diversas e acabavam por ocupar posições hierárquicas mais elevadas no que se pode desenhar como perfil de um mercado de trabalho social e político interno. Todavia, como aparece na trajetória de uma enfermeira, coordenadora do programa Estratégia Saúde da Família no seu bairro rural de origem, em Araçuaí, a mobilidade geográfica das mulheres, necessária para o acesso ao ensino superior, ainda é rara; além disso, depois do término de um curso superior, poucas mulheres voltam para seu lugar de origem. Todavia, caso isso aconteça, os concursos podem se tornar meio de acesso ao emprego. Nos casos em que essa mobilização de recursos foi possível, a implementação e operacionalização de políticas sociais, como a Estratégia Saúde da Família, fazem com que estas mulheres se tornem arrimos econômicos de seus grupos familiares.

Mesmo se a atividade feminina possa assumir papel central na mobilidade social da família, alterando significativamente os patamares e modos de sobrevivência – que antes dependiam da produção agrícola – a trajetória de Quezia, conforme exposta a seguir, mostra que essa inflexão da dinâmica familiar só foi possível através de um jogo que combinou mobilização de relações pessoais, relações interfamiliares (entre e inter-geracionais), mobilidade geográfica e formas de operacionalização local das políticas sociais. Mais particularmente, a trajetória revela uma mobilidade geográfica de ida e volta, possibilitada por meio de relações familiares entre os gêneros e gerações, que passou inclusive pela família extensa, possibilitando o acesso à educação; a mesma trajetória revela ainda relações sociais privilegiadas, no lugar de origem, com membros mais abastados da sociedade local, contribuindo tanto para a mobilidade, quanto com a circulação de informações como vagas em postos de trabalho e cargos de coordenação. Em resumo, essa trajetória é fruto de um cruzamento da mobilização de relações interindividuais, familiares e institucionais.[21]

A trajetória de Quezia[22] exemplifica de certo modo algumas das resultantes de um conjunto de políticas e programas sociais

---

21 Observe-se como a pessoa em questão, mulher e relativamente jovem, sabe se utilizar de um meio onde a presença de mulheres de origem pobre, em posições sociais intermediarias se tornou possível, apesar de raras, por um conjunto de mediações e de mobilizações. Isso acontece apesar dela mesma se diferenciar da geração anterior – constituída por empreendedoras morais e religiosas, tanto do ponto de vista dos processos menos intensos de mobilização como de participação religiosa e política. O exemplo mais claro dessa posição é o da antiga prefeita de Araçuaí, negra, assistente social de formação, católica, de Belo Horizonte, cuja atuação local se iniciou como estagiaria do projeto Rondon, e posteriormente, como membro da Caritas (trabalho com as vítimas das enchentes) de cujo conselho fiscal faz parte, até os dias atuais; ainda é professora da escola da Agropecuária, uma das fundadoras do PT no local e prefeita eleita em 1996. Seu segundo mandato como prefeita de Araçuaí ocorreu entre 2001 e 2004; trabalhou ainda em Brasília, na Secretaria Especial de Políticas de Promoção da Igualdade Racial (SEPPIR) e desde 2012 é aposentada por tempo de serviço; a partir de 2015 trabalhou no mandato do deputado federal A. Quintão; a partir de 2016 passou a ser diretora regional da SEDESE.

22 Nome fictício. Enfermeira, coordenadora da ESF (Estratégia Saúde da Família, antigo PSF – Programa Saúde da Família, terminologia ainda usada pelas interessadas), da comunidade rural Eng. Schnoor, na região de Araçuaí (Médio Vale do Jequitinhonha), desde maio de 2014. Possui uma terra, onde há criação de gado e produção de laticínios (rebanho de 30 vacas), comprada

vinculados ao lulismo e ancorados territorialmente de modo específico. O contato com ela iniciou-se na secretaria de saúde, durante a sua passagem semanal. Quezia saiu de sua terra natal pela primeira vez em 2003 (14 anos), para a casa de uma tia, trabalhadora doméstica em Belo Horizonte, para cursar o ensino médio no bairro do Jaraguá, voltando em 2005, depois de formada, após a morte do pai. Ficou 2 anos em Araçuaí. Em 2007, toda a família se mudou para Belo Horizonte, onde moravam num apartamento de aluguel. Quezia trabalhava também como cuidadora de idosos e entrou na Unifenas (bolsa 100 % do *Prouni*), onde se formou como enfermeira em 2011. Em 2012, cursou uma Pós-Graduação na PUC-Minas, especializando-se em emergência. Em 2014, prestou concurso para o posto de enfermeira em Araçuaí, mas ficou na fila de espera, como excedente. Começou a trabalhar em maio de 2014 como enfermeira em posto de saúde (UBS do bairro dos Machados, em Araçuaí), substituindo a enfermeira anterior, que teria ido fazer um curso de Medicina na Argentina. Seu salário bruto era de cerca de R$ 3000,00 como coordenadora da *Estratégia Saúde da Família* desde 2016 na zona rural, bairro/ distrito de Eng. Schnoor, tendo um cubano atuado como médico da família na sua equipe, contratado no âmbito do programa *Mais Médicos*.

em 2003 pelos pais (e quitada em 2012, no âmbito de um programa da Copasa). Nessa terra, seu pai trabalhava como vaqueiro. Possui casa própria, num terreno que foi doado (termo de doação). A casa atual (nova, grande) foi construída no lugar da casa antiga de taipa, entre 2009 e 2010, pelo primo, com dinheiro que a mãe e os irmãos mandavam. Mora com o namorado, de 25 anos, que é trabalhador rural na terra da família. Tem 3° série do ensino médio. Nascida em 1987, tinha 31 anos no momento da entrevista, no Eng. Schnoor (Araçuaí). Filha de um pai meeiro, falecido em 2005, com 48 anos e de mãe trabalhadora doméstica, 52 anos em 2016 (em São Paulo no momento da entrevista, na casa do filho) e beneficiária da aposentadoria do pai; um irmão de 24 anos (nasceu em 1992), com 8° série, pedreiro em Piracicaba (São Paulo); e uma irmã de 17 anos, finalizando o ensino médio em Belo Horizonte, onde mora com a mãe de Quezia.

> Venho de uma família pobre aqui. Tem gente que achava que nunca ia me formar. [...] Tem pouca gente formado aqui; e se for, não volta. [...] Caso não tiver o concurso precisa ir embora porque não tem trabalho aqui.
> (Quezia em entrevista para esta pesquisa).

Nesse relato cruzam-se de forma clara a atuação e os modos de operação de três programas característicos do período lulista, a saber, o Prouni, os programas de saúde e o Mais Médicos. Esse mosaico de configurações de aparência necessariamente multifacetada evidencia alguns mecanismos de mediação entre estes diversos níveis e escalas que ganham centralidade, compondo com o que se pode identificar como racionalidade neoliberal (Dardot e Laval, 2016), que se impõem e se conformam a partir dos modos e formas de adesão, configurando o "protagonismo" do(a)s principais interessado(a)s. No caso, observa-se a emergência de práticas e modos de operação que conformam uma territorialidade específica nessa região, a partir de práticas e formas de sociabilidade que resultam de uma fusão entre a atuação da Igreja vinculada à teologia da libertação, dos movimentos sociais de reivindicação por direitos, e pelo reconhecimento social, moral e simbólico e de uma forte dimensão feminina, especialmente do papel feminino do cuidado,[23] da assistência, atravessada e composta pelas trajetórias e, no caso, pelo "protagonismo" dessas mulheres, que navegam nessas tramas do social, com mais ou menos habilidade. De certa forma, essa trajetória ilustra a dimensão do gênero desse social latino-americano e sobretudo brasileiro da era lulista e pós-lulista e revela como o Partido dos Trabalhadores se manteve (e se mantém) no poder em algumas localidades mais pobres onde a continuidade

---

23 Especialmente no sentido de fazer o útil, o necessário, mas que muitas vezes ninguém quer fazer (Moliner, 2013).

dessas formas de sociabilidade, e dos vínculos criados entre os atores, ainda persiste, permeada por uma racionalidade neoliberal do "empreendedorismo".

Intersetorialidade, gestões privatizadas e perspectiva multiescalar

A hipótese que nasce desses exemplos paradigmáticos articulados – o PMCMV e o PBF –[24], seguindo algumas pistas da bibliografia sobre as recentes transformações do Estado em suas relações com a assim chamada sociedade – produto da redução da expressão clássica de matriz liberal e posteriormente hegeliana e marxista sociedade civil ou sociedade burguesa – é a de que no momento em que o governo petista dá lugar ao lulismo pensado como reformismo fraco, esse conjunto de políticas e programas sociais e urbanos poderia ser reconhecido como o que M. Aalbers (2016) entre outros autores chamou de "keynesianismo privado".[25]

---

24 Articulações diversas entre as quais exploramos só algumas pistas, deixando do lado os casos de beneficiários quitando as suas prestações do PMCMV com o PBF, por exemplo.

25 Especialmente p. 135 e seguintes. Entretanto, talvez se possa aproximar o fenômeno que Aalbers denomina como keynesianismo privado do que denominei, a partir de um conjunto de achados de pesquisa e a partir de um outro conjunto de aproximações com o trabalho de I. Pantoja de "planejamento social privado" a partir de um conjunto articulado de gestões privatizadas dos equipamentos e programas de saúde e de cultura que traziam, além da marca de intersetorialidade, uma dimensão que precisa ser compreendida como multiescalar como as gestões PSDB em São Paulo, assim como a forte presença da Lei Rouanet no financiamento de espetáculos e práticas culturais vinculadas ao marketing empresarial e à arbitragem privada (Rizek, 2013; Georges e Rizek, 2016). Ainda que a expressão possa ser considerada interessante como categoria descritiva é preciso alguma precisão para que essa categoria faça sentido. Utiliza-se keynesianismo no sentido do estímulo ou solvabilização da demanda. Ao mesmo tempo esse keynesianismo à la neoliberalismo estimulou a oferta por meio de uma contração de custos e mantendo inflação, déficit e dívida pública em patamares estáveis. Também é significativo que uma parcela de subsídios públicos tenha sido apropriada pelas empresas construtoras como meio de viabilização da produção de moradias.

Essas dimensões inéditas no Brasil seguem direções e percursos filiados a matrizes que remodelaram de modo bastante claro as relações entre Estado e mercado em diferentes latitudes e de forma generalizada a partir de grandes parâmetros desenhadas pelas agências multilaterais a partir de núcleos e experimentos comuns (Maranhão, 2009; Georges, Rizek e Ceballos, 2014). Pode-se citar por exemplo a filiação de alguns dos programas brasileiros às formulações de Amartya Sen, como o Programa Bolsa Família, assim como recuperar a origem chilena (tributária do grande experimento neoliberal implantado por um estado de exceção no período Pinochet) do PMCMV. Essas matrizes por sua vez não poderiam ser incorporadas à produção de um social em sua versão petista sem que fossem traduzidas e adaptadas ao vocabulário das políticas urbanas e sociais e suas articulações e ancoragens no chamado lulismo e seus consensos.

Talvez seja ainda importante enfatizar que embora um ou outro programa tenham sido paradigmáticos da invenção de um social pelos governos do Partido dos Trabalhadores, modulando matrizes formuladas pelas agências multilaterais no sentido das formulações e reformulações de uma racionalidade afeita às modulações neoliberais (Dardot e Laval, 2016) foi a articulação desses programas (PBF, Saúde da Família, PMCMV, Prouni) combinando parcerias, envolvendo e produzindo tramas de implementação, que produziram a diminuição da pobreza durante o período. Na ressaca e no luto pós-*impeachment*, saltam aos olhos por um lado o fim do subsídio para o PMCMV entidades e a reformulação do programa na sua versão "Construtoras" para o escoamento da produção de *habitação social de mercado* (Shimbo, 2012), em especial para as faixas relativamente maiores de renda; por outro lado, também a partir de deslizamentos e reconfigurações, a manutenção do Programa Bolsa Família – seguindo as recomendações das agências – permite perceber tanto a impossibilidade de sua reversão quanto a dimensão que o associa às transformações do emprego e ao encolhimento dos direitos vinculados ao trabalho assalariado, mantidos grosso modo, durante o período 2013-2016. Finda a articulação entre os programas sociais, reconfigurações nas relações entre Estado e empresas, Estado e capital no lento reaquecimento da economia brasileira nos anos Temer, desigualdade e pobreza retomam seu curso histórico apontando a intolerância do "mercado" até mesmo às medidas vinculadas ao que Aalbers chamou de keynesianismo privado implementado pelas parcerias e pelas formas de governabilidade implementadas pelo lulismo entre 2009 e 2016.

A partir do cruzamento de várias temáticas de pesquisa – o trabalho, as privatizações, a captação da demanda e os regimes morais (Georges e Rizek, 2016) –, esse experimento coletivo de investigação[26] acabou por fazer emergir um novo objeto: aquele "social" reconfigurado que se constitui como uma das características principais das formas de governo dos anos 2000. Um dos traços principais desses dispositivos, que garantiram governamentalidade durante mais ou menos uma década, é seu caráter híbrido, pouco nítido, de junção inédita entre reconhecimento da demanda social, políticas sociais e mercado, provocando uma transformação pouco

---

26 Essas diversas pesquisas articuladas entre si foram realizadas principalmente no âmbito dos seguintes projetos de pesquisa, ou articulados a eles: "Offre institutionnelle et logiques d'acteurs : femmes assistées dans six métropoles d'Amérique latine", LATINASSIST – ANR Les Suds II, 2011-2014; "Construção de alternativas sócio-ocupacionais de mulheres entre Estado, mercado e família: uma comparação regional", MCTI/CNPq Universal n° 14/2013, 2013-2016; "Desigual e combinado: capitalismo e modernização periférica no Brasil do século XXI", MCTI/CNPq Universal n° 14/2013, 2014-2016; "Emergência e reinvenção: 'novas' e 'velhas' políticas sociais no Brasil", IRD-CNPq, n° 17/2013, 2014-2018; "Social Activities, Gender, Markets and Mobilities from below (Latin America)" – Laboratório Misto Internacional – SAGEMM, IRD, 2016-2018.

evidente das políticas (sociais) em negócio. Nesse sentido, o trabalho pôde ser apreendido como resultado do processo de criação de informalidades, impulsionado, entre outros atores, pelo Estado; as privatizações de certos setores deram lugar a um planejamento social privado; a "demanda" da população, ou a demanda social, ocupou o lugar da "participação" e acabou por legitimar as entidades que se enredaram e se desenvolveram no novo mercado do social; e, atravessado e recriado pelas trajetórias, este novo meio social dá lugar a um conjunto de moralidades cuja característica principal parece ser o seu entrelaçamento. O seu resultado concreto é o encolhimento do conflito, o desaparecimento das posições divergentes e das relações de poder entre indivíduos e coletivos, esvaziadas do seu sentido, em favor de um empreendedorismo e empresariamento que se instaurou como valor dominante e, principalmente, estruturante. Dessa forma, esperamos ter mostrado como concretamente e a partir do trabalho de campo, dominação e apropriação, dispositivos e agenciamentos, dimensões funcionais, como nós de circuitos e representações e discursos, se articularam em uma riqueza que talvez apenas a imersão nas dimensões percebidas e vividas, talvez apenas pelos contrapontos entre regimes de enunciação e visibilidade possam ser apreendidas.

Pós-lulismo, o desmanche: alguns indícios[27]

Impossível terminar esse texto sem mencionar que no dia 24 de janeiro, pela primeira vez, um ex-presidente da República foi condenado à prisão dando prosseguimento ao golpe de 2016 que teria aberto a caixa de Pandora dos males da política brasileira. Como apontou Vinícius Torres Freire em *Brasil – uma história lamentável* (Folha de São Paulo, 25 de janeiro de 2018), entre 1946 e 2018, o país teria assistido a apenas 3 transições de poder "algo tranquilas", a saber, "Dutra para Vargas (1951), Juscelino para Jânio (1961) e FHC para Lula (2003)". Durante a transição e o último período democrático o país vivenciou três recessões econômicas destrutivas, a saber: "a baixa do PIB per capita foi de 12,3% em 1981-83, de 8,6% em 1990-92 e de 9,1% em 2014-2016. No meio do caminho de pedras, houve a hiperinflação e mais que uma década perdida na economia (1982-1992). A caminho, outro desperdício quase tão grande (2014-2023?)." E o balanço da história recente do país continua nos termos que se seguem:

---

27 Os breves comentários finais desse texto buscaram apontar que o contexto de constituição dos programas sociais que caracterizaram o lulismo, seus consensos e pactos, assim como seus resíduos em algumas conjunturas territorialmente localizadas parecem se desmanchar rapidamente – como apontam algumas informações sobre o crescimento da pobreza e da desigualdade brasileiras entre 2016 e 2018 – ou ainda se ressignificar diante de uma mudança das formas e condições que presidem uma forte redefinição dos processos que estiveram na origem das constelações provenientes das formas de combate à pobreza e a miséria que caracterizaram o período dos governos do PT. Assim, se a pesquisa de base qualitativa, por meio de incursões etnográficas permite perceber nexos, sentidos, discursos e práticas, os elementos estruturantes de outra escala apontam para a necessidade de ressituar os elementos locais e de âmbito regional na nova conformação de acentuada crise sócio econômica e sociopolítica brasileiras. Essa dimensão de pesquisa e reflexão sociológica necessariamente multiescalar nos obriga a perceber e nomear os processos que investigamos a partir das políticas sociais como momentos de interregno dentro da complicada história republicana brasileira.

"Um presidente que estava para ser deposto se suicidou (Getúlio Vargas, 1954), um renunciou (Jânio Quadros, 1961), outros dois quase não tomaram posse (JK, 1956; João Goulart, 1961). Três presidentes da República de 1946 foram expulsos da política pela ditadura (JK, Jango e Jânio). [...] Dois presidentes da precarizada democracia de 1988 foram impedidos, Fernando Collor e Dilma Rousseff. Um dos presidentes mais populares da história do país foi condenado à prisão. A paz de 1995-2012 era pouca e se quebrou. Mais desanimador, se percebe agora, foi um período em que era cevado outro monstro de várias cabeças: a indiferença pelas regras de disputa democrática, a idiotice econômica e a raiva da democracia social. [...] Dilma degradou a economia e, enfim, fraudou as contas públicas também para se reeleger .... Por sua vez, a deposição da presidente era um projeto bem antes de tomar a forma de impeachment. O candidato do PSDB em 2014, quase eleito, era um elemento que faz molecagem com a ordem institucional... e pede dinheiro a gângsteres... O núcleo do presente governo e do governismo terá sido composto de presidiários, vários deles políticos de carreiras infladas sob Dilma, Lula, FHC, Collor e Sarney. Mesmo quem vive nos polos do conflito político pode compreender o desalento." Como se sabe, como desfecho desse processo ainda inconcluso, o ex presidente Lula foi preso no dia 7 de abril, demonstrando a fidelidade do judiciário brasileiro à continuidade do golpe, já que a prisão obedeceu rigorosamente ao calendário eleitoral do país, impedindo a candidatura de Lula à Presidência da República no momento em que contava com pelo menos 30% das intenções de voto.

Trata-se portanto de um projeto bastante bem articulado de desmanche de uma ordenação e de uma invenção do social a princípio petista, posteriormente modulada pelo lulismo assentado em duplo e frágil consenso – ativo das direções sindicais e dos movimentos sociais e passivo das camadas de beneficiários de todos os programas sociais, habitacionais, de saúde, de educação, nas fronteiras entre provisão pública e privada, entre uso dos fundos públicos e transformação da pobreza brasileira em um nicho nada desprezível de negócios.

Desenham-se assim novas fronteiras de dissolução e recomposição de uma nova trama, um novo social articulado, mais fiel aos preceitos e formatos de uma hegemonia pura e simples do chamado "mercado".

Sem dúvida é possível falar em articulação de direita, em desalento político, mas sobretudo é possível apontar para um cenário de forte indeterminação que, tal como apontam vários autores, caracteriza os estados de exceção. Algumas outras indicações e análises do momento político brasileiro puderam ser lidas nos jornais imediatamente após a condenação de Lula a uma pena maior do que a anteriormente atribuída pela posse/ não posse de um apartamento no Guarujá. Além do esgarçamento das leis, do uso abusivo do poder judiciário, pode-se entrever um quadro de escárnio em que, como aponta Safatle, "Lula é condenado", "Temer é presidente e Aécio Neves senador". "Por outro lado, o uso político do Judiciário é uma especialidade nacional. [...] No entanto, o exercício de reduzir os casos e envolvimentos explícitos do governo Lula e Dilma em processos de corrupção a peças de ficção é algo que explicita uma regressão política séria de setores da vida nacional. Até porque, agora fica claro como funciona a relação entre norma e poder no caso brasileiro. O funcionamento normal do governo brasileiro é através da quebra da norma, nada disto mudou com novos grupos políticos no poder. Mas mesmo que a corrupção seja fato generalizado, a aplicação da lei será feita a partir das circunstâncias e interesses políticos do momento. Ou seja, todos estão fora da lei e é importante que todos exerçam o poder fora da lei, pois quando a lei for aplicada, ela poderá pegar, de maneira seletiva, quem quiser."

Safatle, em sua análise, indica ainda que durante o período relativamente pacificado do lulismo, um elemento fortemente ilusório teria impulsionado alguns setores que apostavam na segurança de uma "governabilidade" pactuada que finalmente, como demonstrou o julgamento do ex-presidente, mostrou sua verdadeira face. "Ao decidir pelo destino de Lula, o núcleo duro do poder nacional, este que continuará intocado mesmo quando pego em ... prevaricação explícita nos palácios da República, sinaliza que não haverá mais conciliação alguma entre grupos políticos."[28]

Ainda será necessário uma funda reflexão sobre os processos sócio políticos que hoje têm lugar no Brasil. Mas essas análises não poderão ser levadas a sério sem considerar que a caixa de Pandora do Impeachment de 2016 explicitou o que corria silenciosamente entre um pacto e outro, uma parceria e outra que costuravam relações, programas e políticas sociais, na produção de um governo e de uma ordenação em vias de dissolução e reconstituição permanente que afinal, após a reforma trabalhista, o encolhimento de direitos, a proposição da reforma da previdência mostrou a que veio, desmantelando a já frágil democratização social que com todas as mazelas da governabilidade vem se dissolvendo sem nem mesmo ter se constituído plenamente.

Referências bibliográficas

AALBERS, Manual B. *The financialization of Housing – a political economy approach*. London: Routledge, 2016.

ARANTES, Pedro Fiori e FIX, Mariana. "Como o governo Lula pretende resolver o problema da habitação". *Correio da Cidadania*, 30/07/2009. Disponível em: http://www.correiocidadania.com.

---

28 V. Safatle A sanha anticorrupção no Brasil vai até Lula e termina nele. *Folha de S. Paulo* 26/01/2018

br/especiais/66-pacote-habitacional/3580-31-07-2009-minha-
-casa-minha-vida-o-pacote-habitacional-de-lula. Acesso em
julho 2017.

ARAÚJO, Iara Maria, BORSOI, Izabel Cristina, LIMA, Jacob Carlos, "Operárias no Cariri cearense: Fábrica, família e violência doméstica". In: *Revista Estudos Feministas*, Florianópolis, n. 3, vol. 19, 2011, p. 705-732.

ÁVILA, Maria Marlene Marques. "Origem e evolução do programa de agentes comunitários de saúde no Ceará". *Revista Brasileira de Promoção de Saúde - RBPS*, Fortaleza, n. 2, vol. 24, abr/jun. 2011, p. 159-168.

BATISTA, Andréia Maria Assunção, RIBEIRO, Eduardo Mourna, ARAUJO, Alexandro Moura, GALIZONI, Flavia Maria. "Território e infra-estrutura no Vale do Jequitinhonha, uma análise do PROINF entre 2003 e 2014". In: *Anais do 17º Seminário sobre a Economia Mineira, Diamantina*, 2016.

BRADSHAW, Sarah. "From Structural Adjustment to Social Adjustment: A Gendered Analyses of Conditional Cash Transfer Programmes in Mexico and Nicaragua", *Global Social Policy*, n. 2, vol. 8, 2008.

BRAGA, Ruy. "Terra em Transe: o fim do lulismo e o retorno à luta de Classes". In: SINGER, André, LOUREIRO, Isabel (orgs). *Contradições do Lulismo – a que ponto chegamos*. São Paulo: Boitempo Editorial, 2016, p. 21-54.

BRESCIANI, Marie Stella. "Dimensões de Estar no Mundo: Cidades: o público, o privado, o íntimo". In: BRITTO, Fabiana Dultra e JACQUES Paola Berenstein (orgs.). *Gestos Urbanos*. Salvador: Editora da UFBA, 2017, p. 102-149.

BELLO, Carlos Alberto. "Percepções sobre a Pobreza e o Bolsa Família". In: SINGER, André, LOUREIRO, Isabel (orgs). *Contra-*

dições do Lulismo – a que ponto chegamos. São Paulo: Boitempo Editorial, 2016, p. 157-183.

BREDA, Roselene. *Efeitos da vulnerabilidade social: notas sobre o cotidiano de trabalho em um CRAS na cidade de São Paulo.* Dissertação (mestrado em Sociologia) – PPGS – UFSCar, São Carlos, 2016.

CASTRO, Andrea Quintanilha, Às Margens do Programa Minha Casa Minha Vida: um estudo sobre a modalidade Entidades na Região Metropolitana de São Paulo. Dissertação (mestrado em Arquitetura e Urbanismo) – IAU-UFSCAR, São Carlos, 2017.

COLEGIADO TERRITORIAL/APTA/SDT/MDA. *Territórios da cidadania, Médio Jequitinhonha*, novembro 2010.

DAGNINO, Evelina. *Democracia, sociedade civil e participação.* São Paulo: Argos, 2007.

DARDOT, Pierre, LAVAL, Christian. *A nova razão do mundo. Ensaio sobre a sociedade neoliberal.* São Paulo: Boitempo Editorial, 2016.

DAS, Vena, POOLE, Deborah. "El Estado y sus márgenes: etnografias comparadas". *Cuadernos de atropologia social.* Buenos Aires: Facultad de Filosofia Y Letras, n° 27, 2009, p. 19-52.

DESTREMAU, Blandine, GEORGES, Isabel (orgs.). *Le care, face morale morale du capitalisme. Assistance et police des familles en Amérique latine.* Bruxelles: Ed. Peter Lang, 2017.

GALDEANO, Ana Paula. "Gestion sociale de la violence dans une banlieue de São Paulo: trois logiques d'engagement citoyen". *Bresil(s)*, v. 4, 2013, p. 169-192.

GEORGES, Isabel. "Entre participação e controle: os(as) agentes comunitários de saúde da região metropolitana de São Paulo". *Sociedade e Cultura*, Goiânia, n. 1, vol. 14, jan./jun. 2011, p. 73-85.

_____. "Reconfiguration des politiques sociales au Brésil. Le genre de l'assistance à São Paulo". *Travail, Genre et Sociétés*, n. 32, vol. 2, 2014, p. 45-61.

_____. "O 'cuidado' como 'quase-conceito': por que está pegando? Notas sobre a resiliência de uma categoria emergente". In DEBERT, Guita Grin, Pulhez, Mariana MARQUES (orgs.). *Textos didáticos, Desafios do cuidado: gênero, velhice e deficiência*. Campinas: IFCH-Unicamp, n° 66, junho 2017a, p. 125-151.

_____. "Construção de alternativas sócio-ocupacionais de mulheres entre Estado, Mercado e Família: uma comparação regional". Relatório final de pesquisa apresentado ao CNPq, janeiro de 2017b.

_____, CEBALLOS, Marco. "Bolsa Familia y la asistencia social en Brasil : de la lucha politica a la mercantilización local". *Caderno CRH*, Salvador, n. 72, vol. 27, dez 2014, p. 513-529.

_____, RIZEK, Cibele Saliba. "Práticas e dispositivos: escalas, territórios e atores". *Contemporânea*, n° 1, vol. 6, Jan.-Jun. 2016, p. 51-73.

_____, RIZEK, C. Saliba e CEBALLOS, Marco. "Dossiê – As políticas sociais brasileiras - o que há de novo?". *Caderno CRH*, Salvador, n. 72, vol. 27, set/dez. 2014.

_____, SANTOS Yumi Garcia dos. *As "novas" políticas sociais brasileiras na saúde e na assistência. Produção local de serviço e relações de gênero*. Belo Horizonte: Fino Traço, 2016.

_____, SANTOS, Yumi Garcia dos. *"A produção da "demanda": viés institucional e implicações políticas da terceirização do trabalho social na periferia de São Paulo"*. In: CUNHA, Neiva Vieira da e FELTRAN, Gabriel de Santis (orgs.) *Sobre Periferias: Novos conflitos no espaço público*. Rio de Janeiro: Ed. Faperj/Lamparina, 2013, p. 159-177.

_____, SANTOS, Yumi Garcia dos; ARAUJO, Iara Maria. "Trabalho, família e gênero: políticas sociais entre o rural e o urbano". *Comunicação ao 39º Encontro Nacional da ANPOCS*. Caxambu, outubro de 2015.

IPEA - *Nota Técnica sobre o Déficit Habitacional no Brasil anos 2011-2012*. Disponível em: http://www.fjp.mg.gov.br/index.

LAUTIER, Bruno. "Gouvernement moral des pauvres et dépolitisation des politiques publiques en Amérique latine." In: BOUGEAUD-GARCIANDIA, N., LAUTIER, B., PENAFIEL, R., TIZZIANI, A. (orgs.). *Penser le politique: la recréation des espaces et des formes du politique en Amérique latine*. Paris: Karthala, 2009, p. 19-36. [Tradução: "O governo moral dos pobres", *Caderno CRH*, Salvador, v. 27, n. 72, p. 463-477, set./dez. 2014]

LAVINAS, Lena. *The takeover of Social Policy by Financialization*. Londres: Palgrave MacMillan, 2016.

LIMA, Jacob Carlos, BORSOI, Izabel Cristina Ferreira, ARAÚJO, Iara Maria. "Os novos territórios da produção e do trabalho: a indústria de calçados no Ceará". *Caderno CRH*, Salvador, n. 62, vol. 24, maio/agosto 2011, p. 367-384.

MARANHÃO, Tatiana. *Governança mundial e pobreza – do Consenso de Washington ao Consenso de Oportunidades*. Tese (doutorado em Sociologia) – FFLCH – USP, 2009.

MARICATO, Ermínia. "O 'Minha Casa' é um avanço, mas segregação urbana fica intocada". *Carta Maior*, 27/05/2009. Disponível em: https://www.cartamaior.com.br/?/Editoria/Politica/O-Minha-Casa-e-um-avanco-mas-segregacao-urbana-fica-intocada/4/15160. Acesso em maio de 2017.

MARTINS, José de Souza. "O que as urnas revelaram sobre o PT no ABC paulista". *Estadão – Aliás*, 15/10/2016. Disponível em: http://alias.estadao.com.br/noticias/geral,o-que-as-urnas-revelaram-sobre-o-pt-no-abc-paulista,10000082461). Acesso em 21/10/ 2016.

MISSE, Michel. "As ligações perigosas: mercado informal ilegal, narcotráfico e violência no Rio". *Contemporaneidade e Educação*, n. 2, vol. 1, 1997, p. 93-116.

MINISTÉRIO DO DESENVOLVIMENTO AGRÁRIO. *Territórios da Cidadania*. Brasil, 2008.

MOLINIER, Pascale. *Le travail du care*. Paris: La Dispute, 2013.

MOLYNEUX, Maxine. *Change and continuity in Social Protection in Latin America, Mothers at the service of the state?*, UNRISD, 2007.

OLIVEIRA, Allain Wilham Silva de, HESPANHOL, Antônio Nivaldo. "Políticas públicas de desenvolvimento territorial e suas dinâmicas no território da cidadania do alto Jequitinhonha (MG)". *Comunicação ao XI Encontro Nacional da ANPEGE*, 2015. Disponível em: www.enanpege.ggf.br/2015.

OLIVEIRA, Francisco de. *A economia brasileira: crítica à razão dualista*. São Paulo: Boitempo Editorial, 2003 [publicado originalmente em *Estudos Cebrap* (2), 1972].

_____, RIZEK, Cibele Saliba. *A Era da Indeterminação*. São Paulo: Boitempo Editorial, 2007.

PAOLI, Maria Célia. "O mundo do indistinto: sobre gestão, violência e política". In: OLIVEIRA, Francisco de, RIZEK, Cibele Saliba. *A Era da Indeterminação*. São Paulo: Boitempo Editorial, 2007, p. 221-256.

RIBEIRO, Eduardo Magalhães, GALIZONI, Flávia Maria, SILVESTRE, Luiz Henrique, CALIXTO, Juliana Sena, ASSIS, Thiago de Paula, AYRES, Eduardo Barbosa. "Agricultura familiar e programas de desenvolvimento rural no Alto Jequitinhonha". *RER*, Rio de Janeiro, nº 4, vol. 45, out/dez 2007, p. 1075-1102.

RIZEK, Cibele Saliba. "Ce que nous disent les chiffres". *Texto apresentado ao 7º Congresso da Association Française de Sociologie*. Amiens julho de 2017.

_____. "Políticas Sociais e Políticas de Cultura: territórios e privatizações cruzadas". *Revista Brasileira de Estudos Urbanos e Regionais*, 15, 2013, p.199-209.

_____. D´Al Bó, André. "The Growth of Brazil's Homeless Worker´s Movement". *Global dialogue*, n.1, vol. 5, Jan 2015.

_____, CARVALHO, Caio Santo Amore de, CAMARGO, Camila M. "Política Habitacional e Políticas sociais: emergência, direitos e negócios". In: CARLOS, Ana Fani (org.). *A Cidade como Negócio*. São Paulo: Editora Contexto, 2015.

_____, CARVALHO, Caio Santo Amore de, CAMARGO, Camila M. "Política social, gestão e negócio na produção das cidades: o programa minha casa minha vida 'entidades'". *Cadernos CRH*, n. 72, vol. 27, 2014, p. 531-546.

ROLNIK, Raquel e NAKANO, Kazuo. "As armadilhas do pacote habitacional". *Le Monde Diplomatique Brasil*, 05/03/2009. Disponível em: https://diplomatique.org.br/as-armadilhas-do-pacote-habitacional/. Acesso em julho de 2017.

ROYER, Luciana de Oliveira. *Financeirização da política habitacional: limites e perspectivas*. Tese (doutorado em Arquitetura e Urbanismo) – FAU-USP, São Paulo, 2009.

SANTO AMORE, Caio. "Minha Casa, Minha Vida para principiantes". In: SANTO AMORE, Caio; SHIMBO, Lucia Zanin; RUFINO, Maria Beatriz Cruz (orgs.). *Minha Casa... e a cidade? Avaliação do Programa Minha Casa Minha Vida em seis estados brasileiros*. Rio de Janeiro: Letra Capital, 2015.

SANTOS, Yumi Garcia dos. "Família, trabalho e religião das mulheres assistidas em São Paulo". *Cadernos de Pesquisa FCC*, v. 44, 2014, p. 400-421.

_____ (coord.) e GEORGES, Isabel. *Projeto de pesquisa "Território, política e mercado: formas de mobilização das mulheres do Vale do Jequitinhonha"*, FAPEMIG (2018/2019).

SANTOS, C. Simoni e SANFELICE, Daniel. "Caminhos da produção financeirizada do espaço urbano: a versão brasileira como contraponto a um modelo". *Revista Cidades*, São Paulo, n. 20, vol. 12, 2015, p. 4-35.

SHIMBO, Lucia Zanin. "Os mercados da habitação social no Brasil: articulando política habitacional, setor imobiliário e construção civil". *Encontro Nacional da ANPUR*, Belo Horizonte, 2015.

_____. *Habitação Social de Mercado. A confluência entre Estado, Empresas Construtoras e Capital Financeiro*. Belo Horizonte: Editora c/arte, 2012.

SILVA, Maria Aparecida de Moraes. "Lições do Vale: narrativa de uma pesquisadora". In: NOGUEIRA, Maria das Dores Pimentel (org.). *Vale do Jequitinhonha. Ocupação e Trabalho*. ProEx, UFMG, Pólo Jequitinhonha, 2013, p. 17-35.

SINGER, André. *Os sentidos do lulismo. Reforma gradual e pacto conservador*. São Paulo: Cia das Letras, 2012.

_____. "A (falta de) base política para o ensaio desenvolvimentista". In SINGER, André; LOUREIRO, Isabel (orgs), *Contradições do Lulismo – a que ponto chegamos*. São Paulo: Boitempo Editorial, 2016, p. 21-54.

SINGER, André; LOUREIRO, Isabel (orgs), *Contradições do Lulismo – a que ponto chegamos*, São Paulo: Boitempo Editorial, 2016.

SORJ, Bila. "Socialização do Cuidado e Desigualdades Sociais". *Tempo Social*, São Paulo, jun 2014, n.1, v.26, p. 123-128.

As políticas sociais na atualidade: perspectivas draconianas

Amélia Cohn

> Terra não enche barriga
> O Programa Bolsa Família não pode ser um projeto de vida
> Há cinquenta maneiras de ser generoso com os pobres e gastar menos

Essas afirmações são de autoria de ministros do governo ilegítimo Temer e de especialista em pobreza, respectivamente. São aqui apresentadas porque, dentre inúmeras outras da equipe no poder (mudam nomes, mas não as facções que assaltam os cofres públicos e os bolsos dos não ricos, incluindo aí os direitos fundamentais e os sociais arduamente conquistados no decorrer do século XX), são exemplares da lógica que instrui e segue os novos/velhos donos do poder.

Elas expressam, ademais, o projeto de rapina imediata e de entrega das riquezas e da autonomia do país a interesses privados, nacionais e internacionais, sem se levar em conta qualquer possibilidade futura de construção de uma sociedade mais justa, desenvolvida, solidária e capaz de um desenvolvimento sustentado e sustentável a médio e longo prazos. O projeto que prevalece é o de um país que precisa voltar a gerar lucro e enriquecer as castas no poder, seja em termos materiais, seja em termos de uma impunidade legal que permita maior exploração da força de trabalho, e se possível a dizimação daqueles que atrapalham o desenvolvimento agrícola, por exemplo, já que "terra não enche barriga".

Ademais, registre-se que "generosidade" difere de uma concepção de justiça social: não à toa, até a constituição de 1988, os pobres eram alvo da "generosidade" dos governantes e relegados aos cuidados das então denominadas "primeiras damas" da sociedade, exatamente porque não foram até então alçados à condição de cidadãos portadores de direitos sociais. Eis a grande novidade do texto constitucional, atual grande arma de resistência à destruição dos direitos sociais no país.

Qual a concepção do projeto de país e de sociedade em andamento na atualidade? A de uma sociedade mais democrática e igualitária? Certamente não é para onde apontam as medidas que vêm sendo tomadas, embora obedeçam formalmente às regras das instituições políticas democráticas em funcionamento. As reformas já conseguidas, como a trabalhista, e as em andamento, como a previdenciária, não apontam nessa direção, mas sim na oposta. O que essas reformas traduzem são na verdade um desprezo pelos mais pobres, que passam, quando for o caso, a constituírem objeto de opções por políticas de alívio imediato da pobreza de segmentos "em situação de urgência econômica".

Fato significativo porque esse processo sucede experiências de treze anos em que o combate à desigualdade social e de renda foi concebido e norteou políticas econômicas e sociais, exatamente porque entendido como fator que impede não só o crescimento econômico sustentado como também a construção de uma sociedade mais justa e igualitária. Aliás, foi a partir do início do atual século que a questão da desigualdade social foi assumida como fator impeditivo do desenvolvimento econômico do país, ao contrário por exemplo dos anos da segunda metade da década de 80 do século passado, em que havia disputa política pela paternidade da "descoberta dos pobres" mas não da "descoberta da desigualdade social", pois esta implica algo que nossas elites já demonstraram reiteradamente no decorrer de nossa história: o rechaço a toda e qualquer forma de redistribuição das riquezas do país, por mais tímidas que sejam.

As políticas de combate à pobreza passam então, a partir de 2016, a se constituírem num conjunto de ações desarticuladas entre si, mas que no conjunto configuram um assistencialismo que nega a visão dos pobres como sujeitos cidadãos, já que o que prevalece é uma visão elitista sobre a pobreza. Mas ilude-se quem entende esse fenômeno como estritamente econômico, vale dizer, que os recursos destinados às funções sociais no orçamento público (não só federal) representam gastos sociais que numa conjuntura de ajuste fiscal devam ser cortados. O fenômeno vai mais além, e abarca também outras dimensões da vida social nessa sociedade segmentada em castas de acesso a consumo e privilégios sociais: a disputa hoje segue sendo para a permanência do monopólio de espaços por parte das camadas altas e médias de nossa sociedade. Não à toa gerava incômodo pobres, ou não ricos e não privilegiados da classe média, invadirem *shoppings centers* e aeroportos com suas sacolas, e não com malas de grife ou pseudo grife, *made* in China.

A destruição e/ou desconstrução das políticas sociais

A partir de 31 de agosto de 2016, quando Michel Temer toma posse, a área social e os direitos sociais vêm sendo alvo de ofensivas drásticas com cortes de recursos, anulação dos direitos conquistados e selados pela constituição, e as políticas e programas sociais desvirtuados. A área social, em nome de um ajuste fiscal que recai sobre os trabalhadores assalariados (em extinção, substituídos por colaboradores) e os pobres, vem sendo objeto de cortes cirúrgicos, e como se afirma no jargão popular, "que cortam na carne já olhando para os ossos". O objetivo central é quebrar os avanços dos direitos sociais e trabalhistas consolidados pela Constituição de 1988.

Não se vinculam mais recursos para a área social a um projeto de nação: esses recursos agora são entendidos como gastos sociais, e não mais como investimento, como até durante a primeira década e meia deste século eram entendidos, mesmo diante da resistência da área econômica e de segmentos de nossa elite, embora à época, em termos comparativos com o momento atual, de forma tímida. O que não significa deixar de reconhecer que naquele período o volume de recursos para a área social aumentou muitíssimo, em comparação aos períodos anteriores. O que só torna mais gritantes os cortes deste último ano.

Paul Singer (1975), em texto célebre que circulava quase que clandestinamente naqueles tempos sombrios, enfatizava – e tratava-se de uma obra didática – que recursos destinados à área social constituem investimentos, e não gastos, dado que não só formam futuros trabalhadores como também impactam as atividades econômicas em termos imediatos, dados os *inputs* e *outputs* que promovem na cadeia produtiva, para não deixar de referir o aumento do consumo por parte dos beneficiados daquelas políticas e programas. E de fato, vários estudos mais recentes apontam que a cada R$ 1,00 de investimento na área social, retorna para a economia em média R$ 1,75; e que no caso da saúde essa relação seria de R$ 1,00 para R$ 7,00 a R$ 8,00 (Castro; Ribeiro, 2009). Só este fato demonstra a falácia dos argumentos que vêm sendo utilizados para os cortes de recursos para a área social: não se trata de redução de "gastos" do Estado, mas da ausência de dois fatores fundamentais sobre os quais se constroem as políticas sociais numa sociedade: o de elas constituírem um fator de dinamização da economia, portanto um investimento econômico; e, mais importante, o de elas traduzirem, porque são sua expressão essencial, um projeto para a sociedade que organiza o Estado, e portanto as gestões governamentais.

Mas tal como na década de 1970, atualmente esta parece ser uma discussão quase que clandestina: a grande diferença entre esses tempos é que naqueles as instituições políticas caracterizavam-se por cristalizar um regime ditatorial, e atualmente, caracterizam-se por cristalizar um regime autocrático autoritário sob a capa da vigência de mecanismos e instituições democráticas. É este o grande desafio que analistas da área social e militantes dos direitos humanos, políticos e sociais enfrentam na atualidade: como deslindar as reformas na área social e dos direitos sociais e trabalhistas a partir de uma perspectiva que não se atenha aos moldes fronteiriços da "onda neoliberal" que avassala a América Latina e o Brasil. Isto é importante, mas vem se revelando insuficiente.

Os mecanismos que vêm sendo acionados e que configuram o governo a partir dos eventos de meados de 2016, portanto num contexto caracterizado pelo que Wanderley Guilherme dos Santos (2017) denominou de "a democracia impedida",[1] constituem um ataque avassalador às conquistas sociais não só com raízes na primeira metade do século passado, como aquelas consolidadas e construídas a partir da constituição federal de 1988.

Esse processo vem sendo realizado a partir de duas frentes, que se combinam: *destrói-se* no atacado todo o aparato social dos direitos sociais essenciais, como saúde e educação, por meio do sufocamento dos recursos a ele destinados – a PEC 55, que na miopia do ajuste das contas públicas, a contrapelo de todas as evidências

---

1 Especialmente no capítulo 5: "Da democracia e seu bastardo: o golpe parlamentar".

demográficas e epidemiológicas, congela por 20 anos os recursos de investimento (tido como gasto) nas áreas de educação e saúde; mas ao mesmo tempo *descontrói-se* o aparato legal que regula os direitos trabalhistas e sociais e os respectivos sistemas de provisão de serviços que garantem esses direitos.

Aqui, a distinção entre *destruição* e *desconstrução* não é mero jogo de palavras. No primeiro caso, demole-se o aparato jurídico dos direitos em questão, bem como as instituições que lhe dão suporte; no segundo, mantém-se em grande parte, de forma distorcida, o aparato jurídico, como também são mantidas as instituições que lhe dão suporte, só que a partir de então com outro conteúdo social, seja na forma da prestação de serviços e da garantia de direitos, seja na forma da restrição do acesso a esses serviços e direitos sociais que, paradoxalmente, para todos os efeitos não deixam de se constituírem em direitos.

A destruição da seguridade social brasileira, instituída pela Constituição Federal de 1988, não é de agora. De fato, a própria efetivação da letra constitucional, nessa área, desde o início foi realizada a partir do esquartejamento do sistema de seguridade social previsto – previdência social, saúde e assistência social – em três ramificações isoladas entre si, a começar pelo financiamento do sistema como um todo: logo no início dos anos 1990, com os vetos do então presidente Collor à lei de regulamentação do sistema, o financiamento delas passa a ser fragmentado por segmento. No entanto, com os avanços desde então na implantação do SUS - Sistema Único de Saúde - (com início em 1990) e do SUAS – Sistema Único de Assistência Social - (com início em 2004), os direitos sociais vieram sendo paulatinamente efetivados, para tanto construindo-se um aparato institucional que possibilitasse a oferta dos serviços correspondentes. O SUS é atualmente uma realidade incontestável, porém longe de se constituir "numa conquista definitiva", como afirma Drauzio Varella,[2] exatamente porque necessita ser defendido e respaldado pela sociedade, para que não seja destruído e desconstruído. Quanto à assistência social como um direito, por ser bem mais recente seu sistema de prestação de serviços, e dada a atual conjuntura política, a ameaça de sua extinção enquanto uma modalidade de prestação de proteção social dos pobres, configurada como um direito social, é maior.

Com essa segmentação do financiamento, a previdência social por contar com recursos provenientes dos contribuintes – basicamente os assalariados, dado o grande volume de sonegação que impera entre os empregadores, que assim mesmo repassam esses "custos de produção" para os consumidores na composição do preço final dos produtos – passa a ser o componente com maior volume de recursos dentre os três; a saúde, historicamente subfinanciada diante do portento da responsabilidade sobre as necessidades de cobertura e prestação de serviços que o SUS tem, depende basicamente dos recursos do orçamento da União, estados e municípios, embora estejam previstas outras fontes de financiamento do sistema da seguridade social, como Cofins (Contribuição para Financiamento da Seguridade Social) e a CSLL (Contribuição sobre Lucro Líquido), sem contar a histórica taxação previdenciária sobre combustível, as receitas de concurso de prognósticos e as taxas de importação de bens e serviços. Neste sentido a implantação do SUS sempre foi realizada a contrapelo das conjunturas econômicas desde então, caracterizadas por períodos de estagnação marcados por surtos de crescimento, e estes provocados fundamentalmente por aumento da exportação de *commodities*.

---

2 "Drauzio Varella faz retrospectiva de 50 anos da medicina no Brasil". *Folha de São Paulo*, 18/11/2017. Disponível em: < http://www1.folha.uol.com.br/cotidiano/2017/11/1936402-drauzio-varella-faz-retrospectiva-de-50-anos--da-medicina-no-brasil.shtml?loggedpaywall>. Acesso em 01/02/2017.

Mesmo assim, a seguridade social consiste no segundo maior orçamento da União, o que a torna objeto da cobiça dos governantes nos sucessivos pacotes de ajuste fiscal. A partir de agosto de 2016, com a reforma ministerial, o que se observa é a divisão clara entre os ministérios "gastadores", os da área social, e é para esses que é dirigido o facão, e os ministérios "captadores de recursos", e estes ficam sob o controle dos senhores do dinheiro. A previdência social vai para o Ministério da Fazenda, enquanto o INSS (Instituto Nacional de Seguro Social) vai para o Ministério de Desenvolvimento Social e Agrário: a arrecadação fica a cargo da Fazenda e a despesa fica a cargo da área social, seja ela voltada para assalariados, colaboradores ou pobres. No entanto, a aparência da reforma ministerial é a de não fracionamento da ação pública, embora a fragmentação básica e radical esteja dada naquela divisão acima mencionada. Isto porque os ministérios voltados para a área social tornam-se muito mais frágeis e vulneráveis a cortes orçamentários e às investidas das ações de favorecimento explícito do mercado na área social, em detrimento de políticas voltadas para a equidade e a justiça sociais.

Na área da educação, o concerto é afinado: União e estados estão voltados para a destruição das universidades públicas e da área de ciência e tecnologia. Cortam-se financiamentos nesta e cortam-se repasses de recursos para aquelas, afora ameaças de corte de salários e congelamento da progressão da carreira docente. Na área privada de ensino, o que se verifica é uma oligopolização do setor privado, concentrado em quatro ou cinco grandes grupos econômicos, o que vai de encontro não só à autonomia nacional do desenvolvimento científico e tecnológico do país, mas sobretudo à formação de novas gerações com um ideário diversificado que não se restrinja às necessidades do mercado, adestradas no raciocínio estrito do custo/efetividade e do custo/benefício, sempre que possível individual. A escola pública, a expansão de vagas por meio de cotas, os programas de inclusão social nas universidades, estas são iniciativas fadadas a serem extintas, e substituídas, entre outros, pela universidade pública paga. Não só afirma um dos representantes políticos atualmente em exercício de mandato que "quem não tem dinheiro não faça universidade",[3] tão simples como isso, como o raciocínio que fundamenta a privatização das universidades públicas explicita a lógica que prevalece na área social como um todo, da forma mais crua: como quem tem acesso às universidades públicas são estudantes com maior poder aquisitivo (o que é real, e vinha sendo combatido com os programas de inclusão dos menos favorecidos à universidade, levados a cabo a partir dos governos Lula e Dilma), pague-se pelo ensino superior público; e com isso toma-se a questão da inequidade do acesso ao ensino superior pelo seu final, pondo-se debaixo do tapete a questão de origem dessa injustiça de acesso que consiste na precariedade da qualidade da rede pública de educação básica. Uma vez mais ataca-se a questão fundamental da educação, como em todas as demais áreas sociais, pela face do acesso ao consumo, portanto da perspectiva do mercado, e não do acesso como um direito.

Trata-se, portanto, de fazer com que ministérios "gastadores" cortem seus custos, não da perspectiva da busca de maior racionalidade e controle na alocação dos seus recursos, mas da perspectiva de se reduzir a responsabilidade do Estado frente à garantia dos direitos sociais dos cidadãos. Os bens de consumo coletivo fundamentais deixam de ser direito e passam a ser mercadoria, embora na sua materialidade não se configurem como tal. Daí ser uma *desconstrução* do aparato social e do conjunto de políticas sociais que

---

3 "'Tem que cortar universidade', diz deputado a estudantes de GO". *G1*, 13/10/2016. Disponível em: < http://g1.globo.com/goias/noticia/2016/10/tem-que-cortar-universidade-diz-deputado-estudantes-de-go-video.html>. Acesso em 01/02/2017.

lhe dão sustentação, uma vez que a sua *destruição* não significa o desaparecimento daquele aparato nem daquele conjunto, que simplesmente eles passam a funcionar de outra forma, pelo seu avesso.

Mas essa *desconstrução* do aparato das políticas sociais não vem isolada, pois ela não sacia a sede do mercado: com ela vêm as propostas e emendas constitucionais de quebrar não só os avanços que ocorreram na área social, sobretudo a partir de 2002, como também as conquistas dos direitos trabalhistas e sociais consolidados no texto constitucional de 1988. Daí a PEC do congelamento dos recursos por 20 anos destinados à educação e à saúde, as reformas trabalhistas (já aprovada e homologada) e a previdenciária, em andamento. Nesse sentido, os eventos que redundaram no que Wanderley Guilherme dos Santos denominou de a "democracia impedida" se traduzem no que Luís Fernando Veríssimo caracterizou como não se tratar de uma política neoliberal "de bom coração",[4] como tampouco de ações e medidas que se encaixem numa das "mais de cinquenta medidas de se ser generoso com os pobres". O que se verifica, ao contrário, é o corte do acesso do público alvo às políticas sociais, seja no Programa Bolsa Família, seja na Política de Benefícios de Prestação Continuada (direito constitucional), seja de forma indireta no fomento à privatização da saúde (sob a forma da tentativa de se instituírem novas modalidades de planos de saúde – os planos populares; aumento dos subsídios ao subsistema privado da saúde; ou a possibilidade – objeto de tratativas neste final de 2017 – de aumentos ilimitados dos prêmios dos seguros de saúde, atuando aqui em duas frentes: redução da cobertura ou aumento brutalmente escalonado do preço dos seguros por critério de idade). Mas o que essas medidas têm em comum? O fato de

---

4 "Que governo!". *O Globo*, 15/05/2016. Disponível em: <http://noblat.oglobo.globo.com/cronicas/noticia/2016/05/que-governo.html>. Acesso em 01/02/2017.

que se corta no varejo, em termos de economia de recursos voltada para o equilíbrio fiscal, enquanto se aumenta no atacado os subsídios e perdão das dívidas do setor privado, seja com perdão de suas dívidas para com a receita federal, seja com novas (e imaginativas) isenções fiscais para vários segmentos da economia.

Assim, ao mesmo tempo em que paulatinamente se transforma a assistência social em um apêndice das políticas sociais voltadas para os pobres (chegando-se inclusive a voltar a ser confundida como o espaço das primeiras damas, como no caso do programa Criança Feliz criado em 2017), aí incluído o Programa Bolsa Família e os programas de segurança alimentar. Dessa forma, a área social assume uma nova configuração: os interesses privados aí presentes (tais como os da área da economia) antes conquistando novos espaços e benesses governamentais no varejo, agora passam a abocanhar as fatias promissoras do "mercado da área social" no atacado.

Isso significa o fim das políticas sociais estruturantes dos direitos sociais e, portanto, voltadas para a construção de novas identidades sociais marcadas pela dignidade dos sujeitos sociais da base da pirâmide socioeconômica por se reconhecerem como portadores de direitos, e sua substituição por políticas focalizadas, pauperizadas elas mesmas, e a configuração do direito social como acesso (precário) ao consumo de determinados serviços sociais. Neste sentido, a nova configuração do conjunto das políticas sociais em vigência a partir de meados de 2016 expressa um novo projeto para a sociedade, em que o equilíbrio econômico neoliberal é perseguido na busca da manutenção do privilégio das elites e da reprodução da subordinação das camadas subalternas (apesar da redundância da expressão). E aí a capilaridade dos programas sociais que vinham sendo implementados (Programa Bolsa Família, Programa Mais Médicos, por exemplo) podem se transformar numa ameaça, pois na medida em que não fazem mais parte de um conjunto estruturante de políticas sociais, mas de políticas focalizadas para os pobres miseráveis, o acesso do poder público a informações da esfera privada dos pobres pode se transformar facilmente num mecanismo de controle social do Estado sobre os mais pobres, transformando-se em instrumento eficaz de culpabilização dos pobres pela sua situação *no mercado*, já que a igualdade impressa pelos direitos cidadãos se torna cada vez mais longínqua e espelhada no próprio mercado.

De fato, o que se vem cristalizando no país é uma conjuntura em que as políticas sociais que vêm sendo implementadas não revelam um desconhecimento sobre a pobreza, mas um determinado e preciso conhecimento sobre os pobres, que devem continuar ocupando seu lugar historicamente construído pelas elites: inclusão social no máximo por meio de um pouco de consumo, mas jamais por meio da conquista, em alguns casos da reconquista, de novos espaços sociais pelos pobres, espaços estes tidos como monopólio das nossas elites.

Retorna-se então à questão da "generosidade" para com os pobres: de 2002 até meados de 2016 as políticas sociais (várias com início nos governos Fernando Henrique Cardoso, embora com outro conteúdo, como o Programa Comunidade Solidária levado a cabo de forma responsável por Ruth Cardoso) estavam voltadas para o combate à desigualdade social e à pobreza extrema (basta lembrar que foi nesse período que o Brasil saiu do Mapa da Fome, elaborado pela Organização das Nações Unidas para Alimentação e Agricultura (FAO), e o Programa Bolsa Família foi considerado o modelo a ser copiado internacionalmente pela sua eficiência e eficácia), e marcadas pela construção da identidade dos sujeitos sociais enquanto portadores de direitos; vale dizer, marcadas pela busca da justiça social. A partir de então, as políticas sociais passam a ser marcadas pelos interesses do mercado (inclusive o prestador dos serviços sociais) e pela reprodução da subalternidade dos pobres e das camadas populares, e mesmo assim configuradas por alguns analistas como iniciativas modernas e generosas. E com isso voltamos para o Mapa da Fome!

Nada mais urgente do que se debruçar não só sobre os indicadores sociais e econômicos das políticas sociais atuais, mas sobretudo nas suas implicações em termos de seu *conteúdo social*: qual o seu sentido na produção das identidades sociais dos pobres, e no caso das políticas universais da população em geral? Qual o conteúdo social, ou a eficácia social, que trazem consigo?

Não há como não deixar de lembrar que, na atual conjuntura em que vive o país e que nos desafia a deslindar o que pode explicar tamanhos retrocessos na área social (para não se mencionar as demais áreas, que extrapolam o escopo deste texto), torna-se útil revisitar um texto fundante da interpretação sobre o Brasil: trata-se do texto de Francisco de Oliveira, "A economia brasileira: crítica à razão dualista" (Oliveira, 1972). Pois o projeto das elites para o país parece estar claro, enquanto o projeto de sociedade, diante do desmonte dos direitos consolidados na Carta Magna de 1988 apontam, claramente, para a produção de sujeitos sem futuro na ausência da garantia dos mínimos direitos sociais.

Referências bibliográficas

CASTRO, Jorge Abrahão de; RIBEIRO, José Aparecido Carlos, "As políticas sociais e a constituição de 1988: conquistas e desafios". In: IPEA. *Políticas Sociais: acompanhamento e análise – vinte anos da Constituição Federal, nº 17 – Introdução*. 1ª edição. Brasília: IPEA, 2009.

OLIVEIRA, Francisco. "A economia brasileira: crítica à razão dualista". *Estudos Cebrap*, São Paulo, n. 2, 1972, p. 4-82.

SANTOS, Wanderley Guilherme. *A democracia impedida – o Brasil no século XXI*. Rio de Janeiro: FGV Editora, 2017.

SINGER, Paul. *Curso de Introdução à Economia Política*, 1ª edição. Rio de Janeiro: Editora Forense, 1975.

Percepções sobre a pobreza e condicionalidades do Programa Bolsa Família

Carlos Alberto Bello

Algumas pesquisas, discutidas ao longo deste artigo, têm analisado as percepções da população sobre a pobreza no Brasil quanto às suas causas e soluções e/ou quanto à responsabilidade de famílias, segmentos sociais e/ou Estado pela existência ou superação da pobreza. Cada percepção permite associar cada causa a alguma solução possível e explicitar ou sugerir as responsabilidades sobre a respectiva causa ou solução.

O objetivo principal deste artigo é analisar estas percepções de modo a discutir se elas indicam que o Programa Bolsa Família (PBF) deveria exigir condicionalidades das famílias beneficiadas, além de analisar que espécies de condicionalidades estariam em pauta e quais relações elas teriam com as previstas atualmente no PBF. Como se trata de uma política sujeita a debate público e por ela ser voltada a uma população muito vulnerável sobre diversos aspectos, discussões sobre as obrigações que as famílias beneficiárias deveriam cumprir tornam-se bastante relevantes. Antes de analisar mais detalhadamente os dados revelados pelas pesquisas aqui comentadas, será construída uma classificação das percepções da população sobre a pobreza a partir das suas causas, base para que a análise e interpretação das pesquisas sobre tais percepções permita a elaboração de uma classificação das prováveis soluções para a pobreza, cotejando as diferentes perspectivas sugeridas pelos enfoques acerca da pobreza e de sua superação no país. Por fim, será discutido como as soluções postuladas podem levar à sugestão de diversas condicionalidades a serem cumpridas pelos beneficiários, analisando-as à luz das condicionalidades integrantes do PBF.

Classificação das percepções sobre a pobreza

Cabe salientar, antes de tudo, que toda e qualquer percepção é formada a partir das informações e análises disponíveis àqueles que manifestaram opinião nas pesquisas aqui discutidas, de modo que é preciso avaliar as percepções no contexto da amplitude e da qualidade do debate nacional acerca das questões envolvidas, análise que será realizada no final deste artigo. É preciso partir do fato de que há muita desinformação sobre as características da pobreza e dos programas a ela voltados; por exemplo, muitos podem achar que é possível aos beneficiários deixar de trabalhar, algo pouco provável face ao valor dos benefícios (de 60 a 70 reais por membro da família). É plausível classificar tais percepções a partir das causas da pobreza explícitas ou implícitas a cada caracterização da pobreza, resultando nos conjuntos de percepções discutidos em seguida.

O primeiro conjunto agrega aquelas que consideram as condições nacionais de geração de emprego e renda, incluindo aspectos relativos à reprodução da força de trabalho (legislação, qualificação e formalização, dentre outros), como os principais determinantes da pobreza no Brasil. Como será visto mais detidamente na próxima seção, uma série de percepções atribui a pobreza ao desemprego, à falta de oportunidades e aos baixos salários, sugerindo a ausência de políticas adequadas de emprego e renda como definição que engloba essas percepções.

O segundo conjunto de percepções avalia que a pobreza decorre fundamentalmente de variadas carências da população mais pobre, desde a educação e a instrução formal até a falta de informações e conhecimentos necessários a uma melhor inserção na ordem econômica. Cabe esclarecer que não é possível ter clareza acerca de quais seriam os fatores mais relevantes para a produção de tais carências, já que tendem a ser diversos os pontos de vista desta população acerca das responsabilidades do Estado e/ou das próprias famílias na produção destas carências.

O terceiro conjunto de percepções agrega aquelas que atribuem a pobreza a situações produzidas no âmbito familiar, como o elevado número de filhos ou o uso de drogas, situações que dificultariam uma adequada inserção na ordem econômica. Tal como exposto no item anterior, elas podem expressar pontos de vista críticos dos entrevistados quanto às atitudes dos pobres que passam por tais situações, embora deva haver aqueles que atribuem estas situações à ausência de assistência adequada.

O quarto conjunto de percepções atribui a pobreza fundamentalmente à falta de atitudes ou condutas adequadas dos pobres quanto a uma melhor inserção na ordem econômica, tais como não querer trabalhar, não se esforçar devidamente, não procurar melhores trabalhos ou não desejar estudar.

O quinto conjunto de percepções agrega aquelas que consideram a sorte ou a corrupção como os principais fatores para a melhoria da vida das pessoas, permitindo interpretar que talvez uma significativa parte dos entrevistados também considere que tais fatores seriam decisivos para a superação da pobreza.

Pesquisas acerca das percepções sobre a pobreza

Antes de tudo, é necessário esclarecer que todas as percepções discutidas aqui quase sempre aparecem em conjunto com percepções diferentes, especialmente as antagônicas, uma vez que as pesquisas analisadas têm como um dos seus principais objetivos justamente trazer elementos empíricos para o debate de questões polêmicas concernentes à pobreza e à desigualdade social.

Quanto às pesquisas que discutem o primeiro conjunto de percepções, Mesquita & Castro (2014) analisaram os resultados acerca das percepções da população sobre a pobreza e as políticas públicas. Apenas 6% dos entrevistados colocaram a pobreza e a fome entre os principais problemas do país, bastante atrás de violência e insegurança (23%) e da saúde (22%), atribuindo pouca relevância à determinante que define este conjunto de percepções, as condições nacionais de geração de emprego e renda. Entretanto, ao analisar os resultados observados para dois diferentes grupos de renda (até 1/4 de salário mínimo e acima de cinco salários mínimos por pessoa), mesmo sem que a pobreza e a fome predominem como problema principal entre os mais pobres (somente 8%), entre estes o desemprego aparece liderando com 18%. Cabe ressaltar que pobreza, fome e desemprego estão entre os principais problemas para apenas 2% dos mais ricos,[1] entre os quais a corrupção e a educação se destacam (28 e 17% frente a 7 e 6% para os mais pobres).

Quanto às causas da pobreza (alternativas à pergunta "é pobre por quê?"), 35% avaliam que seria por não querer trabalhar, enquanto 54% acreditam que é por não encontrar trabalho. Apenas 38% acreditam que seria por não querer estudar, enquanto 57% di-

---

[1] Por praticidade e falta de outros termos, adotaremos a classificação mais ricos e mais pobres, mas de modo algum acreditamos que ganhar mais que cinco salários mínimos torne alguém rico.

zem que seria por não ter tido oportunidade de estudar. Enquanto 71% concordam que a pobreza decorre de o salário ser baixo, apesar de se trabalhar muito, 38% avaliam que seria por que os indivíduos não se esforçam. Desse modo, em todos os resultados predomina como causa as condições de geração de emprego e renda, determinante que define este conjunto de percepções. Entretanto, o fato de cerca de um terço dos entrevistados avaliarem que há má vontade dos pobres expressa uma crítica ética relevante, mesmo sem sabermos se há conhecimento sobre o diminuto valor dos benefícios.

Face à pergunta sobre o que o governo poderia fazer para acabar com a pobreza, predominaram ações voltadas ao mercado de trabalho com 44% no total (agregando aumentar salário mínimo com 19, estimular a contratação de pobres 12, apoiar pequenos agricultores com 9 e apoiar pequenos negócios com 4%), seguidas por ações educacionais com 39% (promover cursos profissionalizantes rápidos 19, dar bolsas de estudo 12 e aumentar vagas em cursos técnicos com 8%), garantir moradia adequada com 11% e transferências de renda com 6% (aumentar valor ou beneficiários do PBF). Mais uma vez prevalece a preferência por ações de geração de emprego e renda, inclusive porque as ações educacionais podem estar sugerindo a necessidade de aumentar a capacidade dos pobres em obterem melhores ocupações.

Outra pesquisa mostra resultados diferentes quanto às causas da pobreza. Lavinas *et alii* (2014) mostram uma absoluta divisão entre os pesquisados; enquanto 37% dizem que a permanência da pobreza se deve principalmente à falta de oportunidades, 39% acreditam que ela ocorre porque os pobres não correriam atrás de trabalho, sendo que os resultados não são muito diferentes para quem ganha até 1.000 reais (41 e 36%) frente a quem ganha acima de 5.000 reais (36 e 33%). Reforçando a segunda opinião e contrariando o fator determinante que define este conjunto de percepções, a pesquisa de Castro *et alii* (2009) avaliou a concordância quanto a certas críticas ao PBF, uma vez que 67% avaliou que os beneficiários, acomodados com o recebimento do auxílio, não iriam querer mais trabalhar.

As percepções sobre as causas da pobreza, de acordo com a pesquisa de Mesquita & Castro (2014), revelam com maior clareza as diferenças entre os segmentos sociais, pois para os mais pobres o desemprego predomina amplamente (44% frente a 11% da educação), enquanto entre os mais ricos a educação lidera com 39%, seguida da corrupção com 19% e do desemprego com 15% (junto com a má distribuição da renda).

Quanto às formas de sair da pobreza, a mesma pesquisa revela expressivas diferenças conforme o nível de renda. Enquanto 47% dentre os mais pobres colocam mais empregos como a principal solução, secundados por uma educação de qualidade com 17% e com somente 7% apontando o esforço individual, entre os mais ricos os respectivos percentuais são de 18, 31 e 19%. A maior importância das duas últimas soluções indica não só que para os mais ricos não seriam necessárias mudanças mais profundas na sociedade, como também uma valorização de critérios meritocráticos, discrepantes das percepções dos mais pobres.

Em suma, as percepções que consideram as condições nacionais de geração de emprego e renda como os principais determinantes da pobreza no Brasil revelam, no que se refere à população em geral, um pequeno predomínio sobre as percepções antagônicas que responsabilizam os pobres pela sua condição de pobreza, uma vez que em uma pesquisa elas revelam números praticamente iguais e na outra uma diferença de vinte pontos percentuais, havendo uma pesquisa na qual as ações estatais voltadas ao mercado de trabalho ou à educação praticamente se equivalem como caminhos para a redução da pobreza.

As diferenças são sistemáticas e consistentes quando analisamos as opiniões por diferentes estratos de renda; enquanto entre os mais pobres o desemprego seria o primeiro problema do país e maior causa da pobreza, respaldando a visão sobre a responsabilidade das condições de emprego e renda como causadoras da pobreza, entre os mais ricos a educação ou a corrupção assumem a primazia. A relevância da dimensão da renda nas diferenças de opinião sugere alguma coerência de classe, posto que entre os mais ricos a pobreza não seria causada pela dinâmica socioeconômica do país ao contrário dos mais pobres, os quais dão menor relevância aos aspectos meritocráticos (educação e esforços individuais) ou éticos (corrupção), cuja primazia é coerente com os valores usualmente associados aos segmentos médios da população, certamente predominantes entre os mais ricos componentes da amostra pesquisada.

Quanto às pesquisas que discutem o segundo conjunto de percepções, pelo qual a pobreza decorre fundamentalmente de carências dessa população, todas já foram abordadas na discussão anterior, posto que as carências educacionais (associadas à instrução ou à qualificação para o trabalho) se contrapunham ao desemprego ou à falta de oportunidades quando os entrevistados respondiam sobre causas ou saídas da pobreza, principais problemas do país ou ações do governo contra a pobreza.

A única pergunta para a qual a renda do entrevistado não foi decisiva no perfil das opiniões refere-se ao que o governo poderia fazer para acabar com a pobreza (Mesquita & Castro 2014), revelando um grande equilíbrio entre ações voltadas ao mercado de trabalho com 44% e ações educacionais com 39%.

Em síntese, e com exceção a um aspecto da pesquisa analisada acima, as percepções que atribuem a pobreza fundamentalmente a variadas carências da população mais pobre mostram a relevância da dimensão da renda na diferença de opinião, representando o contraponto às conclusões elaboradas para o primeiro conjunto de percepções. Desse modo, entre os mais ricos a educação predomina, respaldando a visão sobre a pobreza assentada naquelas carências, enquanto entre os mais pobres o predomínio assumido pelo desemprego realça a perspectiva da pobreza causada pelas condições de geração de emprego e renda.

Quanto às pesquisas que discutem o terceiro conjunto de percepções, pelo qual a pobreza é atribuída principalmente a situações inadequadas produzidas no âmbito familiar, cabe iniciar dizendo que a pesquisa de Mesquita & Castro (2014) mostrou que o uso de drogas foi pouco citado pelos entrevistados (4% do total), menos que 1% entre os mais ricos e 6% entre os mais pobres.

Na mesma pesquisa, 44% dos entrevistados concordam que a pobreza decorre de as famílias terem muitos filhos (41% discordam), o que pouco se diferencia entre os diversos segmentos; entre os mais ricos, os respectivos percentuais são 48 e 39%. Este relativo equilíbrio não se repete quando é respondida uma pergunta sobre como sair da pobreza (para acabar com a pobreza é preciso...), pois houve concordância de 65% da amostra de que os pobres deveriam ter menos filhos, enquanto apenas 33% do total consideram que dar dinheiro para as famílias muito pobres seria um caminho adequado para sair da pobreza, reforçando a predominância do primeiro percentual citado.

Com menor predomínio, a pesquisa de Castro et alii (2009) revela que o PBF, para 56% dos entrevistados, estimula a família a ter mais filhos. Resultado similar aparece no trabalho de Lavinas et alii (2014), sendo mais surpreendente observar que, frente a 10 afirmativas de apoio a políticas de caráter distributivo, aquela que foi menos apoiada (33%) foi a de que "as mulheres que recebem o benefício não vão querer ter mais filhos só para receber mais benefícios", frente a 51% que discordam desta afirmação.

Em síntese, as percepções que atribuem a pobreza a situações inadequadas produzidas no âmbito familiar mostram, de forma muito clara, a escassa importância do uso de drogas como gerador dessa condição. Por outro lado, uma pesquisa mostra predomínio da opinião de que ter menor número de filhos reduziria a pobreza, enquanto outras duas não são tão conclusivas a esse respeito. Entretanto, há uma predominância da ideia de que o PBF estimula as famílias a terem mais filhos. É possível que boa parte da população ainda se paute por imagens associadas à memória das famílias muito numerosas de tempos atrás, mas o que mais surpreende é a opinião de que os pobres aumentariam a prole para receber o benefício, provavelmente sem que os entrevistados considerem que o valor adicional seria no máximo de setenta reais mensais.

Face aos diversos resultados das pesquisas já analisadas, é possível supor que os resultados surpreendentes citados acima talvez não reflitam avaliações de que os pobres adotem condutas pouco éticas, como sugerido através da concordância com "querer ter mais filhos para receber mais benefícios". Em consonância com o fato de esta espécie de condutas ser minoritária em outros aspectos (como não querer trabalhar ou estudar), parece fazer mais sentido considerar que aquela concordância expresse mais intensamente a visão de que os pobres tentam de todas as formas alcançar uma sobrevivência menos difícil, embora esta hipótese se baseie num valor do benefício muito maior frente àquele que de fato os beneficiários recebem. De todo modo, como os resultados anteriores descortinam a perspectiva de avaliações que questionam a ética dos pobres e estas abrangem entre 30 e 40% do total dos entrevistados, há claramente a necessidade de entender melhor e mais profundamente sobre quais bases foram formadas tais opiniões.

No que se refere às pesquisas que versam sobre o quarto conjunto de percepções, o qual tende a atribuir a pobreza à falta de atitudes adequadas para uma boa inserção na ordem econômica, cabe iniciar observando respostas a quais fatores seriam os maiores responsáveis pela melhoria na vida das pessoas (Reis, 2004). A sorte predomina como fator decisivo para 76% do total, sendo 92% para os que se definem como pertencentes à classe alta, vindo depois a inteligência e as habilidades com 56% e os esforços individuais com 40%. A menor preferência por estes dois últimos fatores se opõe à visão de que as atitudes dos pobres seriam as maiores responsáveis pela pobreza, embora não haja clareza de que os entrevistados responderiam de forma semelhante se fossem perguntados sobre quais seriam os fatores decisivos para a superação da pobreza.

A pesquisa de Lavinas *et alii*. (2014) revela que 56% dos entrevistados concordam que os adultos deveriam ser obrigados a trabalhar, resultado surpreendente uma vez que é muitíssimo difícil imaginar, especialmente para a grande maioria dos adultos das cidades, que se possa deixar de realizar algum trabalho e sobreviver com menos de 500 reais mensais com quatro filhos, valor maior que os benefícios pagos a uma família nessas condições. Na mesma direção, 42 % dos entrevistados avaliam que o valor deve ser mantido baixo, para evitar que as famílias se tornem dependentes do benefício. Ambas as visões respaldam as percepções de que as atitudes dos pobres seriam as principais causas da pobreza.

Os outros resultados das pesquisas relativas a estas visões foram discutidos quando foram analisadas as percepções agrupadas no primeiro conjunto, que consideram as condições nacionais de geração de emprego e renda como os principais determinantes da pobreza no Brasil. Foi observado então, no que se refere à população em geral, um pequeno predomínio destas condições sobre as percepções centradas nas atitudes dos pobres como, por exemplo, não querer trabalhar, não se esforçar devidamente, não procurar melhores trabalhos ou não desejar estudar.

Entretanto, as diferenças foram sistemáticas quando foram analisados os diversos estratos de renda. Entre os mais ricos, as carências de educação como principal causa da pobreza podem respaldar a visão assentada nas atitudes dos pobres, embora também possam não os responsabilizar por sua pobreza, se esta fosse atribuída à ausência de políticas públicas. Entre os mais pobres, ao contrário, o desemprego seria o primeiro problema do país e maior causa da pobreza, respaldando a visão sobre a responsabilidade das condições de emprego e renda como causadoras da pobreza.

Em suma, as percepções que tendem a atribuir a pobreza fundamentalmente à falta de atitudes adequadas dos pobres quanto a uma boa inserção na ordem econômica revelam que entre 35 e 40% dos entrevistados acreditam que a pobreza seria fruto de tais atitudes, percentuais inferiores à opinião de que a pobreza não é causada pelos pobres. Por outro lado, há o predomínio da opinião de que receber o benefício do PBF levaria os pobres a não querer trabalhar ou de que os beneficiários deveriam ser obrigados a trabalhar, deixando claro que a maioria considera as atitudes dos pobres como eixo do problema, quando opinam sobre os beneficiários do programa. Como não há informações diferenciando as opiniões pelos níveis de renda dos entrevistados, não é possível saber se haveria alguma coerência de classe, como discutido há pouco.

Analisando as pesquisas referentes ao quinto conjunto de percepções, Elisa Reis (2000) discute as percepções das elites e da população em geral acerca da pobreza e de como ela deve ser enfrentada, comparando os resultados de uma pesquisa feita nos anos 1990 com outra feita em 2000.[2] Foi observado há pouco que a sorte predominava como fator decisivo para 76% do total, sendo que a resposta positiva à pergunta se é preciso ser corrupto para subir

---

2   V. Reis, 2004 e Reis, 2000, op.cit.

na vida foi de 93% para a classe alta, mas menos de 40% para as demais classes.

Embora haja nítido predomínio da sorte e da corrupção sobre fatores ligados ao mérito pessoal (inteligência, habilidades e esforços individuais) ou às condições nacionais de geração de emprego e renda, estas pesquisas não permitem ter alguma evidência de que esses fatores também seriam os mais importantes para a superação da pobreza. Ainda assim, parece bastante difícil partir delas para pensar em prováveis soluções para a pobreza, já que faz pouco sentido postular em fazer com que os pobres tenham maior capacidade de lidar com a corrupção ou de ter mais sorte.

Classificação das soluções para a pobreza

A organização deste conjunto de percepções a partir das causas da pobreza permite buscar inferir quais seriam as prováveis soluções associadas a cada causa, cabendo salientar que algumas pesquisas indicam diretamente tais soluções, quando incluem perguntas sobre caminhos para sair da pobreza.

Quanto ao primeiro conjunto de percepções, as prováveis soluções podem ser deduzidas em grande medida das próprias causas. Assim, mudanças nas políticas públicas que resultem em medidas mais eficazes e abrangentes de geração de emprego e renda, aliadas a medidas relativas à força de trabalho, como ações frente à precariedade ou à rotatividade do trabalho e programas de qualificação e treinamento de mão de obra (para citar as mais evidentes), poderiam reduzir a pobreza.

Quanto ao segundo conjunto de percepções, as soluções mais plausíveis podem variar, dependendo de quais seriam as avaliações dos entrevistados que explicariam as carências da população mais pobre. Se o ponto de vista predominante fosse a necessidade de apoiar esta população, seria preciso haver mudanças nas políticas públicas para incrementar o acesso à educação e à instrução, além de alguma difusão de informações e conhecimentos que permitissem melhor inserção dos pobres na economia. Entretanto, este ponto de vista pode estar combinado à visão de que os pobres também teriam de se empenhar na educação e/ou instrução de suas famílias; avaliar em que medida deveria haver combinação de mudanças nas ações públicas e nas atitudes das famílias somente seria possível se fossem obtidas informações mais detalhadas da população entrevistada.

No que se refere ao terceiro conjunto de percepções, as soluções mais prováveis também podem variar, conforme as avaliações acerca das situações inadequadas produzidas no âmbito familiar. De modo semelhante ao discutido no item anterior, se predominar o ponto de vista de que é fundamental ajudar aos pobres, haveria a necessidade de mudanças nas políticas de assistência social às famílias, incluindo educação para o planejamento familiar (supondo que de fato houvesse elevado número de filhos, o que muitas pesquisas contestam) e para a prevenção ao uso de drogas. Pela perspectiva de que responsabilidade igual ou maior caberia às famílias, a solução seria exigir delas mudanças condicionadas ao recebimento de auxílio ou assistência.

Quanto ao quarto conjunto de percepções, as soluções mais plausíveis estariam pautadas pela perspectiva referida acima, posto que os entrevistados indicaram claramente que a responsabilidade caberia às famílias. Disto decorreria exigir mudanças de atitudes quanto ao trabalho e a uma melhor inserção na ordem econômica, condicionadas ao fornecimento de auxílios monetários ou de serviços públicos.

No que se refere ao quinto conjunto de percepções, parece bastante difícil pensar em prováveis soluções para a pobreza devida à corrupção, já que a sorte é absolutamente imprevisível. Aliás, parece evidente que os entrevistados não desejam que esses aspectos continuem sendo tão relevantes para a melhoria da vida das pessoas, provavelmente se dispondo a apoiar medidas que colocassem em primeiro plano as qualidades associadas ao mérito, como inteligência, habilidades e esforços individuais.

Condicionalidades suscitadas pelas soluções para a pobreza

Partimos da definição de condicionalidade como contrapartida exigida dos beneficiários das políticas públicas para que possam receber os auxílios prestados. Em julho de 2016, o discurso oficial dizia que as condicionalidades do Programa Bolsa Família (PBF)[3] buscariam induzir comportamentos que contribuam para o aumento da escolarização e o cumprimento de agendas de saúde de crianças e adolescentes, visando novas perspectivas de inserção socioeconômica no sentido da ruptura do ciclo intergeracional da pobreza. Tais condicionalidades também poderiam alcançar os adultos, caso eles fossem incorporados a programas complementares que dependem de iniciativas das diversas instâncias públicas.

Soluções para a pobreza pautadas principalmente por medidas mais eficazes e abrangentes de geração de emprego e renda parecem colocar toda a responsabilidade sobre o Estado, situação na qual não faria sentido discutir as condicionalidades. Entretanto, como bem lembram Monnerat et alii (2007), a aposta dos idealiza-

---

3 De acordo com Ipea (2010), as condicionalidades do PBF são: *i*) educação – frequência escolar mínima de 85% para crianças e adolescentes entre 6 e 15 anos, e mínima de 75% para adolescentes entre 16 e 17 anos; e *ii*) saúde – acompanhamento do calendário vacinal e do crescimento e desenvolvimento para crianças menores de 7 anos, e pré-natal das gestantes e acompanhamento das nutrizes na faixa etária de 14 a 44 anos. Com a incorporação do Programa de Combate ao Trabalho Infantil (Peti) ao PBF foi incluída uma condicionalidade no campo da assistência social: frequência mínima de 85% da carga horária relativa aos serviços socioeducativos para crianças e adolescentes de até 15 anos em risco ou retiradas do trabalho infantil.

dores do PBF seria a de que a exigência das condicionalidades poderia favorecer a cidadania, em termos da ampliação do exercício do direito à saúde e educação, ainda parciais no Brasil, no sentido de contribuir para a inclusão social e a emancipação.

Desse modo, embora a responsabilidade caiba de fato às instâncias estatais, as condicionalidades poderiam fazer com que os beneficiários cobrassem a efetiva atuação dessas instâncias, havendo apostas mais otimistas de que eles, mais conscientes de sua cidadania, buscassem incrementar seus direitos e assim reivindicassem um conjunto mais amplo de medidas visando à superação da pobreza no Brasil (como programas de qualificação e capacitação da mão de obra, de desenvolvimento rural ou da pequena empresa, por exemplo), ao que parece objeto de oferta irregular e desconectada dos programas de transferência de renda como o PBF.

Neste sentido otimista, esse primeiro tipo de condicionalidades apontaria para um amplo leque de medidas visando à superação da pobreza, cuja intenção seria, em última instância, torná-las obrigação do Estado e não dos beneficiários. Entretanto, esta avançada perspectiva não pode ser considerada como decorrência lógica das soluções deduzidas a partir das percepções sobre a pobreza analisadas no tópico anterior, as quais sugerem a ação do Estado, mas não indicam um escopo tão abrangente, como o fariam segmentos da opinião pública adeptos da construção de um amplo Estado de bem-estar no país. Como o PBF tem como objetivo principal a ruptura do ciclo intergeracional da pobreza (Ipea, 2010), o que acarreta concentrar sua atenção nas crianças e adolescentes, suas condicionalidades possuem um escopo muito menos abrangente do que aquelas sugeridas para esta espécie de política pública.

Além de esse tipo de condicionalidade estar associado às soluções para a pobreza pautadas principalmente por medidas mais eficazes e abrangentes de geração de emprego e renda, há também a possibilidade de ele estar ligado a outra espécie de solução, as mudanças nas políticas públicas visando incrementar o acesso à educação e à instrução, para buscar uma melhor inserção na ordem econômica. Entretanto, há aqui ainda menos elementos que autorizem supor que os beneficiários atuariam no sentido de cobrar as responsabilidades do Estado.

O segundo tipo de condicionalidades também estaria sugerindo principalmente a ação do Estado, porém com um escopo mais limitado, voltado à formação e qualificação da mão de obra, que pode ter como espectro o curto, o médio e/ou o longo prazo, visando uma melhor inserção na ordem econômica e na vida social. Cabe lembrar que, à exceção da perspectiva otimista de mobilização pelo avanço da cidadania discutida acima, qualquer outra condicionalidade só faz sentido se houver a possibilidade do beneficiário não se engajar na política pública em questão. Neste caso, a condicionalidade pode estar fundamentada em duas espécies de razões bastante diversas. De um lado, os pobres poderiam não possuir condições adequadas para participar dessa política, por outro poderiam ter razões para não tomar parte dela.

Dessa maneira, a operacionalização das condicionalidades também deveria ser muito diferente para cada uma das explicações para o não engajamento dos pobres. No primeiro caso, haveria necessidade de apoiar os pobres, atuando sobre circunstâncias de caráter objetivo, como custos que poderiam impedir a participação nessa política, como deixar de trabalhar ou de cuidar de crianças ou idosos, ou custos elevados de transporte ou de participação na escola (material, uniforme etc.) (Brauw; Hoddinott, 2008 e Barros; Carvalho, 2006).

As circunstâncias mais subjetivas podem se referir a aspectos culturais, como por exemplo, a atitude de pais que, por terem trabalhado quando eram crianças, tendessem a mandar seus filhos trabalhar e não estudar (Soares, 2014). Nesse caso e em outros semelhantes, está pressuposta a ideia de que o governo (agindo em nome da sociedade) saberia melhor do que os próprios pobres quais seriam as ações e comportamentos que os beneficiariam (Brauw; Hoddinott, 2008), como defendem Barros e Carvalho (2006, p. 33) abaixo:

> As condicionalidades são necessárias porque é preciso garantir condições e também incentivar as famílias pobres a aproveitarem as oportunidades disponíveis. Mas por que seria necessário incentivar uma família a realizar uma ação que deverá reduzir sua pobreza? A família não deveria agir em benefício próprio? Várias razões podem levar as famílias pobres a nem sempre agirem no sentido de reduzir sua pobreza futura. A mais evidente é a necessidade imediata, que as leva a se comportarem de forma míope, dando uma atenção maior às suas condições de vida atuais que às futuras. Preferem aliviar carências imediatas a investir para saírem da pobreza no futuro. As condicionalidades buscam reduzir o grau de miopia, penalizando as famílias que não aproveitam as oportunidades disponíveis. Se as transferências dão às famílias condições para aproveitarem as oportunidades, as condicionalidades elevam o custo de uma família não as aproveitar. Se a família não tomar atitudes nem praticar ações para aproveitar as possibilidades de investir em seu futuro, ela perde o direito à transferência que sua pobreza lhe garantia. Dessa forma, as condicionalidades são um incentivo para que as famílias aproveitem as oportunidades disponíveis.

Como salientou Standing (2007), esse raciocínio assume que uma família pobre seria irracional ou incapaz de conhecer seus interesses de longo prazo ou que lhes falta algum tipo de informação vital. No caso brasileiro, as experiências de inserção dos mais pobres muitas vezes contrariam o raciocínio supracitado, pois expressam grandes dificuldades de frequentar a escola e concluir os estudos, face à falta de condições econômicas da família, de apoio da instituição escolar ou em situações que tendem a interromper a vida escolar, como doença, fome acentuada, violência familiar e gravidez precoce. Além disso, no Brasil ainda são muito recentes as políticas voltadas à inserção dos estudantes de baixa renda no ensino superior (Fies, Prouni), enquanto nos níveis de ensino inferiores (adolescentes) às dúvidas de que a conclusão dos estudos resulte em melhor inserção econômica se somam aos baixos valores repassados pelo PBF como incentivo à manutenção na escola. Dessa maneira, a evasão escolar ou o baixo interesse pela instrução guardariam relação com a cultura dos mais pobres, fruto de uma experiência histórica de longa duração.

Em contraste com a citação transcrita acima, em outra passagem Barros e Carvalho (2006, p. 34) reconhecem as dificuldades enfrentadas pelos pobres para isto sugerindo um atendimento prioritário, personalizado e integrado, como se pode notar abaixo:

> A efetividade de uma condicionalidade, entretanto, não depende apenas da oferta local dos correspondentes serviços. É necessário também que os beneficiários do programa tenham acesso prioritário a esses serviços. O acesso prioritário tem o efeito de reduzir o custo da condicionalidade para o beneficiário. Um atendimento garantido no serviço mais próximo é bem menos custoso que um atendimento incerto, que dependa de filas e listas de espera. O tipo de atendimento que o beneficiário recebe também influencia no custo da condicionalidade. Um atendimento personalizado, baseado em uma visita domiciliar, permite que a família seja informada e compreenda melhor a utilidade e o impacto das oportunidades que as condicionalidades supõem. É fundamental que o agente responsável por essa visita tenha condições de efetivamente garantir a prestação dos serviços de que as famílias necessitam. Ele

não pode se limitar a fornecer informações e deixar por conta das famílias o custo de buscar os serviços. O agente deve garantir a cada família um atendimento integrado, com acesso garantido e prioritário aos diversos serviços necessários. O atendimento domiciliar personalizado deve assegurar o acesso aos diversos programas e elevar o benefício líquido das oportunidades disponíveis. Dessa forma, servirá como um incentivo para que as famílias cumpram as condicionalidades e tomem atitudes e ações capazes de tirá-las da pobreza. Em suma, as condicionalidades associadas a um atendimento domiciliar personalizado e integrado garantem uma ação eficaz tanto na proteção quanto na erradicação da pobreza. Nessa perspectiva, é possível garantir proteção efetiva com porta de saída.

A condicionalidade sugerida por esses autores está associada às soluções para a pobreza pautadas por medidas mais eficazes e abrangentes de geração de emprego e renda, sendo ainda mais provável estar ligada à segunda espécie de solução, as mudanças nas políticas públicas visando buscar uma melhor inserção na ordem econômica e ainda mais à terceira espécie de solução, as mudanças nas políticas de assistência social às famílias, expressas na educação para o planejamento familiar e para a prevenção ao uso de drogas. Entretanto, a segunda e a terceira espécie de solução também podem estar associadas a outro tipo de condicionalidade, se a ênfase recair nas mudanças de atitudes dos pobres, como será discutido em seguida.

O terceiro tipo de condicionalidade também estaria sugerindo principalmente a ação do Estado, mas partindo de outra avaliação, a de que os pobres adotariam atitudes voluntárias de evasão às condutas estipuladas pelo Estado para ter acesso aos benefícios. Nesse caso, a imposição das condicionalidades já pressuporia tentativas de evasão à fiscalização do seu cumprimento, enquanto no tipo anterior a expectativa maior seria persuadir as famílias a aceitar que as condicionalidades seriam o melhor caminho a ser seguido.

Percepções de que a pobreza se deva a atitudes como não querer trabalhar, não se esforçar devidamente, não procurar melhores trabalhos ou não desejar estudar, sugerem a necessidade de impor contrapartidas aos beneficiários. Desse modo, as condicionalidades equivaleriam "ao suor do trabalho", o que poderia inclusive garantir apoio ao programa por parte dos cidadãos que acreditam que ninguém deveria receber recursos públicos sem prestar alguma contrapartida direta que fosse efetivamente verificada. Deveria ser evitada a opção "dar o peixe, sem ensinar a pescar", pois assim haveria incentivos para que os beneficiários investissem na educação e na saúde, objetivos de longo prazo que, sem a imposição das condicionalidades, poderiam ser descartados em função de prioridades imediatas (Britto; Soares, 2010 e Carnelossi; Bernardes, 2014).

Este tipo de condicionalidade está diretamente ligado à quarta espécie de solução, a exigência de atitudes dos pobres quanto a uma melhor inserção na ordem econômica, na medida em que os entrevistados indicaram claramente que a responsabilidade caberia às famílias. Nessa linha, Lavinas *et alii* (2014) revelou que 42% dos entrevistados avaliam que o valor deve ser mantido baixo, para evitar que as famílias se tornem dependentes do benefício, obrigando-as a se empenhar na busca de uma melhor inserção econômica. Como foi observado a pouco, o PBF prevê como condicionalidades o aumento da escolarização e o cumprimento de agendas de saúde por parte de crianças e adolescentes, sem incorporar demandas sugeridas por aqueles que acreditam haver muitos pobres tendo condutas condenáveis como a vagabundagem, a preguiça ou o descaso com os filhos.

É importante salientar não haver no Brasil condicionalidades ligadas diretamente à força do trabalho, ao contrário do que ocorre nos países centrais. Como lembra Lavinas et alii. (2010), em vários desses países é obrigatório participar de programas de treinamento e capacitação ou mesmo estar ocupado, mesmo que precariamente.

Este tipo de condicionalidade também está diretamente ligado à quarta espécie de solução, em combinação com a terceira. Pela perspectiva de que a responsabilidade maior caberia às famílias, o caminho seria exigir mudanças nas suas atitudes frente ao número de filhos ou ao uso de drogas, porém talvez esta solução também devesse estar associada, na visão de parte dos entrevistados, à solução relativa às mudanças nas políticas de assistência social às famílias, incluindo educação para o planejamento familiar e para a prevenção ao uso de drogas.

Cabe lembrar també*m, conforme salientado por* Rabelo (2011), que os EUA adotaram programas de *wedfare*, os quais buscam responsabilizar os pais pelo tamanho de sua prole. Esta seria outra condicionalidade sugerida pelas percepções presentes nas pesquisas analisadas, as quais avaliam que muitos pobres brasileiros estão nessa condição por terem muitos filhos, havendo inclusive quem avalie que o próprio PBF incentiva o aumento do número de filhos, mais uma condicionalidade ausente do programa adotado no Brasil.

Considerações finais

Pode-se concluir que as percepções da população brasileira são bastante divididas quanto às causas da pobreza e suas respectivas soluções. Por volta de 40% dos entrevistados avaliaram que os pobres não se esforçam (Mesquita & Castro, 2014) ou não correm atrás de trabalho como foi apurado em Lavinas et alii (2014), que ainda informou que mais da metade diz que os beneficiários deveriam ser forçados a trabalhar e que mulheres que recebem o benefício iriam querer ter mais filhos só para receber mais recursos.

Parece haver claramente a necessidade de entender melhor e mais profundamente sobre quais bases foram formadas tais opiniões, pois é bastante provável haver muita desinformação sobre as características da pobreza e sobre o PBF, muitos talvez acreditando que os beneficiários possam deixar de trabalhar, como se o benefício fosse igual ou próximo ao salário mínimo. Outra informação que parece faltar é a de que os pobres não têm mais o elevado número de filhos que possuíam, deixando de ser mais uma causa da pobreza.

Não foram muitas as pesquisas que separam as opiniões dos mais pobres e dos mais ricos, como Mesquita & Castro (2014) na qual, entre os mais ricos, as carências de educação como principal causa da pobreza tenderiam a respaldar a visão assentada nas atitudes inadequadas dos pobres, enquanto entre os mais pobres, o desemprego seria a maior causa, apoiando a visão sobre a responsabilidade das condições de emprego e renda como causadoras da pobreza. Dessa maneira, como certamente os segmentos médios da população predominam entre os mais ricos componentes da amostra pesquisada, tais estratos podem estar responsabilizando os pobres pela sua própria penúria, em função de valores meritocráticos (educação e esforços individuais), embora também possam estar colocando sobre o Estado a responsabilidade pela ausência de uma educação adequada.

Em função da divisão entre as percepções relatadas há pouco (sem distinção da renda dos entrevistados), as avaliações mais relacionadas às famílias beneficiadas pelo PBF tendem a sugerir que deveriam ser exigidas condicionalidades de caráter mais amplo e exigente do que aquelas atualmente previstas no programa. Atentando mais uma vez para a considerável probabilidade de haver muita desinformação sobre as características do PBF, fica evidente a necessidade de aumentar em muito o debate nacional acerca dessas questões. Sem criar esta nova situação, a difusão das opiniões dos segmentos médios, em sua maioria alinhados aos grupos de comunicação favoráveis à contenção dos gastos públicos, pode propiciar maior espaço na opinião pública a propostas de redução do valor e/ou do número dos beneficiários e/ou de o aumento das condicionalidades, especialmente aquelas ligadas ao *workfare*. Por fim, a escassa capacidade de mobilização dos mais pobres demanda intensa participação dos segmentos sociais progressistas no sentido de corrigir desinformações e manipulações que ameaçam não só programas como o PBF como outras políticas de distribuição de renda, especialmente aquelas mais capazes de levar à superação da pobreza e a mobilizações por direitos de cidadania.

Referências bibliográficas

BARROS, Ricardo Paes de; CARVALHO, Mirela. "Proteção social efetiva com porta de saída", In: LEVY, Paulo Mansur; VILLELA, Renato (orgs.). *Uma agenda para o crescimento econômico e a redução da pobreza*. Texto para Discussão nº 1234. Rio de Janeiro: Ipea, 2006, p. 31-37.

BRAUW, Alan; HODDINOTT, John. *Is the Conditionality Necessary in Conditional Cash Transfer Programmes? Evidence from Mexico - One Pager 64*. The International Policy Centre for Inclusive Growth, 2008. Disponível em: <http://www.ipc-undp.org/pub/IPCOnePager64.pdf>. Acesso em 05 mai. 2016.

BRITTO, Tatiana; SOARES, Fábio Veras. *'Growing Pains': Key Challenges for New Conditional Cash Transfer Programmes in Latin America - One Pager 44*. The International Policy Centre for Inclusive Growth, 2007. Disponível em: <http://www.ipc-undp.org/pub/IPCOnePager44.pdf>. Acesso em 05 mai. 2016.

CARNELOSSI, Bruna Cristina Neves; BERNARDES, Maria Eliza Mattosinho. "A condicionalidade de educação dos programas de transferência de renda: uma análise crítica do programa Bolsa Família". *Perspectiva*, Florianópolis, n. 1, v. 32, jan./abr. 2014, p. 285-313.

CASTRO, Henrique Carlos de Oliveira de. et alii- "Percepções sobre o Programa Bolsa Família na sociedade brasileira". *Opinião Pública*, Campinas, n. 2, vol. 15, nov 2009, p. 333-355.

IPEA – Instituto de Pesquisa Econômica Aplicada. *Perspectivas da política social no Brasil- Livro 8*. Brasília: Ipea, 2010.

LAVINAS, Lena et alii. *Percepções sobre desigualdade e pobreza: O que pensam os brasileiros da política social?*. Rio de Janeiro: Letra e Imagem/ Centro Internacional Celso Furtado de Políticas para o Desenvolvimento, 2014.

LAVINAS, Lena et alii. *Políticas sociais universais e incondicionais: há chances reais de sua adoção na América Latina?* 13º. Congresso da Rede Mundial de Renda Básica, 2010.

MESQUITA, Ana Cleusa Serra; CASTRO, Jorge Abrahão. "Percepção sobre pobreza: causas e soluções". In: NERI, Marcelo; SCHIAVINATTO, Fabio. (orgs.). *SIPS 2014: percepções da população sobre políticas públicas*. Rio de Janeiro: Ipea, 2014, p. 105-128.

MONNERAT, Giselle Lavinas et alii. "Do direito incondicional à condicionalidade do direito: as contrapartidas do Programa Bolsa Família". *Ciência & Saúde Coletiva*, Rio de Janeiro, n. 6, v. 12, 2007, p. 1453-1462.

RABELO, Maria Mercedes. *Redistribuição e reconhecimento no Programa Bolsa Família: a voz das beneficiárias*. Tese (doutorado em Sociologia) - UFRGS, Porto Alegre, 2011.

REIS, Elisa. "Desigualdade na visão das elites e do povo brasileiro". In: SCALON, Maria Celi. *Imagens da Desigualdade*. Belo Horizonte: UFMG, Rio de Janeiro: Iuperj/UCAM 2004.

_____. "Percepções da elite sobre pobreza e desigualdade". *Revista Brasileira de Ciências Sociais,* São Paulo, n. 42. v. 15, fev. 2000, p. 143-152.

SOARES, Fábio Veras. *Conditional Cash Transfers: A Vaccine Against Poverty and Inequality? - One Pager 3*. The International Policy Centre for Inclusive Growth, 2014. Disponível em: <http://www.ipc-undp.org/pub/IPCOnePager3.pdf>. Acesso em 05 mai. 2016.

STANDING, Guy. *Conditional Cash Transfers: Why Targeting and Conditionalities Could Fail. - One Pager 47*. The International Policy Centre for Inclusive Growth, 2007. Disponível em: <http://www.ipc-undp.org/pub/IPCOnePager47.pdf>. Acesso em 05 mai. 2016.

Sobre os autores

Amélia Cohn

Socióloga, formada pela USP, da licenciatura ao doutorado, docente do Departamento de Medicina Preventiva da FMUSP, atualmente professora aposentada da USP e parte do quadro docente do Mestrado em Direito da Saúde: dimensões individuais e coletivas, da Universidade Santa Cecília, Santos. Autora de diversos livros e textos sobre políticas da saúde no Brasil e na América Latina, coordenou várias pesquisas sobre o tema junto aos seus orientandos e no Centro de Estudos de Cultura Contemporânea (Cedec). Foi a relatora geral do documento brasileiro para a Cúpula de Desenvolvimento Social, em Copenhague, em 1995 e participou entre 2003 e 2005 da primeira equipe federal que implementou o Programa Bolsa Família durante a gestão Lula.

Carlos Alberto Bello

Professor de Ciências Sociais da Universidade Federal de São Paulo (Unifesp) e pesquisador do Centro de Estudos dos Direitos da Cidadania (Cenedic – FFLCH/USP). Atua na área de sociologia política, principalmente nos seguintes temas: pobreza e políticas públicas, hegemonia – teoria e história no Brasil e no mundo, Neoliberalismo e políticas públicas, direitos de cidadania. Publicações recentes: "Percepções sobre pobreza e Bolsa Família" (Singer, A. &

Loureiro, I. *Contradições do lulismo: a que ponto chegamos?*, Boitempo, 2016) e "A revolução passiva dos governos Lula" (*Estudos de Sociologia*, 2015).

Cibele Saliba Rizek

Professora Titular do Instituto de Arquitetura e Urbanismo da Universidade de São Paulo, mestre em Ciências Sociais pela Pontifícia Universidade Católica de São Paulo, doutorada em Sociologia pela Universidade de São Paulo e livre-docente pela mesma instituição. É professora do Programa de Pós-Graduação em Arquitetura e Urbanismo do IAU/USP e pesquisadora do Centro de Estudos dos Direitos da Cidadania (Cenedic – FFLCH/USP). Autora de muitos artigos e textos científicos relativos a questões urbanas, reestruturação produtiva, habitação, espaço público e cidadania e coorganizadora de *A era da indeterminação* (Boitempo, 2007) e *France/Brésil: politiques de la question sociale* (Presses Universitaires de Caen, 2000).

Fábio José Bechara Sanchez

Professor do Departamento de Sociologia da Universidade Federal de São Carlos. Militou pelo tema da autogestão e economia solidária e foi chefe de gabinete de Paul Singer e secretário nacional adjunto na Secretaria Nacional de Economia Solidária do Ministério do Trabalho e Emprego durante os dois governos de Lula (2003-2011). Foi através da militância pela autogestão que conheceu as comunidades quilombolas do Vale do Ribeira, onde desenvolveu seu mestrado. É coorganizador do livro *Desafios da Democracia na América Latina: a formação da cultura democrática pelas esquerdas latino-americanas*. (Outras Expressões, 2016).

Isabel Pauline Hildegard Georges

A autora – alemã, socióloga, doutora pela Universidade Paris VIII e com pós-doutorado no Cebrap – é pesquisadora do Instituto de Pesquisa para o Desenvolvimento (IRD/UMR *Développement et Sociétés*, França). Docente permanente e pesquisadora associada do Programa de Pós-graduação em Sociologia da Universidade Federal de São Carlos e pesquisadora colaboradora do Cenedic – FFLCH/USP. Ocupou a cátedra francesa no Instituto de Arquitetura e Urbanismo da Universidade de São Paulo e na Universidade Estadual de Campinas. Atualmente, pesquisadora visitante no Instituto de Arquitetura e Urbanismo da Universidade de São Paulo. Publicou, com Y. Garcia dos Santos, *As "novas" políticas sociais brasileiras na saúde e na assistência. Produção local de serviço e relações de gênero* (Fino Traço, 2016). Organizou, com B. Destremau, *Le care, nouvelle morale du capitalisme. Assistance et police des familles en Amérique latine* (Peter Lang, 2017) e com R. Cabanes, C. Rizek e V. Telles, *Saídas de emergência. Perder/ganhar a vida em São Paulo* (Boitempo, 2011), entre outros.

Joana da Silva Barros

Professora da Universidade Federal de São Paulo (Unifesp), no Instituto das Cidades, campus Zona Leste. Pesquisadora do Cenedic – FFLCH/USP, do LMI-SAGEMM e do grupo Espaço e Política. Trabalhou em organizações da sociedade civil e atuou junto a movimentos populares ligados às questões urbanas e grupos que resistem aos impactos das políticas e projetos de desenvolvimento. Está concluindo seu pós-doutoramento no Instituto de Arquitetura e Urbanismo da USP.

Márcia Pereira Cunha

Doutora em Sociologia pela Universidade de São Paulo, com pós-doutorado no *Centre d'Études des Mouvements Sociaux da École des Hautes Études en Sciences Sociales* (2013-2014) e no Instituto de Filosofia e Ciências Humanas da Universidade de Campinas (2016-2017). Pesquisadora associada do Laboratório *Sophiapol* da *Université Paris Nanterre* e do LMI-SAGEMM, com trabalhos sobre os processos de transformação das políticas e discursos sociais de cidadania, nas interfaces entre conhecimento técnico e participação política, racionalidade econômica e esferas não-econômicas da vida social, instituições internacionais e tradutores nacionais. Autora de *Os Andaimes do Novo Voluntariado* (Cortez, 2010).

Nilton Ken Ota

Professor do Departamento de Sociologia (2016 - 2018) e professor-visitante do Programa de Pós-graduação em Sociologia, ambos da FFLCH/USP. Pós-doutor em Sociologia pela *Université Paris Nanterre* (2013-2014) e em Filosofia pela Universidade de São Paulo (2012-2016). Pesquisador associado do Laboratório *Sophiapol da Université Paris Nanterre* e do LMI-SAGEMM. Co-fundador de laboratório de investigação do Centro de Investigação e Estudos da Infância e Adolescência da Associação Mundial de Psicanálise (2002 – 2006). Consultor do Fundo das Nações Unidas para a Infância (2002- 2006). Tem artigos publicados, desenvolve pesquisas e leciona nas áreas de sociologia política, teoria sociológica, pensamento francês dos anos de 1960/70 e teoria psicanalítica.

Regina Magalhães de Souza

Doutora em Sociologia pela Universidade de São Paulo. Foi professora de Sociologia no ensino médio da rede estadual de São

Paulo de 1985 a 1997, experiência que lhe instigou a realizar pesquisa, em nível de mestrado, sobre o tipo de formação e aprendizado que a escola pública oferece a seus alunos. O trabalho foi publicado, em 2003, com o título *Escola e juventude: o aprender a aprender*, pelas editoras Paulus/Educ. No doutorado, continuou seus estudos sobre juventude, com foco nas políticas públicas, inclusive as educacionais, dirigidas aos jovens. Sua tese foi publicada, também pela Paulus, em 2008, com o título *O discurso do protagonismo juvenil*. Desde 2009, é professora de Teoria Sociológica e Metodologia de Ensino de Sociologia na Universidade Nove de Julho.

Tatiana de Amorim Maranhão

Doutora em Sociologia pela Universidade de São Paulo. Professora dos cursos de Relações Internacionais e Economia da Facamp/Campinas. Pesquisadora do LMI-SAGEMM e do Cenedic – FFLCH/USP, desenvolve pesquisa nas áreas de sociologia política, políticas sociais, pobreza, desenvolvimento, participação e cidadania. Tem se dedicado à análise do sentido político dos deslocamentos das reformas neoliberais e seus impactos sobre a concepção de desenvolvimento. Sua pesquisa de mestrado sobre as disputas em torno do financiamento da política da infância na cidade de São Paulo, com base em estudo sobre o Conselho Municipal dos Direitos da Criança e do Adolescente, foi parcialmente publicada em *Fundo Municipal dos Direitos da Criança e do Adolescente* (Instituto Pólis, 2003). A tese de doutorado (*no prelo*) será publicada pela Editora Alameda sob o título *O consenso das oportunidades: Banco Mundial e PNUD no combate à pobreza*. Nesta linha, publicou também "Amartya Sen e a responsabilização dos pobres na agenda internacional" (*Contemporânea* - Revista de Sociologia da UFSCar, 2016); com J. C. Magalhães Jr, "L´entrepreneuriat social et l´administration du conflit politique". (*Bresil(s)*, 2014) e "O sentido político das práticas de responsabilidade social empresarial no Brasil" (Cabanes, R.; Georges, I.; Rizek, C.; Telles, V. *Saídas de Emergência*, Boitempo, 2011).

Alameda nas redes sociais:

Site: www.alamedaeditorial.com.br
Facebook.com/alamedaeditorial/
Twitter.com/editoraalameda
Instagram.com/editora_alameda/

Esta obra foi impressa em São Paulo na primavera de 2018. No texto foi utilizada a fonte Minion Pro em corpo 10,5 e entrelinha de 15,5 pontos.